中国社会科学院
国际形势报告

2020

谢伏瞻　主编

社会科学文献出版社
SOCIAL SCIENCES ACADEMIC PRESS (CHINA)

摘　要

2019 年世界经济增速大幅下滑，国际政治中大国竞争加剧，国际战略稳定性下降，全球治理进展缓慢。美国经济增速呈回落态势，政治极化现象日益突出，两党对抗加剧。俄罗斯及欧亚地区政治、经济和外交领域中稳定因素仍然发挥主要作用，但经济增长的结构性问题突出，长期动力不足。亚太地区经济增速放缓，以中美为首的地区大国之间的协调性下降，逆全球化、民粹主义等思潮泛起。日本自民党继续强势主导政权，经济总体延续温和复苏态势。欧洲经济增幅回落，民粹主义崛起，社会矛盾尖锐化。中东地区政局变动频繁，热点问题急剧增多且持续发酵，"美退俄进"态势明显。非洲整体局势平稳发展，但政治、经济、安全均面临不确定性挑战，国际对非合作的竞争态势明显加强。拉美和加勒比地区经济表现低迷，右翼政府仍然占据优势地位。

2020 年世界经济增速仍将下行，下行幅度取决于新冠疫情在国际上的扩散程度与各国的防控情况。大国竞争态势仍将持续，美国对中国的战略竞争不会因贸易协定的签订而缓和，美俄关系恶化难以逆转，中俄战略合作将更加稳固。美国党派竞争将更趋激烈，"美国优先"理念将继续冲击国际秩序。俄罗斯与欧亚地区各国的主要挑战是保持政治稳定，促进经济发展，维护国家安全。亚太地区仍将是美国对中国施压的主要着力点。日本经济增长后继乏力，在增强外交独立性等方面仍面临多重挑战。欧洲一体化进入调整期，短期内难有很大作为。中东地区秩序仍将处于重构过程中，热点问题难以降温。非洲继续面临国家改革进展缓慢、债务风险过重、地区安全形势恶化等挑战。拉美和加勒比地区经济复苏动能不足，政治经济形势仍存在显著的脆弱性和不确定性。

关键词：世界经济　国际格局　中美关系　中国外交　地区形势

目　录

总报告

全球形势分析与展望 …………………………………………………… 003

分报告

俄罗斯及欧亚地区形势分析与展望 ……………………………………… 039

欧洲形势分析与展望 ……………………………………………………… 069

非洲形势分析与展望 ……………………………………………………… 098

中东地区形势分析与展望 ………………………………………………… 126

拉美地区形势分析与展望 ………………………………………………… 152

亚太地区形势分析与展望 ………………………………………………… 181

美国形势分析与展望 ……………………………………………………… 218

日本形势分析与展望 ……………………………………………………… 255

总报告

全球形势分析与展望

摘 要： 2019 年世界经济增速大幅下滑，国际政治中大国竞争加剧，国际战略稳定性下降，全球治理进展缓慢，总体表现出世界政治经济不稳定性上升、全球合作难度加大的特点。2020 年世界经济仍将下行。国际政治中大国竞争态势仍将持续。美国对中国的战略竞争不会因贸易协定的签订而缓和，美俄关系恶化难以逆转，中俄战略合作将更加稳固。总体来看，全球形势和世界格局将表现出八大趋势：全球经济进入超低利率时代，全球治理中利益博弈日趋激烈，区域和双边合作将快速推进，国际战略和安全领域的东西方割裂趋势将进一步加剧，各国在网络空间中的角力更加凸显，科技竞争更加激烈，核扩散风险上升，极端民族主义和宗教极端主义行为呈现国际化趋势。2020 年，全球政治经济形势还可能面临十大风险：全球经济陷入衰退，国际贸易冲突升级，中美因台湾、南海等问题政治军事对抗风险上升，《中导条约》失效引发军备竞赛，中东地区陷入新一轮动荡，印巴克什米尔问题冲突激化，朝鲜半岛局势再度紧张，部分国家内部动乱诱发全球社会动荡，国际原油市场出现供给危机，英国"脱欧"给英国自身和欧盟带来新的不稳定。

关键词： 世界经济 国际政治 国际安全 国际战略 全球治理

2019 年世界经济增速大幅下滑，国际贸易负增长，全球货币政策进一步宽松，全球债务水平再次上升，世界经济中蕴藏的风险上升。国际政治中大国竞争特别是中美战略竞争明显，美俄对抗加剧，中俄战略合作不断深化，印度开始接受美国提出的"印太战略"，意在亚洲平衡中国的影响力。全球武装冲突数量减少，但是地区局部战争不断，国际战略稳定性下降。全球治理进展缓慢，甚至在一些领域或议题上出现倒退，欧洲一体化受到英国"脱欧"挑战，而北美、亚洲、非洲和拉美地区的区域合作取得一定进展，"一带一路"这一新的国际合作模式扎实推进。

2020 年世界经济将持续低迷，国际战略稳定性进一步下降，全球形势和世界格局将表现出八大趋势：全球经济进入超低利率时代，全球治理中利益博弈日趋激烈，区域和双边合作将快速推进，国际战略和安全领域的东西方割裂趋势将进一步加剧，各国在网络空间中的角力更加突显，科技竞争更加激烈，核扩散风险上升，极端民族主义和宗教极端主义行为呈现国际化趋势。

2020 年全球政治经济形势可能面临十大风险：全球经济陷入衰退，国际贸易冲突升级，中美因台湾、南海等问题政治军事对抗风险上升，《中导条约》失效引发军备竞赛，中东地区陷入新一轮动荡，印巴克什米尔问题冲突激化，朝鲜半岛局势再度紧张，部分国家内部动乱诱发全球社会动荡，国际原油市场出现供给危机，英国"脱欧"给英国自身和欧盟带来新的不稳定。这些风险事件不是必然会发生，但是均有一定发生概率，且一旦发生，会对全球产生重大负面影响。

一　2019年全球形势与世界格局发展状况

2019 年，世界经济、国际政治、国际安全与全球合作等方面均有新的趋势性变化，总体表现出世界政治经济不稳定性上升、全球合作难度加大的特点。

（一）世界经济在贸易冲突中陷入低迷

贸易冲突和经济增速大幅下降是 2019 年世界经济最显著的两大特征。

中美贸易摩擦对世界贸易和全球经济造成了较大负面影响。中美贸易摩擦涉及对约 7000 亿美元进口商品加征关税，包括美国从中国进口的约 5500 亿美元商品，以及中国从美国进口的约 1500 亿美元商品。这是历史上涉及金额最大的一次贸易摩擦。它导致 2019 年中美双边贸易额相比上年下降了 15%。世界其他国家的对外贸易也不同程度地受到了影响。2019 年前三个季度，世界货物出口总额比上年同期下降了 2.9%。贸易萎缩以及相对应的外需下降是这一次世界各国经济下行和世界经济整体下行的重要影响因素。

美国还就汽车、飞机和数字服务等对其他国家挑起贸易冲突。2019 年 5 月 17 日，美国商务部向其总统递交了关于汽车和汽车零部件进口威胁美国国家安全的"232 调查"报告。根据该报告的结论，美国可以对其进口的约 2000 亿美元的汽车及约 1500 亿美元的汽车零部件加征关税。美国如果加征汽车进口关税，还可能引发欧盟和日本等对美国汽车出口额较大的经济体进行贸易报复。尽管美国暂时还没有加征汽车进口关税，但是世界仍处于这一威胁之中。2019 年 10 月，世界贸易组织裁定美国在对空中客车的反补贴案中取得胜诉，美国据此于 10 月 18 日开始对来自法国、德国、西班牙和英国四个补贴相关国家的 75 亿美元商品加征关税，商品范围包括农产品和民用航空产品。2019 年 7 月，法国通过了征收数字服务税的法案，拟对全球营业年收入超过 7.5 亿欧元和在法国营业年收入超过 2500 万欧元的数字服务公司，按其营业收入征收 3% 的数字服务税。美国随即对此发起"301 调查"，并于 12 月 2 日发布调查报告，认为法国的数字服务税不符合通行的国际税收原则，是对美国公司特别是谷歌、脸书等大公司的歧视，增加了美国公司的负担，损害了美国公司的利益，因此计划对来自法国的 24 亿美元商品加征关税。美国这些加征关税的威胁和加征关税的行为，也是影响全球贸易和世界经济稳定性的重要负面因素。

美国的行为正在破坏现行国际贸易体系。现行国际贸易体系建立在世界贸易组织规则上。争端解决机制是世界贸易组织的"牙齿"，是确保成员遵守规则的核心制度安排。世界贸易组织的争端解决机制依靠上诉机构审议和裁决成员之间争端。上诉机构有7个法官席位，每位法官任期4年，可连任一届，一个案件必须有3位法官参与才能审议。美国因不满意裁决结果，阻扰法官遴选和上诉机构改革，导致到2019年12月上诉机构只剩下1名法官，已经无法审议和裁决争端。上诉机构和争端解决机制事实上"停摆"。美国不仅瘫痪了争端解决机制这一世界贸易组织的核心制度安排，而且正在挑战世界贸易组织的规则体系。一方面，美国试图改变现有规则。世界贸易组织为了能够有更多的国家参与，承认各国发展水平有差异，并针对发展中国家制定了相应的差别和特殊待遇。美国于2019年7月单方面发布总统备忘录，试图改变发展中国家身份的认定办法，取消部分发展中国家的差别和特殊待遇。另一方面，美国试图推出一些新的国际经济规则。美、欧、日贸易部长数次发表联合声明，试图在非市场导向政策、补贴、数字经济等领域推出新的规则。美国的行为使世界经济秩序处于动荡之中。

世界经济增速大幅放缓。世界经济经历长达6年的增速下降后，于2017年实现了强劲增速回升，2018年增速轻微回落，2019年增速则大幅度下降。国际货币基金组织数据显示，2019年世界GDP增长率按购买力平价（PPP）计算约为2.9%，比2018年下降0.7个百分点。世界各主要经济体GDP增速均普遍下降。其中，发达经济体GDP增速从2018年的2.2%下降至2019年的1.7%；新兴市场与发展中经济体GDP增速从2018年的4.5%下降至2019年的3.7%。经济增速下降伴随着通货膨胀率的下降。低增长和低通胀是总需求不足和经济低迷的典型特征。尽管世界经济增速和总需求增速明显下降，但是主要经济体并没有出现大规模失业或者失业率明显上升的现象。美国、欧盟和日本等发达经济体失业率均处于21世纪以来最低水平。主要新兴经济体的劳动力市场也相对稳定，只有部分经济形势严重恶化的新兴经济体出现了失业率上升现象。全球主要经济体失业率处于低位的现象，表明这一轮世界经济下行还没有造成严重的衰退。

为了应对经济下行，各主要经济体纷纷实行货币宽松政策。2019年8

月1日，美联储将联邦基金目标利率降低0.25个百分点，结束自2015年12月至2018年12月的加息行为，并开始新一轮降息。此后，美联储分别于2019年9月19日和10月31日再次降息，将联邦基金目标利率下调至1.5%~1.75%的区间。欧洲央行和日本央行分别于2014年和2016年进入负利率环境，在还没有退出宽松货币政策的情况下，又需要实行新一轮宽松政策来刺激经济增长。欧洲央行于2019年9月18日将作为基准利率之一的央行存款便利利率从-0.4%下调至-0.5%，并从11月1日起以每月200亿欧元的规模重新启动资产购买计划。日本央行2019年继续维持负利率和量化宽松政策。在低利率和负利率的环境下，进一步刺激经济的政策空间已经非常有限。中国、印度、俄罗斯、巴西和南非等主要新兴市场经济体也在2019年纷纷下调了官方利率，全球形成了货币宽松态势。

货币宽松导致全球债务水平再一次上升。国际货币基金组织的数据显示，发达经济体政府总债务与GDP之比从2018年的103.0%上升到2019年的104.1%，新兴市场与中等收入经济体总债务与GDP之比从2018年的50.8%上升到2019年的53.8%，低收入发展中国家的政府总债务与GDP之比从2018年的44.8%上升到2019年的45.0%。各国居民和企业债务在2018年有所下降，但2019年再次回升。国际清算银行估计，从2017年底至2018年底，全球居民和非金融企业部门的债务总额与GDP之比从158.6%下降到了151.2%，2019年第二季度又回升到了156.1%。发达经济体居民和非金融企业部门的债务总额与GDP之比从2017年的168.6%下降到了2018年的161.3%，2019年第二季度回升到了164.3%。新兴市场经济体居民和非金融企业部门的债务总额与GDP之比从2017年的142.5%下降到了2018年的135.2%，2019年第二季度回升到了143.0%。全球债务总水平上升，意味着全球经济稳定性风险和脆弱性提高。

（二）国际政治中大国竞争更加凸显

中美战略竞争态势进一步凸显。2019年，中美经贸关系经历了摩擦持续、升级、缓和的过程，与此同时，两国冲突开始向地缘政治、意识形态等高政治领域扩展。

地缘政治领域，美国通过"印太战略"和台湾问题不断向中国施加压力。6月1日，美国代理防长沙纳汉在香格里拉对话会上发布2019年"印太战略"报告，明确称中国为"修正主义大国"。5月7日，美众议院0票反对通过"重申美国对台湾的承诺并实施'与台湾关系法'"决议，以一致同意方式通过"2019年台湾保证法"。7月8日，美国国务院批准向台湾出售价值22亿美元的武器装备。9月26日，美参议院外交委员会通过"2019年台湾友邦国际保护及加强倡议法"，帮助台湾巩固所谓"邦交国"。

意识形态领域，美国以人权为由干预中国内部事务。9月11日，美国参议院全票通过"维吾尔人权政策法"，要求美政府就涉疆问题加大对华施压力度。9月24日，美国总统特朗普在联合国大会一般性辩论上再次批评中国的"新疆人权问题"。10月7日，美国商务部以危害美国国家安全和外交利益、侵犯人权为由，将中国新疆维吾尔自治区公安厅18家下属机构、新疆生产建设兵团公安局和海康威视等8家中国企业列入出口管制"实体清单"。11月27日，特朗普签署"香港人权与民主法"，公然干涉香港事务。

美俄战略对抗进一步加剧。2019年，美俄在委内瑞拉、伊核、中导等问题上的矛盾又进一步激化。1月24日，俄外交部就委内瑞拉事件发表声明，强烈谴责美国等一些国家对"委内瑞拉临时总统"的承认加剧委内瑞拉社会分裂、加强街头正面对峙、扰乱国内政治局势稳定。2月12日，俄外交部长拉夫罗夫与美国务卿蓬佩奥进行电话会谈，再次警告美不要试图干涉委内瑞拉内政。在中导问题上，2月2日，俄外交部否认美方所有关于《中导条约》的指控，并明确表示，面对华盛顿的威胁，俄将采取一切必要措施来确保国家安全。8月2日，美国宣布正式退出《中导条约》。至此，美俄这两个核大国仅存的唯一一个销毁一整类导弹武器的裁军条约不复存在。当天俄外交部对此发表声明，指出美国这一行为反映了美摧毁所有由于各种原因不合其意的国际协定的方针，导致现有的军备控制系统开始瓦解，加剧世界紧张局势。

在安全和经济制裁方面，美俄之间的摩擦也日益频繁。3月16日，可搭载核武器的美空军波音B-52H"同温层堡垒"战略轰炸机靠近波罗的海地区的俄罗斯边境，并对波罗的海舰队基地进行模拟轰炸。8月3日，美国海军洛克希德EP-3E"白羊二型"远程电子侦察机再次对克里米亚海岸进行抵近侦察。8月，特朗普签署对俄制裁新文件，禁止国际金融机构为俄国营企业提供资金，禁止美国银行参加俄政府非卢布主权债券首次发行和对俄罗斯政府提供非卢布贷款。同月，美国国务院在《联邦纪事》发布公告，认定俄罗斯对公民使用化学武器违反国际法，决定对俄实施为期至少1年的制裁，美将终止向俄提供1961年《对外援助法》中规定的除紧急人道援助、食品和其他农业产品以外的一切援助。

当前美国两党在反俄问题上达成了共识，精英阶层普遍认为俄罗斯应为美俄关系恶化负责。其中，美国国会在反俄问题上的立场最为坚定。特朗普上任以来，美国国会通过了数轮对俄罗斯的制裁，严厉程度前所未有，而且还在酝酿多个新的对俄制裁法案。

美国对中俄两国不断加大的战略压力，导致中俄战略合作不断深化和升级。中俄战略合作基础进一步夯实，战略合作水平进一步提升，两国关系提升为"中俄新时代全面战略协作伙伴关系"。

中俄新时代全面战略协作伙伴关系首先体现为两国间高频率、高质量的元首外交。据不完全统计，从2013年3月习近平主席对俄罗斯首次进行国事访问至2019年底，6年间习近平主席与普京总统会面超过30次。两国高水平、高密度元首外交，对加强两国深度沟通、培养战略互信和政策默契起到了不可替代的推动作用。

其次体现为两国战略互信和政策协同水平的不断提升。在各自与第三国相关的事件中，中俄都充分理解对方立场，互不猜疑，守望相助。在中美贸易摩擦、孟晚舟被捕等事件中，俄罗斯坚决拒绝采取美方立场，严词批评美国做法。同样，中国对俄罗斯前特工中毒等事件上也保持公正立场。在最为敏感的安全层面，中俄双方军事合作不断深化升级。2019年9月，中国国务委员兼国防部长魏凤和率团赴俄罗斯观摩"中部——2019"演习，并与普京总统一同观摩实兵演练。两国均力图通过高层交流、政治互信、军事合作，携手维护全球战略稳定。

最后还体现在两国全方位多渠道的合作进展中。能源合作方面，2018年中国从俄罗斯进口原油7149万吨，同比上升19.7%，俄罗斯连续三年保持"中国原油第一大进口来源国"。中俄天然气管道东线于2019年冬季开始供气。在基础设施合作机制构建方面，中国与欧亚经济联盟成功签署经贸合作协定，中俄双方成功签署国际道路运输协定和《中俄欧快速和高速跨国货运铁路备忘录》，为两国跨境运输基本扫除了制度障碍。在新兴合作领域，两国不断深化农业全产业链合作，扩大农产品相互准入，积极促进农产品贸易发展；着力加强中俄卫星导航合作，拓展两国在月球和深空探测、运载火箭、遥感技术等领域大项目上的长期互利合作。

印度开始接受美国提出的"印太战略"，有联合美国在亚洲平衡中国影响力的意图。2019年9月27日，美、日、印、澳外交部长举行四国安全对话，这是2017年底美国正式出台"印太战略"以来，美日印澳四国安全对话重启后的首次外长会晤，原来的司局级磋商由此提升为部长级。磋商层次的升级在一定程度上反映出印度对"印太战略"态度开始由犹豫向接受转变，其背后的深层原因是印美在平衡中国影响力方面正在取得战略一致。随着"印太战略"的升级和美印战略协调的提升，中国在西南方向的战略压力将随之增加。中印关系稳步发展中暗藏隐忧。

"洞朗对峙"之后，中印关系基本维持稳步发展势头，随着2017年9月厦门金砖会晤和2018年4月武汉非正式会晤，两国关系开始走出低谷并迎来新起点。在此期间，不仅中俄印外长会晤机制发挥了稳定作用，中印两国领导人还建立了非正式会晤机制。2019年10月11日，习近平主席在印度泰米尔纳德邦首府金奈出席中印领导人第二次非正式会晤，双方一致认为，中印要相互尊重、相互学习、相互借鉴，携手实现共同发展繁荣，实现中印两大文明伟大复兴。此外，中印双边经贸往来日益密切。中国长期保持印度第一大贸易伙伴地位，而印度是中国在南亚地区的最大贸易伙伴。目前，约1000家中国企业在印度累计投资80亿美元。印度企业也积极拓展中国市场，对华累计投资近 10 亿美元。

与此同时，中印关系中的不稳定因素在 2019 年时有表露。这首先表现在两国的领土纠纷上。2019 年 2 月 9 日，印度总理莫迪赴所谓"阿鲁纳恰尔邦"活动。8 月和 10 月，印度政府先后宣布成立"拉达克中央直辖区"和"查谟—克什米尔中央直辖区"，将中印边界西段的中方领土划入印行政管辖范围。领土问题悬而未决，在很大程度上增加了中印关系的不确定性。其次表现在印度对由中国主导或参与的地区合作倡议持排斥态度。2019 年 4 月，中国举办第二届"一带一路"国际合作高峰论坛，印度继 2017 年缺席第一届该论坛后，再次拒绝了中方邀请。11 月 5 日，印度以不利于其国家利益为由，宣布不参加由东盟发起并邀请了中国、日本、韩国、澳大利亚、新西兰等多个国家参加的《区域全面经济伙伴关系协定》（RCEP）。这些均在一定程度上反映出印度对中国的防范心理。

（三）全球武装冲突活动减少，但国际战略稳定性下降

2018 年至 2019 年度，全球重大武装冲突的数量比上一年度有所下降，主要武装冲突发生在中东、非洲、东欧、东南亚和南美地区。在中东与北非地区，叙利亚内战中，库尔德武装与土耳其发生冲突；也门内战中，胡塞武装和哈迪政府冲突不断；"伊斯兰国"残余势力制造恐怖活动。在撒哈拉以南非洲，南苏丹、刚果民主共和国战争升级，尼日利亚恐怖袭击不断。欧洲的乌克兰，东南亚地区的菲律宾，美洲的哥伦比亚、墨西哥和巴西等地也发生有限战争。这些武装冲突的性质以打击极端恐怖主义和国家内部冲突为主。武装冲突的参与主体包括了主权国家、极端组织、反政府武装和族群等，其中，极端组织在国际社会的联合打击下，势力有所减弱，但是其外溢效应有所增强，并且存在反扑的风险。

受"伊斯兰国"被击溃及国际社会长期努力的影响，全球反恐形势继续好转，美国反恐战略收缩态势明显。2018 年 12 月 19 日，在宣布"伊斯兰国"被彻底击败后，为兑现要从中东地区"无休止的战争"中撤出的竞选承诺，特朗普不顾国内多数官员反对，宣布要从叙利亚撤出美军。2019

年10月，美国在库尔德人问题上向土耳其做出让步，表示如果土耳其坚持打击叙利亚库尔德人，美军将为其让路，由此直接导致了10月9日土耳其向叙利亚北部发动的代号为"和平之泉"的军事行动。同时，美国也在加紧筹备撤出阿富汗。2018年，特朗普总统宣布将减少驻阿富汗美军的数量，并开始与塔利班进行和平谈判。2019年9月1日，美国政府阿富汗和解事务特别代表扎尔梅·哈利勒扎德宣布，美国和塔利班已达成和平协议草案。根据协议，美国将在135天内从阿富汗撤出近5000名士兵，并关闭5个军事基地。但随后在喀布尔发生的一次塔利班汽车炸弹袭击事件打断了和谈进程，9月7日，特朗普宣布暂停美国与塔利班的和平谈判。

全球恐怖主义活动虽然处于相对低潮阶段，但存在激发恐怖主义死灰复燃的潜在风险点。首先，随着美国从叙利亚和阿富汗撤军进程的加速，有可能在相关地区造成安全管控力量的失衡甚至真空，从而给恐怖组织和极端势力以重新扩张的空间。其次，"伊斯兰国"虽然从整体上已经被击溃，但其残余势力及其极端意识形态的影响仍然不可忽视。随着叙利亚、利比亚、伊拉克等中东国家内部动乱的持续和各方矛盾的胶着博弈，不排除"伊斯兰国"以某种新的面貌"卷土重来"的可能性。最后，全球范围内的反基督教主义、反犹主义、反伊斯兰主义、白人至上主义等带有宗教、种族色彩的恐怖主义袭击显著增多，不同文明、不同宗教信仰和不同意识形态之间的对立以及各族群内部日益兴起的排外主义正在激化社会矛盾，加剧不同群体间的隔阂和矛盾，这些都为恐怖主义势力的孕育和壮大营造了新的土壤。

2019年美国退出《中导条约》事件，对全球战略稳定性造成了极为负面的影响。《中导条约》于1987年底达成，全称为《美苏消除两国中程和中短程导弹条约》，该条约规定美苏双方全部销毁和彻底禁止射程从500公里至5500公里的弹道导弹和陆基巡航导弹及其发射装置和辅助设施。该条约是冷战时期美苏两国达成的第一个旨在减少现有核武器的裁军条约，对于防止两国战略误判、降低战争风险以及维护世界和平都具有十分重大的意义。然而，随着2019年8月2日美国宣布正式退出《中导条约》，维系核大国间战略稳定性的这个基石性机制不复存在。

战略稳定性包括了"军备竞赛稳定性"和"危机稳定性"两个方面。"军备竞赛稳定性"是指互为对手的其中一方发展军备的行动不会使其获得明显的战略优势，因而不会引发另一方采取相应的发展军备的措施，从而避免螺旋式军备竞赛的发生。"危机稳定性"是指互为对手的双方在双边关系发生危机时，能通过已建立的联系渠道控制危机、化解危机，使双边关系平复到危机前状态。就核国家而言，如果在危机爆发时双方均没有"先发制人"地动用核武器的动机，则说明双方具有较好的"危机稳定性"。美国退出《中导条约》，同时破坏了大国间的军备竞赛稳定性和危机稳定性。

（四）全球合作成效不大，区域合作取得进展

全球治理进展缓慢。一年来，全球热点问题此起彼伏，社会骚乱持续蔓延，保护主义和单边主义盛行，全球化进程面临的挑战日益加大。为此，国际社会积极寻求全球性挑战的应对之道。2019年6月，二十国集团（G20）领导人峰会在日本大阪举行。在本次峰会上，G20领导人聚焦全球经济、贸易与投资、创新、环境与能源、就业、女性权利、可持续发展、全球健康等议题展开讨论并达成了新的共识。在会后发表的《大阪宣言》中，G20领导人展现了促进世界经济增长、塑造贸易投资动力、建设高质量基础设施、推动包容和可持续发展、改革国际经贸机制等良好愿望，但由于缺乏有约束力的规则和有效的行动，全球治理赤字更加凸显。首先，单边主义和保护主义给全球经济、贸易与投资增长带来的负面效应有所加大。根据全球贸易预警（Global Trade Alert）数据库跟踪数据显示，2018年11月至2019年12月中旬，全球推出的保护主义措施累计达1.7万余项。保护主义和主要大国之间的贸易摩擦成为拖累全球经济和贸易增长的主要因素之一。其次，世界贸易组织改革停滞不前，上诉机构停摆。尽管G20领导人重申支持世界贸易组织进行必要的改革，以提高其职能，但在原有规则的修订和新规则的制定上都远未能形成一致意见。目前，由于美国的阻挠，WTO上诉机构长期不能维持正常运行。最后，美国在G20领导人峰会上重申其决定退出应对全球气候变化的《巴黎协定》，并在11月4日正式通知联合国要求退出

《巴黎协定》，给全球气候治理蒙上阴影。

在区域合作中，欧洲一体化虽然面临阻碍，但是北美、亚洲、非洲和拉美的区域合作均取得进展。在欧洲地区，英国"脱欧"给欧洲一体化带来巨大冲击。一方面，英国"脱欧"彰显出欧洲主要大国在理念上对于欧洲一体化进程的分歧已难以弥合，并由此大大增加了彼此之间政策协调的难度；另一方面，英国"脱欧"后，欧盟难以出台新的一体化政策和规划，也难以引导各成员采取更加有效的一体化行动。欧洲一体化进程因此面临欧盟成立以来最为严峻的挑战。在北美地区，2019 年 12 月 10 日，美国、加拿大和墨西哥代表在墨西哥首都墨西哥城正式签署新版地区贸易协定——《美墨加协定》（USMCA）。相对于《北美自由贸易协定》（NAFTA），《美墨加协定》一体化程度更高，但其排他性也更高。在亚太地区，2019 年 11 月 4 日，《区域全面经济伙伴关系协定》（RCEP）第三次领导人会议宣布，15 个 RCEP 成员国已结束全部 20 个章节的文本谈判以及实质上所有的市场准入问题的谈判，并计划在 2020 年签署协定。12 月初，RCEP 法律文本审核正式启动。但印度因有重要问题尚未得到解决，恐怕难以在其他成员签署协定时加入 RCEP。在非洲地区，一体化进程迎来新的机遇。2019 年 5 月 30 日，《非洲大陆自由贸易区协议》（AfCFTA）因批准国数量达到要求而正式生效，并于 7 月 7 日正式实施。非洲自贸区是世贸组织成立以来成员国数量最多的区域自贸区。该协定的实施将进一步降低非洲国家间的关税，消除贸易壁垒，推动各成员国形成单一大市场。在拉美和加勒比地区，一体化呈现新动向。一方面，南美洲国家联盟、美洲玻利瓦尔联盟等左翼主导下的一体化组织陷入低潮；另一方面，南方共同市场和太平洋联盟在拓展和深化区域一体化方面取得新的成果。2019 年 6 月 28 日，南方共同市场与欧盟签署自由贸易协定；南方共同市场还推动了与韩国、加拿大和新加坡等国的自贸协定谈判。2019 年 7 月，第 14 届太平洋联盟首脑峰会就深化区域经济一体化达成新的共识。

国际合作中最大的亮点来自"一带一路"倡议的扎实推进。在政策沟通方面，"一带一路"合作伙伴不断增加，合作基础不断巩固，合作环境不断优化。2019 年 4 月，第二届"一带一路"国际合作高峰论坛在北京成功举行，有关国家和国际组织同中方签署涉及贸易、交通、税收、审计、科技、文化、智库、媒体等领域的双边和多边合作文件总计100余项。截至2019年11月中旬，同中方签署了"一带一路"合作文件的国家达到137个，占全球国家总数的七成；其中近一年内新增31国，占全球国家总数的比例增加16.3个百分点。在设施联通方面，中蒙俄、新亚欧大陆桥、中国—中亚—西亚、中国—中南半岛、中巴和孟中印缅六大经济走廊建设取得明显进展，"一带一路"合作伙伴国的铁路、公路、航运、航空、能源、通信等各个领域的基础设施互联互通取得明显进展。在贸易与投资方面，中国同"一带一路"沿线国家的联系更加紧密。中国商务部数据显示，2019年前10个月，中国与沿线国家货物贸易额约为1.1万亿美元，较上年同期增长4.1%，高于同期中国对外贸易总体增速；同期，中国对沿线国家非金融类直接投资额超过110亿美元，对外承包工程新签合同额超过1100亿美元。中国在中白工业园、泰中罗勇工业园、巴基斯坦海尔鲁巴工业园等沿线国家的境外经贸合作区累计投资340亿美元，对当地就业和经济增长的促进作用逐步显现。在资金融通方面，共建"一带一路"投融资渠道更趋多元。截至2019年12月中旬，亚洲基础设施投资银行（AIIB）成员增至100个，累计贷款项目为50多个，贷款总额超过110亿美元。截至2019年10月，丝路基金通过股权、债权等方式签约34个项目，承诺投资金额约123亿美元。此外，中国投资有限责任公司等主权财富基金、中欧共同投资基金及泛美开发银行、非洲发展银行和欧洲复兴开发银行等多边开发性金融机构等加大了对沿线国家的投资规模。在民心相通方面，中国同沿线国家的人文交流日益频繁，为共建"一带一路"奠定了坚实的民意基础。

二 2020年全球重大风险

2020年，全球政治经济形势面临许多重大风险。这些风险事件不是必然会发生，但是一旦发生，会对全球产生重大负面影响。综合考虑其影响程度和发生概率，需要特别关注以下十大风险。

（一）全球经济陷入衰退

世界经济增速正处于快速下降中，当前虽然出现了一些有利于经济稳定的现象，但是经济进一步下行甚至出现衰退的风险依然存在。中美达成第一阶段经贸协议以后，中美贸易摩擦从不断升级趋势转向缓和态势，这对恢复贸易增长、稳定市场预期和投资者信心会带来正面影响。但是中美贸易摩擦仍然存在出现反复的可能性，并且有可能出现摩擦范围向其他领域扩大的现象，美国还有可能因汽车贸易等问题和欧洲、日本等经济体引发新的贸易冲突，国际贸易冲突升级风险并未消除。美国、欧洲、日本以及中国等主要经济体同步采取货币宽松政策，这对刺激经济活力和促进宏观经济稳定将产生一定的作用，但是在主要发达经济体处于负利率和超低利率的环境下，货币宽松政策刺激效果有限，且可能引发新的金融风险。新冠疫情在全球的扩散，及其引发的股市震荡，已经使世界经济处于衰退边缘。如果新冠疫情不能在较短时期内得到有效控制，则股市还会进一步恐慌性下跌，并可能在世界范围内引发一场金融危机，造成全球经济衰退。

美国经济走势对世界经济有重大影响。如果美国经济企稳，则世界经济有可能保持相对稳定。如果美国陷入衰退，则可能引发主要发达经济体甚至全球经济陷入衰退。

美国经济中具有一些支撑经济企稳的因素，主要包括：劳动市场运行良好，失业率处于历史低位，工资稳步上升，有助于支撑美国居民收入和消费稳定增长；2020年是总统选举年，特朗普会采取各种措施支持经济增长，防止经济下滑影响其总统选举。

美国经济中也有导致经济进一步下滑甚至出现衰退的因素和信号，主要包括：总需求增速仍在下降，制造业已现衰退迹象，美国国债收益率出现倒挂现象。另外，贸易冲突升级和股市泡沫破裂的风险仍然存在。

美国GDP增长率和通货膨胀率同时下降，总需求下降趋势明显。美国GDP季度同比增长率已从2018年第二季度的3.2%逐步下降到了2019年第三季度的2.0%。用GDP平减指数表示的通货膨胀率连续5个季度下降，从

2018 年第二季度同比增长 2.7% 下降到了 2019 年第三季度的 1.7%。

美国制造业前景可能进一步恶化。美国制造业采购经理人指数（PMI）从 2018 年 8 月以后不断下降，至 2019 年 12 月，该指数跌至 47.2，这是 2010 年以来的最低点。美国制造业产出指数和新增订单数均为负增长。美国制造业产出指数已从 2018 年 12 月 2.6% 的高点开始回落，至 2019 年 12 月，制造业产出指数同比增长 -1.3%；制造业新增订单月度同比增长率在 2018 年 8 月达到 8.5% 的近期高点，此后快速下降，2019 年 5 月开始负增长，至 2019 年 11 月，制造业新增订单指数同比增长 -1.3%。

按照美联储的研究，从 1973 年以来，美国历史上出现了五次 10 年期国债收益率季度平均值小于 3 月期国债收益率季度平均值的现象，即国债收益率倒挂现象。这五次国债收益率倒挂现象出现之后均伴随着一次经济衰退，因而国债收益率倒挂被认为是预示经济衰退的强烈信号。2018 年以来，美国 10 年期国债收益率与 3 月期国债收益率的利差不断缩小。2019 年 3 月 22 日，美国 10 年期国债收益率与 3 月期国债收益率出现近期以来的首次倒挂，并从 5 月 23 日至 10 月 10 日出现持续倒挂现象。此后，倒挂现象有所缓解。2020 年 1 月以来，美国 10 年期国债收益率再次向 3 月期国债收益率靠近，国债收益率倒挂这一经济衰退信号可能再次出现。新冠疫情的暴发，可能成为导致美国陷入经济衰退的"最后一根稻草"。

（二）国际贸易冲突升级

美国挑起的经贸冲突已经对世界经济造成了显著负面影响，其未来演变仍将是影响世界经济形势的一个重要因素。

中美已达成第一阶段经贸协议，经贸摩擦总体上走向缓和，但是也可能出现反复。未来还存在两大风险。一是第一阶段协议的执行风险，二是下一阶段协议的谈判风险。第一阶段协议中有专门的"双边评估和争端解决"安排，用于评估协议执行情况以及解决协议执行过程中产生的争端。这一机制是有助于降低和管控执行风险的。但是，如果双方在争端解决过程中未达成共识，可采取停止某项义务、退出协议或其他措施。一旦出现这种情况，有可能产生新的摩擦。另外，下一阶段协议的谈判难度要大于第一阶段协议，鉴于特朗普政府习惯使用极限施压的方式，在谈判过程中出现摩擦升级的可能性是完全存在的。

美国对中国挑起的经贸摩擦还有向科技、金融领域蔓延的迹象。目前在科技和金融领域已经表现出一些局部摩擦，如果摩擦升级，中美两国经济和世界经济均会受到负面冲击。科技领域的摩擦升级，可能导致中美两国企业重构价值链和技术发展路径，由此也会带来全球价值链和研发格局的变化。金融领域的摩擦升级，将导致中美双方减少资金往来和降低货币交易规模，并影响中美两国的跨国货物、服务、人员、信息等的交易和交流，由此也会给世界经济稳定和金融稳定带来负面影响。

美国还可能在汽车贸易和数字经济等领域与其他贸易伙伴发生新的贸易冲突。美国商务部已经完成关于汽车进口损害美国国家安全的"232调查"，特朗普于2019年5月17日发布公告，要求美国贸易代表就汽车贸易问题与欧盟、日本等贸易伙伴进行谈判，并在180天之内拿出谈判结果。但美国和欧盟、日本并未在180天之内就汽车贸易问题达成协议，因而美国随时有可能加征汽车及汽车零部件进口关税。一旦美国加征这一关税，欧盟和日本等很有可能进行报复，并进而引起冲突升级。另外，因反对法国开征数字服务税，美国对法国24亿美元商品加征关税的行为，可能引起法国的贸易报复，这同样有可能引起法美贸易冲突升级。美国贸易政策还可能引发与印度等其他经济体之间的贸易冲突。

（三）中美因台湾、南海等问题政治军事对抗风险上升

中美矛盾有从经贸领域向政治、安全等高政治领域扩散的趋势。2020年美国两党为赢得总统大选，有可能支持和采取更为激进的对华政策，中美两国因台湾、南海等问题陷入政治军事对抗的风险上升。

2019年12月，美参议院通过2020年《国防授权法》，要求成立高级别"美台工作小组"，还包括鼓励对台军售、实战训练、军事演习，以及"鼓励盟国和伙伴仿效"等内容。2020年1月，台民进党以明显优势赢得台湾

地区领导人选举。在民进党当局的煽动和配合下，美国有可能进一步挑战"一个中国"政策，进而导致紧张局势进一步升级。随着中美战略竞争加剧，美国还可能提高台湾在其"印太战略"中的位置，将美台关系更深地嵌入美在印太地区的多边安全网络，增加台湾问题与中日、中印、中澳等双边关系的联动性，加剧中国周边外交形势和亚太安全形势的复杂性。

南海"自由航行"问题是中美在地缘安全领域的另一个敏感问题。特朗普政府上台以来，美军不断提升在南海的所谓"航行自由"军事行动，美国舰船多次闯入南海岛礁 12 海里，中美军舰相遇和摩擦事件时有发生。在中美竞争加剧的背景下，中美因南海"自由航行"问题发生冲突的风险进一步上升。

（四）《中导条约》失效引发军备竞赛

《中导条约》失效破坏了原有稳定的国际军控体系。《中导条约》对于国际军控体系的重要意义有三点：首先，《中导条约》的成功签署，与 1968年《不扩散核武器条约》（NPT）、1972 年美苏《限制反弹道导弹系统条约》（ABM）一起，共同构成了冷战时期军控体系的基石，标志着两个超级大国在一定程度上实现了全面军控。其次，《中导条约》为冷战结束后美俄缔结1991 年《第一阶段削减战略武器条约》（START Ⅰ）、1993 年《第二阶段削减战略武器条约》（START II）和 2010 年《新削减战略武器条约》（New START）提供了经验。一系列条约签署后，美俄庞大的战略武器库削减了一个数量级。最后，《中导条约》还开启了一个大国间从最高决策层到技术执行层相互进行有效沟通、防止战略误判的良好机制。它的失效意味着从冷战时期过渡到后冷战时期的国际军控体系的坍塌，以及国家间战略误判概率的升高。

《中导条约》失效将刺激和加剧新一轮的国际军备竞赛。国际关系中本就存在难以超越的"安全困境"，而《中导条约》的失效加剧了这一困境，导致世界各国以保护自身安全为由而掀起新一轮的军备竞赛。首先，美国通过自我解绑，可以不受约束地研发更为有效的中程导弹，以破坏他国国家安全为代价获得"绝对安全"地位。8 月 18 日，距离《中导条约》失效仅十几天，美国就成功试射一枚射程超过 500 公里的改进型"战斧"巡航导弹，可见其早已蓄谋已久。其次，与美国处于竞争关系的国家，将因美国的破坏行为而不得不采取相应的制衡措施，从而造成更为复杂的国家间博弈局面。俄罗斯总统普京在 2019 年国情咨文讲话时已警告，美国若在欧洲部署中短程导弹，俄罗斯将采取同等和非对称措施。法、德等欧洲国家对此表现出强烈的警惕。欧洲大陆的安全形势走向令人担忧。最后，世界大国对于先前已达成承诺的失信，将导致其他国家对于基本国际规则和道义的失望以及为了维系自身安全而采取不加选择的手段。伊朗已经宣布不履行伊核协议条款，沙特公开宣布将加快国内核试验，印度近期因克什米尔问题表态将"视情况"来决定是否首先使用核武器。这些情况表明，世界范围内的核安全风险在不断上升。

美国在计划退出《中导条约》的同时，已经确定了分阶段发展包括弹道、巡航和高超音速等在内的《中导条约》所禁止的多种陆基导弹武器，射程范围覆盖近程到中远程。而俄罗斯也已公开下一代核武器研发计划，每一种都是明确针对美国庞大的预警和防御系统网络而设计的。俄罗斯现在正重点研发和部署高超音速导弹。在美国正式退出《中导条约》的第二天即 2019 年 8 月 3 日，美国国防部长埃斯珀就表示，要在"相对短的时间内"将陆基中程导弹部署到亚洲地区，欧洲也将是美国重点推动部署的地区。俄总统普京对此警告称，如果美国在欧洲部署导弹，俄将做出快速有效反应，将核武器"瞄准"部署美国导弹的欧洲国家。如此将引发连锁反应，加剧和加速大国间军备竞赛进程。

《中导条约》失效还将增大触发战争的风险，降低使用核武器的门槛。《中导条约》之所以规定销毁 500 公里至 5500 公里的中短程和中程导弹，是因为 500 公里射程以下的核导弹射程太近，战争中即使使用也很难波及美苏两个分处东西半球的大国本土，而 5500 公里射程以上的导弹由于其超远射程为对方留出了足够的预警反应时间进行反击，因此也不会轻易使用，而主要用于战略威慑。相比较而言，射程介于这两者之间的中短程和中程导弹实战性最强，触发战争的风险最大。2019 年初美国发布的《核态势审议报告》，提出发展低当量核弹头，这正与此类导弹相匹配。美国退约后发展部署此类导弹武器，这意味着今后战争中使用核武器的可能性将大幅上升。而一些核武库规模相对较小的核国家为了保证有效的核报复能力，也势必因此而降低在危机中使用核武器的门槛，这样将极大地增加核大国之间的危机不稳定性。

（五）中东地区陷入新一轮动荡

美国自 2018 年 5 月退出伊核协议以来，持续对伊朗进行极限施压，遭伊方坚决回击，两者之间矛盾不断升级。特朗普在戈兰高地主权归属上发表刺激性言论，让中东局势再度紧张。2020 年 1 月 3 日，美军袭杀伊朗伊斯兰革命卫队下属"圣城旅"指挥官卡西姆·苏莱曼尼，直接将中东局势推向战争边缘。伊朗向美驻伊拉克两处军事基地进行打击报复后，特朗普政府及时止损，未做出进一步军事升级行动，地区紧张形势才得到暂时缓和。1 月 5 日，伊朗政府宣布取消所有伊核协议对其的限制措施。1 月 20 日，伊朗外交部长扎里夫表示，如果欧洲国家将伊朗核问题提交联合国安理会讨论，伊朗将退出《不扩散核武器条约》。2020 年美伊围绕伊核问题的争端将持续甚至升级，国际防核扩散形势将承受更大压力。

利比亚内战尚未结束，"国民军"从 2019 年 4 月开始陆续向民族团结政府控制区域发动进攻，新一轮武装冲突再次爆发。利比亚国内的政治割据势力相互缠斗不休，多个部落林立于地方，"伊斯兰国"组织可能趁机卷土重来。叙利亚战争本已接近尾声，土耳其因库尔德人问题在叙土边境发动"和平之泉"军事行动，让本已障碍重重的叙国家和平重建进程再添变数。叙利亚镑对美元汇率连续下跌，加上随之而来的物价上涨，经济形势不断恶化。已持续 4 年多内战状态的也门还未远离战火困扰。埃及反恐形势严峻，自 2019 年 11 月起进入新一轮紧急状态。"阿拉伯之春"以来，多个中东国家陷入国内治理困局，而近期不容乐观的各地形势表明，中东国家的碎片化趋势还将进一步加重，该地区将长期处于紧张和冲突之中。

（六）印巴克什米尔问题冲突激化

2019 年印度和巴基斯坦因克什米尔问题冲突不断。2 月 14 日，宗教武装组织"穆罕默德军"在印控克什米尔地区实施爆炸袭击，至少 40 名印度中央后备警察部队士兵身亡。印方指责巴方支持"穆罕默德军"，遭到巴方否认。2 月 26 日，印度空军越过克什米尔印巴实际控制线，对"穆罕默德军"在巴控克什米尔地区的营地进行打击。巴方组织反击，击落飞入巴实控线的印度战机，生擒了印度空军飞行员。此后，两国地面部队相互炮击，地区紧张关系骤然升级。3 月，巴基斯坦将俘虏的印度飞行员交还印度，但印巴在克什米尔边界附近的小规模武装冲突依然持续不断。7 月，印度以克什米尔印控区连续遭到武装组织袭击为由，向当地紧急增兵，随后于 8 月 2 日在克什米尔对"叛军武装"展开清剿行动。8 月 5 日印度又宣布废除所谓"查谟—克什米尔邦"的特殊地位，成立"查谟—克什米尔中央直辖区"和"拉达克中央直辖区"，单方面改变克什米尔地区现状。

莫迪政府一直希望抓住美国调整对巴政策和阿富汗—巴基斯坦关系恶化的契机，以压促变，恶化巴基斯坦的国际环境，迫使巴基斯坦接受克什米尔地区的现状。克什米尔对巴基斯坦的战略价值极其重要，无论是基于地缘安全考虑，还是基于水资源安全、民族宗教情感等因素，巴方都不会轻易做出让步。作为实力更强的一方，印度希望通过施压和双边谈判来解决问题。作为弱势一方，巴基斯坦则寻求将争议"国际化"，试图引入外部力量支持。由于印度控制了克什米尔的有利地缘位置，愿意寻求以实控线为基础解决争端，而巴基斯坦难以接受以现状作为最终解决方案，因此只要印度继续奉行单边冻结克什米尔地区现状、维持低烈度冲突和高压力对巴外交的政策，印巴关系将很难缓和，两国军事和外交层面的斗争将会延续并可能激化。

（七）朝鲜半岛局势再度紧张

2019 年 2 月，美朝领导人河内峰会无果而终，自此朝核问题重陷僵局。美朝双方在无核化定义、进程和解除制裁等问题上分歧严重。为敦促美国改变对朝敌视态度，解除对朝经济制裁，朝鲜对美政策日趋强硬，自 2019 年 5 月以来已累计进行了十余次导弹试验。美国则认为朝鲜在半岛无核化方面尚未做出实质贡献，因此没有改变对朝"极限施压"的意愿，只是近期在暂停军演等方面做出让步。2019 年 10 月，美朝代表在瑞典的工作磋商未能取得任何实质进展，朝鲜多次要求美国在 2019 年 12 月底前拿出朝美对话新方案，并于 12 月 7 日进行了疑似导弹发动机测试的试验。12 月底，朝鲜最高领导人金正恩在朝鲜劳动党七届五中全会上表示，朝鲜已率先采取停止核试验和洲际弹道导弹试射、废除核试验场等措施，但在此期间美国始终没有做出积极回应，反而采取数十次联合军演、单独制裁等敌视朝鲜的措施，在此条件下，"朝鲜没有理由单方面受制于没有守护的伙伴的公约"，朝鲜将很快拥有"新的战略武器"。

自美朝首脑第一次峰会以来，面对朝鲜的一系列举动，特朗普一直强调朝鲜会遵守承诺，但在 2020 年 1 月初，特朗普首次表示金正恩有可能打破维持朝美对话局面的前提，即朝鲜中止核试验和试射洲际导弹的承诺。据韩联社报道，2020 年 1 月，朝鲜最高人民会议外交委员会委员李善权替换李勇浩任朝鲜外长，这可能预示朝鲜对美立场将更趋强硬。对美朝双方来说，战争都是不可承受的灾难性选择，但这恰恰有可能成为双方利用的筹码，双方均有可能试图以这种逼近战争的悬崖策略迫使对方让步，这将给朝鲜半岛及周边地区安全带来极大风险。

（八）部分国家内部动乱诱发全球社会动荡

在特定事件的诱发下，一些国家和地区内部矛盾迅速升级，并演变为大规模的暴乱，全球可能随之进入新一轮的动乱期。2019 年，民众抗议和示威浪潮引发社会失序，甚至升级为骚乱和暴乱，成为世界性现象。从欧洲的英国、法国、意大利和西班牙，到亚洲的印度，到非洲的埃塞俄比亚，再到拉美的智利、厄瓜多尔、玻利维亚和哥伦比亚等，概莫能外。这些国家或地区的抗议风潮固然不乏外部干预和民族宗教矛盾等诱因的"点燃"之功，但经济增长长期低迷、内部贫富悬殊、青年人失业严重、发展机会匮乏、社会保障低于预期等表现出的显著的脆弱性长期存在且看不到解决的希望，才是为动荡之火提供燃料的更重要的因素。

社会动荡仍是 2020 年的主要风险点之一。第一，2020 年世界经济仍可能持续低迷，经济问题引发社会动荡的诱因仍然存在且可能更为严重。第二，很多国家或地区的治理能力较弱的局面难有根本改观。随着经济全球化的深入发展，政治、经济、社会、文化和安全等领域面临的问题和挑战还会不断加大，并且国内问题与国际问题的联动性不断加强，传统的治理手段和方法难以有效应对变乱交织的国际环境和复杂多变的国内矛盾。第三，世界主要国家的年龄结构和族群结构正在经历显著变化，并给相关国家或地区的宏观政策制定、社会保障体系以及政治倾向和社会思潮带来深刻影响，尤其是大学毕业人口的迅速上升，由此出现了普遍的大学生就业不足和就业低于预期的现象，这成为社会动荡或暴乱的潜在因素。第四，网络时代民众权利意识觉醒且争夺权利的社会动员成本不断下降。网络技术发展和普及极大地方便了人们获取信息、接触新观念和相互交流沟通，也加深了人们对自身权利的认知。随信息技术发展而来的权利意识觉醒，已经成为当今时代演化的一个重要社会力量。由于民众权利意识的普遍觉醒，民粹主义以及极端民族主义在一些国家或地区开始形成气候并广泛和深入地浸透到政治与外交实践，这也成为社会不安定的来源。

（九）国际原油供给出现危机

国际原油市场总体上供给充足，但是中东地区动荡影响世界原油供给并造成供给不足、运输中断和油价快速上升的风险仍然存在。

沙特和俄罗斯未达成原油减产协议，两国均计划增加原油产量，加上世界经济下滑引起的原油需求下降，原油价格大幅下降。这种供大于求的局面同时也蕴含着供给中断的风险。油价暴跌会导致伊朗、伊拉克、叙利亚、委内瑞拉等产油国的出口收入和财政收入大幅下降，加大其社会冲突和政局动荡风险，从而可能引发原油生产和运输中断风险。

尽管美伊之间发生直接军事冲突的可能性很低，但双方的缠斗可能加剧，甚至存在局势失控的风险。伊朗因美国制裁在国际原油供应中的重要性下降，但是美伊冲突加剧可能影响到中东其他产油国。美伊军事冲突的地点集中于伊拉克，伊拉克等中东产油国可能在后续矛盾激化过程中被卷入武装冲突，引发原油产量下降。冲突升级也可能导致伊朗周边国家，如沙特、阿联酋的原油产量下降，从而引发全球原油供给减少。以中东国家为主体的欧佩克控制着全球原油四成的产量和六成的贸易量，中东原油供给减少对国际原油市场会有较大冲击。更为重要的是，伊朗控制着霍尔木兹海峡，而通过霍尔木兹海峡的日均原油运输量占全球总量的33%。一旦美伊冲突导致霍尔木兹海峡被封锁，原油运输被中断，国际原油供给就会出现严重的危机。而且，在高度金融化的国际原油市场中，投资者担忧美伊军事冲突导致中东地区原油供应中断的预期及引发的市场恐慌情绪，会加大原油供给危机的程度和危机的负面后果。

美国页岩油气产量的增长可以作为中东原油供应减少的补充，但是美国页岩油气产能在油价过低时期会受到损害，短期内产量增长是有限的，即使产量快速增长，其油气向欧洲和亚洲的运输量在短期内也难以得到提升。如果中东原油供应受到较大的供给冲击，则国际市场原油短缺和油价快速上涨仍然难以避免。而且，目前美国页岩油领域占据主导地位的小型独立企业经营困难，筹资难度上升，难以持续产生现金流。若在大量小型页岩油企业破产之后出现原油供应短缺，则美国页岩油产量增长会更为缓慢，对原油供给短缺的舒缓作用和对油价的抑制作用会更弱。

（十）英国"脱欧"带来不稳定

英国于2020年1月31日正式脱离欧盟，进入与欧盟谈判和达成协议的过渡期，过渡期截止到2020年12月31日。在过渡期内，英国和欧盟达成未来关系协议并不容易。英国保守党内部对未来英国与欧盟的关系仍然存在分歧，约翰逊的主张与欧盟的要求之间存在矛盾。约翰逊主张与欧盟之间保持"零关税、零配额"的紧密经贸关系，同时希望制定自己的劳动和环保等标准，然而欧盟认为，如果英国继续与欧盟保持零关税和零配额的贸易关系，则必须接受欧盟统一的劳动和环保标准。如果英国和欧盟未能在"过渡期"内达成协议，而英国又没有申请延长过渡期，双方贸易关系将回到世界贸易组织的基本框架，贸易壁垒及其预期的不确定性将对英国和欧盟经济带来不利影响。但是，考虑到英国和欧盟之间的贸易量在全球贸易和全球GDP中的比重不大，"脱欧"本身对世界经济的影响不会太显著。"脱欧"产生的风险主要在于对英国内部稳定和欧盟内部治理带来了一些长期不利的后果。

英国内部可能出现不稳定。2019年12月12日的英国大选，虽然以英国首相鲍里斯·约翰逊主导的保守党获得压倒性胜利告终，但是胜利的区域仅局限于英格兰和威尔士，并不包括苏格兰和北爱尔兰这两片区域。苏格兰拟再次启动独立进程，北爱尔兰等地区主要族群分歧加剧、《复活节协议》以来的和平进程面临冲击，英国统一的多民族国家形态面临较大挑战。

欧盟治理体系面临重新调整。英、法、德三个大国在欧盟内部治理上能形成一种相对均衡和稳定的态势，英国脱离欧盟之后，欧盟内部治理中的英法德三角变为法德两大轴心，相对稳定的三角关系被打破，这给未来欧盟理事会投票权、欧洲议会党团构成与成员国议席等带来冲击。同时，欧盟失去了英国的预算贡献之后，未来的预算来源结构和支出结构面临新一轮调整，这会引发欧盟内部新一轮利益博弈。

三　全球形势和世界格局主要发展趋势

世界经济长期进入中低速增长轨道，短期内难有起色，受新冠肺炎疫情冲击，2020年世界经济仍将处于疲弱状态。国际政治中大国竞争态势仍将持续。美国对中国的战略竞争不会因贸易协定的签订而缓和，美俄关系将继续保持下行趋势。《中导条约》失效对美俄关系乃至世界安全的负面影响是持久和根本性的，美俄战略不信任状态将愈发难以逆转。美俄关系的恶化，还将在很大程度上加剧全球政治格局的割裂和重组。中俄战略合作将更加稳固。国际合作方面，全球治理难以取得进展，但区域合作可能有新的突破，

RCEP 在 2020 年签署的可能性较大，"一带一路"倡议将继续成为国际合作的亮点。总体来看，全球形势和世界格局将表现出八大趋势。

（一）全球经济进入超低利率时代

2008 年全球金融危机之后，发达国家普遍采取了零利率政策，有些国家甚至采取负利率政策。金融危机已经过去十余年，然而大部分发达国家仍走不出超低利率政策。低利率政策的初衷是提升就业和经济活力，其实施也一直伴随着争议。普遍的担心是低利率政策对于提升经济活力的效力有限，以及低利率会诱发新的金融危机。

货币当局采取低利率政策，直观的原因是经济面临通货紧缩压力、失业率高企、经济面临需求不足。降低利率政策可以通过几个渠道刺激总需求，避免经济过度萧条：降低融资成本，刺激企业投资需求，以及居民的住房和消费信贷需求；提升资产价格，通过财富效应刺激投资和消费；货币贬值，刺激外部需求上升。

需求不足背后的深层次原因是经济增长缺乏内生动力。需求不足并非个别国家的现象，是发达经济体的普遍现象。这背后有着多重原因，受到较多关注的解释包括：发达经济体已经普遍进入了成熟期，资本存量较高，在缺乏新的技术革命条件下，国内投资机会匮乏；以谷歌、脸书为代表的大量新兴产业不需要太多的物质资本投入；收入分配恶化；金融危机后更加严格的金融监管措施制约了投资等。

低迷的需求环境下，需要以低利率甚至是负利率才能实现储蓄和投资之间的平衡，将就业和物价水平保持在合意水平。发达经济体当中，美国创新能力具有优势，货币政策制定水平较高且受到的掣肘较少，还能在低利率附近徘徊而不至于陷入持续的负利率。欧元区和日本则面临更艰难的局面，除了与美国创新能力的差距，货币政策该松的时候不够松，也因此缺少了反弹的机会，难以走出负利率。

但是，低利率不足以应对需求不足。需求不足的背后有众多结构性的深层次原因，绝非降低利率能全部化解。在对未来预期不看好的环境下，无论融资成本如何下降，企业始终缺乏新增投资动力。美国在量化宽松政策期间，市场融资利率非常低，市场流动性充裕，企业盈利有改善，但是企业并不把资金用于新增投资而是大量回购公司股票。可见仅凭降低利率不足以克服需求不足问题。

美国前财政部长萨默斯、国际货币基金组织前首席经济学家布兰查德以及普林斯顿大学教授克鲁格曼等美国主流经济学家在反思宏观经济政策的文章当中，越来越强调财政扩张政策对于保持总需求稳定的积极作用，他们一方面强调了利率低于名义 GDP 增速环境下政府债务扩张的可持续性，另一方面强调财政扩张对扩大总需求更直接的作用以及积极财政政策为货币政策留下调控空间。经济学家辜朝明也强调财政政策应该发挥更积极作用，对抗私人部门去杠杆带来的经济螺旋下行压力。

尽管低利率不足以化解需求不足问题，但低利率对于改善需求还是起到了不可或缺的帮助。美国在金融危机以后的货币宽松政策最为彻底，创新使用了非常规货币政策手段保持金融市场正常运行和刺激总需求。美国在发达经济体中经济恢复情况相对较好。日本在安倍政府上台，坚决执行数量和质量宽松货币政策以后，日本经济也有了明显改善，尽管日本仍未达到2%的通货膨胀目标。反面的例子是瑞典。瑞典央行出于对房价和居民债务的担心，在2010年7月将利率从0.25%上调至2011年的2%，而2010年7月瑞典的通胀率预测仍低于2%，失业率也高于潜在水平。这个政策实施以后瑞典经济复苏的步伐停止，直至2014年瑞典货币当局认为瑞典通胀率接近于零和失业率过高的局面不能接受，重新将利率调回到零，2015年进入负利率区间。而在此期间，瑞典债务和房价并未因为利率提升有好转。

持续的低利率可能会带来资产价格泡沫。诺奖得主泰勒尔在1985年曾指出，当名义利率低于GDP增长速度的时候，资产价格会出现发散式增长，这是一种理性的资产价格泡沫。后来的宏观经济学在讨论低利率政策的时候，也在反复强调这个机制。

低利率主要通过两个渠道冲击金融稳定。一是收益追逐效应。前印度央行行长拉詹指出，低利率会刺激金融机构寻求更高的收益率，因而可能导致金融机构过度承担风险。二是放大的金融加速器渠道。国际清算银行经济学家伯瑞奥等指出，长期低利率通过增加企业的净资产和抵押品的价值，使金融机构的风险容忍度上升，对违约概率的预期下降，鼓励金融机构提高杠杆率，扩大放贷规模。

（二）全球治理中利益博弈日趋激烈

二战后形成的由西方国家主导的国际秩序和全球治理体系，难以适应当今时代的变化。联合国在全球安全治理上的能力减弱，世界贸易组织、国际货币基金组织、世界银行和 G7、G20 等在全球经济治理方面的作用也明显减弱，世界卫生组织在防止传染病传播和阻止个别国家利用卫生事件进行人员和贸易限制的能力方面有待提高。特朗普政府退出《巴黎协定》《跨太平洋伙伴关系协定》（TPP）和联合国人权理事会，退出伊核协议与《中导条约》，扬言退出世界贸易组织和猛烈抨击北约甚至联合国，美国似乎在抛弃自己苦心孤诣建立起来的战后国际秩序。国际秩序和全球治理体系进入一个瓦解与重建期。

全球治理体系改革迫在眉睫，但是难以取得有效进展。这一方面是因为国际力量格局更加均衡，更加难以达成一致认同或者多数认同的治理方案。另一方面是特朗普政府实行"美国优先"政策，更加关注美国自身的治理和美国利益，而不是全球治理和全球共同利益。美国不仅退出多个已有的全球治理机制，而且在形成新的治理机制过程中由于过于强调自身利益而引起更加激烈的利益冲突和利益博弈。

当前国际贸易保护措施大量增加，贸易冲突异常激烈，改革国际贸易体系最为迫切。各主要经济体均表达了改革世贸组织的强烈愿望，但是改革前景不容乐观。

世贸组织成员已就其改革的必要性达成共识。世贸组织改革并非新近出现的议题，自 21 世纪以来，学界就有此讨论，但是这些讨论并未引起世贸组织成员的官方重视。自 2018 年开始，由于世贸组织深陷危机以及欧盟率先提出详细的改革建议，世贸组织改革越来越迫切，并成为热点议题。目前，主要世贸组织成员均认同 WTO 改革具有必要性。美国贸易代表在 2018 年和 2019 年发布的《贸易政策议程》均表达了世贸组织需要改革的看法，并提出了自身的诉求。欧盟和日本也积极支持世贸组织改革，以便维护基于规则的世界贸易体系。中国明确表达了支持对世贸组织进行必要改革的态度，解决其面临的生存危机，增强其权威性和有效性。其他成员也支持世贸组织改革。2018 年 10 月，澳大利亚、巴西、加拿大、韩国、挪威等 12 个世贸组织成员的贸易部长与欧盟代表（渥太华小组）在加拿大讨论世贸组织改革问题。2018 年和 2019 年，二十国集团（G20）贸易部长会议及领导人峰会发布的联合声明及宣言也支持世贸组织改革。

世贸组织改革中，已经达成共识或者容易达成共识的内容，包括渔业补贴谈判（各成员均希望尽早结束该谈判）、支持开放的诸边主义谈判、世贸组织日常工作以及履行通报义务、对接可持续发展目标。渔业补贴谈判是美国、欧盟、中国都愿意推进的谈判议题，而且各方在这方面已经有所行动，分歧也相对较小，容易达成共识。诸边谈判模式是欧盟提出的改革建议，美国和中国等成员已经推动过几个诸边贸易协定谈判，积累起相关经验，这一模式的推广障碍相对较小。在改进世贸组织机构的运行以及履行通报义务、增强透明度方面，各方也都提出了相关建议，不存在实质性分歧，相对容易达成共识。世贸组织应该对接可持续发展目标，也是美国、日本、欧盟、中国等主要成员都认可的方向，容易达成共识。不过，这些容易达成共识的领域并非世贸组织改革中最迫切需要改革和最关键的领域。

世贸组织成员对规则谈判的优先领域和内容存在分歧，在争端解决机制和发展中国家身份界定方面也存在分歧。在规则谈判方面，美、欧、日等的兴趣在于制定关于产业补贴、国有企业、技术转让等方面的规则，中国的关注点在于对滥用国家安全例外的措施和不符合世贸组织规则的单边措施严加管控。而且，在产业补贴、国有企业、电子商务等方面，美、欧、日和中国对于制定规则的内容存在较大分歧。

争端解决机制中的上诉机构大法官遴选僵局是目前最迫切需要解决的问题。在仅剩下一位大法官的情况下，上诉机构将无法运作。除美国之外，各方均希望解决这一问题。美国的拒不配合，使得这一问题解决的希望非常渺茫。虽然世贸组织成员已经针对美国的诉求，提出了改革争端解决机制的切实可行的方案，但是美国暂时无意推动问题的解决，而是希望这一机制停摆。在发展中国家身份的认定方面，美、欧等发达经济体均认为有必要重新界定中国等新兴经济体的发展中国家地位，并设立退出特殊与差别待遇的规则。美国认为这一问题非常迫切，需要立即解决，欧盟和日本则并没有像美国那样认为这是非常迫切的问题。中国等一些发展中国家则认为不需要重新认定发展中国家身份，发展中国家的特殊与差别待遇应该予以尊重。在争端解决机制和发展中国家身份及其特殊与差别待遇这两大问题上，美国与其他国家存在尖锐对立，这种对立难以调和，改革很难取得实质性进展。

（三）区域和双边合作快速推进

当前有两大力量在推动区域和双边合作快速发展。一是多边贸易体系改革难以取得进展，各国对国际合作和全球化的需求只能通过区域或者双边合作来满足；二是美国挑起各种贸易争端。通过原产地规则和劳工标准等提高贸易壁垒的做法，促使其他国家互相之间通过区域或双边合作，实现更加自由化和更加便利化的国际合作，以对冲美国带来的负面影响。多边体系发展受阻、区域化提速，可能导致世界上出现由几个全球关键大国分别主导的平行体系。

在2020年的国际合作中，"一带一路"和RCEP将是两大亮点，中日韩自由贸易协定和中欧投资条约谈判也将取得进展。欧盟的一体化进程虽然因英国"脱欧"暂时受到挫折，但是在英国已确定"脱欧"的情况下，英国和欧盟均可能更快地分别与其他经济体之间达成双边或区域贸易投资协议。

RCEP的签署是区域合作中具有重要影响力的一大事件。2019年，RCEP的15个成员国已完成谈判，预计2020年RCEP成员国签署该协定的可能性较大。RCEP的整体规则水平低于《全面与进步跨太平洋伙伴关系协定》（CPTPP）、欧日自贸协定、美墨加自贸协定等高标准自贸协定，但个别章节的水平已接近这些高标准自贸协定。RCEP成员国致力于达成现代、全面、高质量和互惠的经济伙伴关系协定。如果 RCEP 能够签署和实施，将极大地增进其成员国之间的经贸联系，并有利于整个世界的经贸发展。RCEP 成员国包括 36 亿人口，约占世界的 47%；GDP 总量 28 万亿美元，约占世界的 1/3；贸易额占世界的 27%。即便不包括印度，其规模依然足够大。RCEP 相比其他巨型自贸协定，其特点是成员国之间的发展水平差异较大，发达国家、新兴经济体、最不发达国家均包括在内。成员国在货物贸易、制造业、服务业领域的优势互补较为明显。RCEP 成员国有较为完善的产业链体系，已经有形成多年的东亚生产网络的基础。在 RCEP 将各成员国之间原本已经存在的各类自贸协定规则统一升级成为更高标准规则之后，RCEP 成员国之间将形成更为完善的价值链体系。由于 RCEP 人口多、规模大，RCEP 成员国之间更紧密的经贸联系也将有利于整个世界的经贸发展。

另外，中、日、韩三方已经决定在 RCEP 的基础上谈判，打造"RCEP +"的自贸协定，将中日韩自贸协定打造成为 RCEP 的升级版。RCEP 完成谈判将有利于中日韩自贸协定谈判的加速推进。

（四）国际战略和安全领域的东西方割裂趋势加剧

中美关系发展现状进一步证明，中美关系正在发生质变，从以前"竞争与合作并存"的"非敌非友"状态演变为如今的"以竞争为主并向全面战略竞争方向发展"的竞争对手关系。从国际体系层面看，中美关系的这种变化根源于中美实力对比的结构性变化。这种体系结构层面的变化直接影响了美国对中国的威胁认知。从国家决策层面看，中美关系的现状直接源于特朗普上台后美国对华政策的改变，而中国自身的对外政策有高度的延续性，没有突变。当前美国两党对华政策分歧正日趋缩小，对华强硬、遏阻中国崛起已成为美国精英阶层的基本共识。2020 年即将迎来新一届美国大选，但无论哪个政党上台，美国战略重心加速向东亚转移，在经济、政治、安全、意识形态等领域全面遏制中国的大趋势不会改变。

美俄关系正处于冷战结束以来的最低点。尽管特朗普上台后双方为改善双边关系进行了多番努力，但在乌克兰问题、伊朗核问题、叙利亚战争、巴以冲突、中导问题、与中东国家进行军售合作等问题上，美俄两国存在深刻矛盾。随着《中导条约》的失效及其连带引发的一系列负面影响的显现，大国战略格局正在加剧重组。美国的退约举动同时加剧了中俄两国的不安全感，这进一步强化了中俄两国战略安全合作的基础。2019 年 6 月 5 日，中俄两国领导人在莫斯科出席中俄建交 70 周年纪念大会时共同宣布，将两国关系提升为"中俄新时代全面战略协作伙伴关系"。俄罗斯和中国更紧密战略合作的相关反应又会反过来强化美国和西方对中俄的威胁感知。2019 年 12 月 5 日，29 个北约成员国签署联合声明，正式将中国崛起列为挑战。预计未来一个时期国际战略安全领域的东西方割裂趋势将延续甚至加剧。

（五）各国在网络空间的角力更加凸显

当前及未来一个时期，互联网在成为信息时代人类文明重要成果和创新高地的同时，也将成为安全风险汇聚之所和国家冲突新的策源地。

一方面，随着互联网和数字经济的发展，包括金融、能源、医疗健康、交通运输等领域关键基础设施在内的万物互联社会对网络攻击的风险暴露及脆弱性日益上升。世界经济论坛发布的《全球风险报告 2020》指出，目前全世界已经有超过 210 亿个物联网设备，预计到 2025 年这一数量还要翻倍，而 2019 年上半年针对物联网设备的网络攻击增加了 300% 以上。到 2021 年，网络犯罪造成的损失预计将达到 6 万亿美元，规模相当于世界第三大经济体的国内生产总值。网络不仅自身存在安全风险，还为各种传统威胁和非传统威胁彼此交织、相互传导提供了条件和媒介，可能导致安全事件催化放大，给信息时代的国家安全带来全新挑战。

另一方面，围绕网络空间的国家博弈已经在多个层面上展开并愈演愈烈。除表现为信息技术滥用、网络监听、网络攻击居高不下之外，还主要表现为网络空间治理规则角逐如火如荼，网络空间军备竞赛暗流涌动。就网络空间治理及规则博弈而言，中俄强调的"网络主权"与欧美推崇的"全球公域"等治理理念之间的对峙与交锋将更加激烈，制度性话语权之争引发大国摩擦和冲突的风险上升。就网络军备竞赛而言，作为威慑力量的网络战能力的建设方兴未艾，并日益成为大国军力较量的重要内容。以美国总统特朗普宣布将美国战略司令部下属网络司令部升级为一级联合作战司令部为标志，互联网军事化加速的前景隐现。随着网络武器能力的增强和扩散，大多数国家以往的克制趋于瓦解。网络空间中的竞争压倒合作的风险凸显。

（六）科技竞争更加激烈

科技发展是保持国家实力和创新活力的重要源泉，对全球化条件下国际分工布局调整、全球价值链产业链重塑以及世界最终消费市场分化重组等具有重大影响。在各国普遍加大科技创新力度的情况下，新一轮科技革命风起云涌，颠覆性技术向突破瓶颈的临界线快速逼近。5G移动互联网与云端技术、大数据、人工智能、合成生物与生物工程等领域持续取得新突破，信息技术、生物技术、新材料技术、新能源技术广泛渗透，带动几乎所有领域发生了以绿色、智能、泛在为特征的群体性技术跃迁，将推动全球经济和人类生产生活方式发生深刻变化。

国家间争夺科技制高点的竞争日趋激烈，科技领域日益成为大国竞争的主战场和必争之地。各国特别是新兴发展中国家将更加重视原创性专业基础理论突破，加强科学基础设施建设，努力保证基础性、系统性、前沿性技术研究和技术研发持续推进，强化自主创新成果的源头供给，构建高效强大的共性关键技术供给体系，努力实现关键技术重大突破，把关键技术掌握在自己手里，力图把握全球科技竞争主动权。

主要发达国家可能越来越频繁地滥用"国家安全"的名义，动用国家力量打击新兴发展中国家的领军科技发展企业，通过限制数据流动、管制数据交易、禁售核心软硬件、中断科技交流、阻止投资并购等方式对后者实施封锁和打压。围绕高科技的封锁与反封锁、脱钩与反脱钩将逐渐展开，并成为大国科技竞争"新常态"。

（七）核扩散风险上升

2019年以来，伊核问题和朝核问题均出现重大反复，国际核不扩散体制面临巨大挑战。2020年1月20日，伊朗外交部长扎里夫表示，如果欧洲国家将伊核问题提交联合国安理会讨论，伊朗将退出《不扩散核武器条约》。《不扩散核武器条约》的宗旨是阻止核扩散、推动核裁军与和平利用核能。伊朗一旦退出该条约，将很有可能迅速开展核武器研制或将核技术军事化。朝鲜目前已事实上拥有核武器技术，当前美朝无核化谈判进程陷入僵局，朝鲜长期拥有核武器可能性升高。

美国"极限施压"策略以及日趋复杂尖锐的地区安全形势是增加核扩散风险的主要原因。2020年1月3日，美国发动空袭击杀伊朗指挥官苏莱曼尼，导致美伊局势陷入紧张。1月5日，伊朗宣布将不再遵守伊核协议的任何限制。同一天，美国总统特朗普警告称，若伊朗攻击任何美国的人员或目标，美国"可能会以不成比例的方式"迅速反击。美国的威胁和军事打击直接导致伊核进程的严重倒退。

沙特计划在未来20年兴建16座核电厂，而土耳其与俄罗斯合作建设的土首座核电站也已破土动工。尽管这些国家绝大多数宣称是民用核开发，但随着中东安全局势的进一步恶化，这些国家发展核武器的动机将日趋强烈。受特朗普政府"美国优先"战略影响，韩国、日本等美国盟国对美国的安全信任程度和美国对这些盟国的战略动员能力均在下降，朝鲜的"示范"效应将进一步刺激这些拥有核技术的国家，可能造成进一步的核扩散，冲击国际核不扩散体制。

（八）极端民族主义和宗教极端主义行为呈现国际化趋势

"伊斯兰国"作为一个组织虽然被击溃，但其纠集的从世界各地到中东参加"圣战"的大量在逃残余人员纷纷回流，新一波极端主义狂潮从中东向全球外溢和扩散。在中亚、非洲和东南亚，"伊扎布特"、"东突伊斯兰运动"、"博科圣地"、索马里"青年党"、"伊斯兰祈祷团"和"阿布萨耶夫"等恐怖组织由于中东回流人员的加入更趋活跃。"伊斯兰国"残余势力等依托全球各地的分支和当地极端势力，通过"暗网"等渠道宣传极端思想、策划动员袭击，可能成为未来恐怖势力活动的新动向。

在西方，白人至上主义、极右翼民族主义、种族主义、法西斯主义等极端意识形态的狂热信奉者近年制造恐怖袭击等事端愈加频繁，造成的破坏和影响越来越大，右翼极端主义风险持续增长。一些右翼社区以"言论自由"为幌子，鼓吹反对移民对白人的"大替代"和对"白人文化"的颠覆，通过在线论坛和社交媒体招募策划实施袭击行动的同伙。引起国际社会广泛关注的新西兰克赖斯特彻奇清真寺枪击事件、美国埃尔帕索枪击事件等，背后都有上述右翼极端思潮的影响。肇事者在袭击发生之前发布的消息或宣言中，都提到了此前发生的袭击及进一步开展极右行动的意愿。

社交媒体使激进个体更容易受到极端分子言行举止的启发引导，令全球暴力循环更易展开。由于互联网空间监管是世界性难题，受极端思潮通过互联网加速国际化的影响，2020 年极端行动可能增多。

课题组组长：谢伏瞻

课题组成员：张宇燕　姚枝仲　张　斌　冯维江　徐秀军

　　　　　　杨　原　苏庆义　高凌云　王永中①

---

① 谢伏瞻，中国社会科学院院长、党组书记；张宇燕，中国社会科学院学部委员、中国社会科学院世界经济与政治研究所所长；姚枝仲，中国社会科学院世界经济与政治研究所副所长、研究员；张斌，中国社会科学院世界经济与政治研究所研究员；冯维江，中国社会科学院世界经济与政治研究所研究员；徐秀军，中国社会科学院世界经济与政治研究所研究员；杨原，中国社会科学院世界经济与政治研究所副研究员；苏庆义，中国社会科学院世界经济与政治研究所副研究员；高凌云，中国社会科学院世界经济与政治研究所研究员；王永中，中国社会科学院世界经济与政治研究所研究员。

分报告

俄罗斯及欧亚地区形势分析与展望

摘　要： 2019 年俄罗斯及欧亚地区总体形势平稳。政治、经济和外交领域中的稳定因素仍然发挥主要作用。但经济增长的结构性问题突出，长期动力不足。借助于区域合作机制，俄罗斯在欧亚地区的影响力有所增强。在新时代全面战略协作伙伴关系以及"一带一路"倡议的框架下，中国与俄罗斯和欧亚地区的经贸务实合作将进一步深化。2020 年，俄罗斯与欧亚地区各国的主要任务是保持政治稳定，促进经济发展，维护国家安全。在对外关系上，各国将继续坚持务实的外交政策，地区稳定与合作态势有望延续。

关键词： 俄罗斯　欧亚地区　普京主义　区域合作

2019 年俄罗斯及欧亚地区总体形势平稳，未发生大规模的政局和经济动荡。在美国等西方国家的制裁之下，俄罗斯确保地方选举有序进行，经济上力图实现"突破性发展"，对外关系上深化欧亚地区一体化进程，管控与西方的矛盾，在与美国的关系中保持克制。欧亚国家虽然政局基本稳定，但经济增长普遍后劲不足。借助欧亚经济联盟和集体安全条约组织等区域合作机制，俄罗斯的影响力继续增强。中俄领导人共同提出的新时代全面战略协作伙伴关系开启了中俄两国务实合作的新篇章。中国与欧亚地区的经贸合作在"一带一路"倡议的框架下进一步深化。

一　2019年俄罗斯形势

2019 年是普京第四个总统任期执政的第二年。2018 年 3 月，普京在第七届总统大选中得票率高达76.69%。但是短短半年后，在2018年9月的地方选举中，退休金制度改革等使其民意支持率走低，政权党"统一俄罗斯"党在国家杜马单一选区席位的补选、联邦主体议会选举以及联邦主体行政长官直选这三个具有指标性意义的选举中全面受挫。2019年对执政当局不利的情况仍然在延续，反对派的活动更趋活跃，在这种情况下普京政府积极做出调整，应对挑战，以求在2021年的国家杜马选举乃至2024年的总统大选中实现有利于执政阶层的政治目标。

（一）政治形势：确保地方选举平稳

由于2018年地方选举的失利，确保2019年地方选举的平稳获胜被普京政府视为重要政治任务。经过严密检查，2019年6月16日，莫斯科选举委员会以收集的签名不合格率超过10%为由，拒绝57名候选人参加2019年莫斯科市杜马选举的申请，这引发了一系列反对政府的大规模示威活动。反对派从7月14日开始，每周六举行抗议集会，参加人数多达数万名，其中7月20日、7月27日和8月3日的集会未获莫斯科市政府批准，被政府认定为非法集会。

俄罗斯公开指责某些外国势力在背后支持和"煽动"抗议活动。俄罗斯总检察院认为西方情报机构通过谷歌和微软收集俄罗斯公民个人数据。① 俄罗斯联邦通信、信息技术与大众传媒监督局声明，美国互联网公司谷歌公司和脸书网站干预俄罗斯选举，违反了俄罗斯禁止在选举期间发布政治广告的法律，认为这是对俄罗斯主权事务的干涉和对俄罗斯地方选举的阻挠。②

2019年8月19日，俄罗斯国家杜马主席沃洛金明确表示，第三方国家参与策划莫斯科抗议活动。为应对挑战，俄罗斯成立由12位议员组成的委员会，调查外国干预俄罗斯内政的情况。委员会成员中6人来自"统一俄罗斯"党，2人来自俄罗斯共产党，2人来自俄罗斯自由民主党，2人来自

---

① Генпрокуратура уличила западные спецслужбы в сборе персональных данных через Google и Microsoft, https：//www. interfax. ru/world/676202.

② Глава РКН обвинил Google и Facebook во влиянии на результаты выборов в РФ, 9 сентября 2019, https：//www. interfax. ru/russia/675833.

公正俄罗斯党。首次会议在 8 月 23 日举行，随后调查材料转交执法机构。沃洛金认为，西方一些国家的国家电视台发出"莫斯科，站出来"的言论及呼吁，这说明西方在干预俄罗斯内部事务。俄罗斯外交部发言人扎哈罗娃也指出，俄罗斯外交部将与美国和德国政府讨论两国外交官和媒体工作者干预俄罗斯内政的问题。美国大使馆在社交网络上公布了未经许可的集会路线，详细介绍了计划的活动。涉嫌干预俄内政的还有一些媒体，包括由国家拨款的德国之声广播电台俄语频道。扎哈罗娃同样指出，西方媒体用"莫斯科人，站出来。莫斯科，站出来"的俄语口号怂恿和煽动俄罗斯国内的政治性抗议运动。① 2019 年 12 月 2 日，普京签署了一项对境内"外国代理人"加强监管的法律修正案，反制美国和西方国家干涉俄罗斯内政。②

2019 年俄罗斯地方选举在 9 月 8 日举行。这次地方选举主要包括补选 4 个选区的国家杜马代表，选举 16 个联邦主体行政长官和 13 个联邦主体立法机关代表。国家杜马代表补选后政党格局没有发生变化。"统一俄罗斯"党在地方行政长官选举中大获全胜。但是，在地方立法机关选举中，"统一俄罗斯"党席位继续下降。尤其值得关注的是，"统一俄罗斯"党在莫斯科杜马中的优势缩小。2014 年在莫斯科市议会选举中"统一俄罗斯"党获得 45 席中的 38 席，占据绝对多数席位。在这次 2019 年的选举中仅获得 45 席中的 25 席。虽然维持多数席位，但是相比较 2014 年还是呈现下降态势，以至于反对派宣布"智慧投票"的策略取得成功。

在确保"统一俄罗斯"党实现基本政治目标后，普京政府进一步加强政权党"统一俄罗斯"党的自身建设。

2019 年 11 月 23 日，"统一俄罗斯"党在第 19 次代表大会上确定了战略优先事项和下一步工作的重点方向，明确政治目标是维持"统一俄罗斯"

---

① В Госдуме создали спецкомиссию из－за протестов в Москве и "иностранного вмешательства"，https：//www. newsru. com/russia/19aug2019/volodin. html.

② Татьяна Замахина，Зеркало для агента－Владимир Путин подписал закон о дополнительном регулировании для иноСМИ－иноагентов，https：//rg. ru/2019/12/02/putin－vvel－dopolnitelnoe－regulirovanie－dlia－inosmi－inoagentov. html.

党在俄罗斯的主导政治力量地位，并赢得 2021 年国家杜马选举。①

在这次会议上，"统一俄罗斯"党通过差额选举更换了中央领导层，对中央领导机构的设置重新规划。大会确定"统一俄罗斯"党总委员会成立 6 个工作小组，分别负责人事政策、国家项目落实、公民社会扶持、青年倡议支持、对外联系等。

"统一俄罗斯"党总委员会书记安德烈·图尔恰克留任，同时选举产生两名副书记，分别为国家杜马议员安德烈·欣什捷因和列宁格勒州副州长谢尔盖·佩尔米诺夫。总委员会更换成员超过三分之一，共换下 58 人，换上 59 人。"统一俄罗斯"党最高委员会同样有人事变动，共更替 8 名成员。②

总之，2019 年普京政府直面挑战，在治国理念上从官方层面倡导"普京主义"，并坚决抵制西方政治干预，确保在 2019 年的地方选举中基本完成预定目标，维持了政治稳定的局面。在此基础上，2020 年 1 月 15 日普京发表总统国情咨文，正式提出修宪的政治理念。2020 年俄罗斯政治关注的重点将聚焦宪政改革。普京发表国情咨文后，梅德韦杰夫政府辞职。随后普京提名税务局原局长米舒斯京担任总理并获得国家杜马批准。2020 年 3 月 11 日，国家杜马对宪法修正案草案"三读"通过。引人关注的修改是现任总统任期清零。如果此后宪法法院裁决和 2020 年 4 月 22 日全民公决顺利，那么理论上普京可以参加下一次总统大选，其长期执政的可能性在增大。

（二）治国理念：官方首次提出"普京主义"

在"统一俄罗斯"党经历了 2018 年地方选举的重大挫折和普京的信任率跌至近年来最低点的政治态势下，"普京主义"被执政当局当作俄罗斯民族宝贵的精神财富加以宣传。2019 年 2 月 11 日，曾任总统助理的苏

---

① XIX Съезд "Единой России", https：//er. ru/core/news/subject/154. html.

② Айсель Герейханова, "Единая Россия" обновила руководящий состав – В Москве завершился XIX съезд "Единой России". Партия провела кадровое обновление и переформатировала работу своих руководящих органов, https：//rg. ru/2019/11/23/edinaia – rossiia – obnovila – rukovodiashchij – sostav. html.

尔科夫发文《长久的普京之国》，明确表示"普京主义"代表的理念与制度是百年俄罗斯生存和发展所遵循的模式。① 苏尔科夫的这篇文章之所以重要，是因为它第一次以官方的身份对"当前国际形势下俄罗斯处在什么样的国际地位"这一问题做出了自己的回答，并提出了"普京主义"这个概念。

"普京主义"是在俄罗斯国内政治生态出现隐忧的情况下由官方正式提出的，这与当前俄罗斯的政治形势密不可分。普京赢得 2018 年俄罗斯总统大选时，当时的投票率为 70%，其得票率也超过了 70%，这使其获得了巨大的政治合法性。在当今世界各国投票率偏低、通常需要进入第二轮选举的情况下，普京在此次选举中的成绩可谓开局非常好。但是，仅仅因为退休金制度改革，在 9 月的地方选举后，普京的信任指数大幅降至 35% 左右。苏尔科夫的这篇文章旨在应对俄罗斯国内的严峻局势，进一步振奋民心，帮助普京延揽民意。

今天的俄罗斯面临一个"2024 问题"。在 2024 年这一任总统任期结束后，普京会如何行动？俄罗斯将向何处去？"普京主义"的提出实际上在暗示，普京的治理模式与俄罗斯历史上的其他国家模式在内核和形式方面完全一致，即使普京本人不再执政，"普京主义"也会延续下来，这就是俄罗斯的百年生存发展模式。

主要关注俄罗斯内政的《长久的普京之国》，与苏尔科夫在 2005 年提出的"主权民主理论"和 2018 年发表的《混血者的孤独》一起，较为完整地阐述了新时期俄罗斯保守主义的内涵。《混血者的孤独》一文的主要观点是：2014 年乌克兰事件后，俄罗斯的西行之路已经终结。自 2014 年起，历史步入新的"2014 +"时代，俄罗斯将迎来地缘政治上的"百年孤独"，俄

---

① Владислав Сурков: Долгое государство Путина – О том, что здесь вообще происходит, 11 февраля 2019 года, http: //www. ng. ru/ideas/2019 – 02 – 11/5_ 7503_ surkov. html? pagen = 42&fbclid = IwAR3ct0Nqn3TpMQqnySevtho2Ky25VWB1pYU2yXSaDnB0pxIgFo4JWiR – 9SM&id_ user = Y.

罗斯的盟友只有自身。[①] 2018 年 6 月，俄罗斯政府机关报《俄罗斯报》刊登了俄罗斯外交和国防政策委员会荣誉主席卡拉加诺夫的文章《选择道路的自由》，其主要观点与苏尔科夫惊人一致。卡拉加诺夫开宗明义地指出：2014 年不仅是西方向独联体方向扩张浪潮的终结点，也标志着俄罗斯历史上西学时代的告终。[②] 乌克兰危机后，俄罗斯进入了"2014 +"时代，它以后既不做东方的西部，也不做西方的东部，俄罗斯就是一种独特的文明。这些文章实际上暗示俄罗斯也要成为一种文明型国家，要立于欧亚大陆的中心地位，而不要成为游离于中心的边缘。

（三）经济形势：推进"突破性发展"

普京在 2018 年竞选总统期间及正式开启 2018～2024 年总统新任期后，提出并反复强调要实现俄罗斯的"突破性发展"[③]。"突破性发展"是认识 2019 年俄罗斯经济政策的关键。"突破性发展"的政策内涵主要体现于下列文献：2018 年 3 月的国情咨文[④]、2018 年 5 月的"新五月总统令"[⑤]和 2019 年 2 月的国情咨文[⑥]。就经济政策而言，"突破性发展"聚焦改善经济结构的四大举措：一是提高劳动生产率，每年提高 5%，到 2030 年达到世界先进国家水平；二是吸引投资，将总投资额从占 GDP 的 25% 提高到 27%；三是发展中小企业，降低贷款利率；四是改变出口结构，实现非油气资源出口

---

① Владислав Сурков, Одиночество полукровки（14 +），9 апреля 2018 года, http：// globalaffairs. ru/global – processes/Odinochestvo – polukrovki – 14 – 19477.

② Сергей Караганов, Россия настроена на диалог – и с Европой, и с Азией, 7 июня 2018 года, https：//rg. ru/2018/06/06/politolog – aziia – stanet – dlia – rf – vazhnejshim – istochnikom – peredovyh – tehnologij. html.

③ прорывное развитие.

④ Послание Президента Федеральному Собранию, 1 марта 2018 года, http：//kremlin. ru/ events/president/news/56957.

⑤ Президент подписал Указ " О национальных целях и стратегических задачах развития Российской Федерации на период до 2024 года", 7 мая 2018 года, http：//www. kremlin. ru/ events/president/news/57425.

⑥ Послание Президента Федеральному Собранию, 20 февраля 2019 года, http：// www. kremlin. ru/events/president/news/59863.

翻番。

简而言之，"突破性发展"的内涵主要体现在国家社会经济领域，需要落实人口、医疗、教育、住房、道路、劳动生产率、生态、数字经济、企业经营、出口、科学、文化 12 大领域的国家项目。政府为此采取扶持政策，拨款 26 万亿卢布，用于支持"突破性发展"。

2019 年普京多次督促政府加紧推进"突破性发展"战略。2019 年 6 月 20 日，普京在"直播连线"中承认，俄罗斯人的日子确实比以前艰难。最近几年来，俄罗斯市场动荡，对民生领域产生了负面影响。这种动荡不仅与制裁有关，而且与油气出口有关。解决问题的总体方法是提高劳动生产率和发展经济，并在此基础上提高民众的现有生活水平。[①] 根据俄罗斯联邦统计局公布的数据，俄罗斯 2019 年上半年经济增长率仅为 0.7%，居民上半年实际可支配收入下降 1.3%。俄罗斯经济发展部部长奥列什金公布了对 2020～2024 年居民实际可支配收入的增长预期，从先前预测的 1% 调低至 0.1%。2021 年实际可支配收入的增长预期为 2.2%，2022 年和 2023 年都为 2.3%，2024 年为 2.4%。普京"突破性发展"在民生上的重要目标是减少俄罗斯的贫困人口，但是 2019 年俄罗斯贫困人口不但没有减少，反而有所增长。2019 年第一季度贫困人口同比增长 50 万人，增至约 2100 万人。[②] 2019 年 8 月 26 日，普京在经济问题的专门会议上表示，俄罗斯当前经济的增速无法令人满意，居民实际收入也增长缓慢，需要出台确保经济稳定快速增长的新政策。[③]

2019 年 11 月 13 日，俄罗斯联邦统计局最新发布的数据显示，第三季

---

① Прямая линия с Владимиром Путиным – В эфире телеканалов "Первый", "Россия 1", "Россия 24", НТВ, ОТР, "Мир", радиостанций "Маяк", "Вести FM" и "Радио России" вышла ежегодная специальная программа "Прямая линия с Владимиром Путиным", 20 июня 2019 года, http: //www. kremlin. ru/events/president/news/60795.

② Анна Холявко, В России стало больше бедных – По данным Росстата, за январь – март 2019 года их количество выросло на полмиллиона человек, 29 июля 2019, https: // www. vedomosti. ru/economics/articles/2019/07/29/807554 – v – rossii – bolshe – bednih.

③ Совещание по экономическим вопросам, 26 августа 2019 года, http: //www. kremlin. ru/ events/president/news/61373.

度俄罗斯国内生产总值增速为 1.7%，好于第一季度和第二季度的 0.5% 和 0.9%，全年前 9 个月经济增速平均为 1.1%。[①] 这说明普京力推的"突破性发展"战略效果不彰。究其原因，正如俄罗斯政府官员自己指出的，经济的结构性问题制约了俄罗斯经济的快速发展。2019 年 11 月 7 日，俄罗斯中央银行行长纳比乌琳娜在俄罗斯国家杜马发言时表示，俄罗斯经济增长乏力主要受结构性因素拖累，同时俄罗斯的外部形势和全球经济走势也不容乐观，俄罗斯经济的结构性改革刻不容缓。[②]

2019 年 12 月，世界银行公布对俄罗斯经济的分析报告。报告预测俄罗斯 2019 年经济增速为 1.2%，2020 年为 1.6%，2021 年为 1.8%。[③] 报告认为，俄罗斯经济面临的主要风险是世界经济疲软、贸易战加剧、商品和金融市场波动等。俄罗斯面对新制裁时经济依然存在风险。制裁导致俄罗斯内外投资减少的趋势依然持续，俄罗斯经济面临经济增速和通胀双放缓。俄罗斯中央银行在 2019 年实施的放宽货币信贷政策将有助于促进俄罗斯的内需。俄罗斯的消费贷款高速增长，对于俄罗斯国内的金融稳定是一个消极信号。[④]

（四）对外关系：开展积极外交

普京再次连任总统后，俄罗斯对外关系的主要目标是深化欧亚地区一体化进程，管控与西方的矛盾，稳定俄美关系。2019 年俄罗斯的对外政策延续了这一基本理念。

[①] Анна Гальчева, ВВП разогнался к третьему кварталу, https：//www. rbc. ru/newspaper/2019/ 11/14/5dcbf65b9a79474eac24ae8c.

[②] Набиуллина заявила, что структурные реформы нужно реализовывать сейчас – По словам главы ЦБ, иначе не удастся добиться роста частных инвестиций, которые критически необходимы для роста российской экономики, https：//tass. ru/ekonomika/7087485.

[③] The World Bank's Russia Economic Report, http：//pubdocs. worldbank. org/en/617741575429 785951/rer – 42 – eng. pdf.

[④] Всемирный банк повысил прогноз роста ВВП России на 2019 год – Согласно прогнозу экспертов ВБ, в 2019 году и до конца 2021 года продолжится снижение умеренного уровня бедности, https：//tass. ru/ekonomika/7262393.

深化欧亚地区一体化进程的关键之一就是俄白联盟建设问题。确保白俄罗斯的地缘政治航向不发生偏转，是俄罗斯在后苏联地区所面临的关键性的长期挑战。2019 年 12 月 8 日，俄罗斯与白俄罗斯的《建立联盟国家条约》签署 20 周年。2019 年俄罗斯在对俄白联盟问题的处理上迈出重要一步，即不再强调两国在各领域全面的一体化，而是突出两国在政治主权问题上的独立性。2019 年 6 月 7 日，在圣彼得堡国际经济论坛全体会议上，普京否认到 2024 年其任期结束时俄罗斯和白俄罗斯合并的可能性。普京认为，白俄罗斯人、俄罗斯人和乌克兰人，最初是一个民族，但随着时间的推移分别获得了自己的身份，对此俄罗斯理解并予以尊重。如今没有任何理由合并国家，俄罗斯没有这种计划和目标。① 也就是说，俄白联盟的目标突出强调的是在两国保持各自国家主权、独立和国家体制的同时，建立邦联性质的国家，这种表态对于白俄罗斯是一剂强心剂。

2019 年 7 月 18 日，普京在圣彼得堡举行第六届俄白地方论坛之际与白俄罗斯总统卢卡申科会晤。普京表示，白俄罗斯是俄罗斯最亲密的战略伙伴，双方在安全、军事、国防、经济等各方面展开合作，俄白经贸保持稳定增长。卢卡申科表示，白俄两国就一体化方案的 80% 至 90% 已达成共识。② 2019 年 12 月 20 日，普京和卢卡申科在圣彼得堡举行会谈，围绕俄白一体化进行讨论。普京表示，尽管有许多事情并没有在《建立联盟国家条约》的框架内完成，但是这个文件的工作成果相当可观。俄白联盟经验已被用于建设其他一体化机制，包括欧亚经济联盟，这对两国和其他伙伴国家具有深远意义。自俄白开启一体化进程以来，双边贸易额也已从约 90 亿美元增长

---

① Пленарное заседание Петербургского международного экономического форума – Владимир Путин выступил на пленарном заседании Петербургского международного экономического форума，7 июня 2019 года，http：//www. kremlin. ru/events/president/news/60707.

② Встреча с Президентом Белоруссии Александром Лукашенко – Перед началом пленарного заседания VI Форума регионов России и Белоруссии состоялись переговоры Владимира Путина и Александра Лукашенко，18 июля 2019 года，http：//www. kremlin. ru/events/president/news/61036.

到现在的 355 亿美元。① 俄罗斯经济发展部部长奥列什金表示，在俄白一体化路线图所规定的 31 个领域中，目前双方仅在石油、天然气和税务领域未达成共识。

俄罗斯对于俄白联盟建设的举措是其在欧亚地区加深一体化努力的缩影。当前，俄罗斯对于欧亚地区一体化政策的主要特点在于积极面对当前一体化的挑战，通过协商与妥协，在确保俄罗斯利益最大化的同时，引导各方继续深入开展一体化。2019 年欧亚经济联盟与塞尔维亚、新加坡签署了自贸区协议，以盟外经济合作空间的拓展带动俄罗斯自身经济的发展。同时，加深了独联体国家之间的经济合作。普京还提议择机建立独联体统一的金融市场，② 以提升独联体各国竞争力，规避外汇风险，协调外汇政策。

2019 年俄罗斯在处理与西方关系上依然是战略上坚持底线，战术上灵活多变。2019 年 6 月 20 日，普京在"直播连线"表示，即便俄罗斯做出让步并满足西方的所有要求，西方对俄罗斯的态度也不会发生根本变化："如果我们全面投降并无视我们国家的根本利益，会不会有什么变化？也许会有一些外部信号，但不会发生任何根本变化。"③普京政府在俄罗斯与西方根本关系上的认知自乌克兰危机以来一以贯之，非常明确。在坚持主权的原则下，俄罗斯在处理与西方的关系时，针对不同情况或者"以牙还牙"，或者柔性拉拢。

坚决对抗的典型事件是《中导条约》问题。2019 年俄美之间的热点问题即为围绕《中导条约》引发的外交角逐。2019 年 8 月 2 日起，《中导条

---

① Встреча с Президентом Белоруссии Александром Лукашенко – Перед началом заседания Высшего Евразийского экономического совета Владимир Путин встретился с Президентом Республики Беларусь Александром Лукашенко, 20 декабря 2019 года, http：//www. kremlin. ru/events/president/news/62373.

② 《普京提议建立独联体统一金融市场》，中华人民共和国商务部网站，http：//www. mofcom. gov. cn/article/i/jyjl/e/201910/20191002903713. shtml。

③ Прямая линия с Владимиром Путиным – В эфире телеканалов "Первый", "Россия 1", "Россия 24", НТВ, ОТР, "Мир", радиостанций "Маяк", "Вести FM" и "Радио России" вышла ежегодная специальная программа "Прямая линия с Владимиром Путиным", 20 июня 2019 года, http：//www. kremlin. ru/events/president/news/60795.

约》因美国单方面退出而失效。8 月 18 日，美国试射了一枚陆基巡航导弹。8 月 23 日，普京表示，废除条约的程序结束仅 16 天后，美国就试射了条约禁止的导弹。显而易见这不是临时起意，而是策划已久并早就实施的一连串措施中的一项，试射完全证实了俄方在《中导条约》生效期间向美国发出的指责是有理有据的。美国的真实意图是摆脱既定限制，放开手脚在世界各地部署此前被列为违禁的导弹。普京对此明确表示：俄罗斯研制在世界上无与伦比的最新武器，这可以说是由美国单方面退出《中导条约》引发和挑起的。考虑到严峻的形势，俄罗斯将采取全面措施拟定对等回应的办法。①

柔性拉拢既体现在谨慎处理与欧盟的关系上，也体现在俄罗斯对国际热点地区频频出手方面。

其一，改善与欧盟的关系。2019 年美国退出《中导条约》对于欧洲的负面影响显现。对欧洲而言，该条约是最重要的裁军协议，法国和德国对美国退出该条约表示不满。2019 年 6 月，俄罗斯重返欧洲委员会。2019 年 8 月，法国总统马克龙警告核军备竞赛将拖累欧洲，并首次公开呼吁将俄罗斯纳入新的欧洲安全架构。马克龙一直致力于加强与俄罗斯对话。2019 年 12 月北约峰会前夕，马克龙的"北约脑死亡"论再次表明欧美关系的分歧。欧洲在安全领域应当掌握自身命运正逐步成为欧洲共识，而欧洲安全问题的解决显然离不开与俄罗斯的协商。不仅在安全问题上，在经济关系问题上，俄罗斯也力求加强与欧洲的联系。北溪－2 管道的建设问题突出反映了这一点。由于美国担心北溪－2 管道会增加欧盟对俄罗斯天然气的依赖，同时波兰等东欧国家认为该天然气管道可能会成为俄罗斯的经济、政治工具而影响欧洲安全，也采取了抵制态度，因此美国一直声称要制裁参与北溪－2 项目建设的企业。2019 年 5 月，美国财政部发表声明宣称美国针对北溪－2 项目的制裁已生效，并要求承接铺设该项目管道的公司立即停止施工。12 月 20 日，美国总统特朗普正式签署国防授权法案（NDAA），其中针对北溪－2

---

① Совещание с постоянными членами Совета Безопасности - Владимир Путин провёл оперативное совещание с постоянными членами Совета Безопасности，23 августа 2019 года，http：//www. kremlin. ru/events/president/news/61359.

项目制裁的第 7503 条款立即生效。由于欧盟与俄罗斯能源经济联系紧密，以德国为首的一些欧盟国家对此并不买账。2019 年 1 月，德国外长马斯明确表示，德国会认真对待中欧和东欧伙伴国的怀疑态度，但是这毫不改变德国的立场，即北溪 - 2 并不只是德俄的管线，对北溪 - 2 实施单边制裁无论如何都不是正确手段。① 12 月 29 日，普京与默克尔举行电话会谈，双方重申将继续支持北溪 - 2 项目。

其二，强化俄罗斯在中东的战略影响。2019 年 10 月 14 日，普京出访沙特和阿联酋，提议建立波斯湾安全与合作组织。建立波斯湾安全与合作组织是为了处理该地区各国间存在的尖锐矛盾。俄罗斯将在未来几年内以更快的速度发展与阿拉伯世界的关系，尽一切努力协助中东局势正常化。② 这是普京自 2007 年以来首次访问沙特，说明俄罗斯着眼于在国际热点地区发挥作用。

其三，通过经济外交拓展俄罗斯在非洲的战略利益。2019 年 10 月 23 ~ 24 日，俄罗斯举行首届俄非峰会和首届俄罗斯—非洲经济论坛。43 个非洲国家的国家元首和政府首脑出席会议，与会代表来自 54 个非洲国家。普京强调，俄罗斯已经为非洲国家免除了超过 200 亿美元的债务，并提供贸易优惠，在世界粮食计划署、世界卫生组织等国际机构的框架内开展合作，为非洲发展提供帮助，俄罗斯把许多非洲国家视为可以大幅增进贸易合作的潜在经济伙伴。③ 非洲将成为世界经济增长中心之一，到 2050 年非洲国家的国

---

① 《德国外长：北溪 - 2 不只是俄德两国的项目》，俄罗斯卫星通讯社，http：//sputniknews. cn/economics/201901111027324379/。

② Интервью телеканалам Al Arabiya，Sky News Arabia и RT Arabic – В преддверии визитов в Королевство Саудовская Аравия и Объединённые Арабские Эмираты Владимир Путин ответил на вопросы старшего корреспондента Al Arabiya Мохаммеда Томаихи，старшего корреспондента Sky News Arabia Моханнада Хатиба и руководителя отдела общественно - политических программ RT Arabic Салама Мусафира，13 октября 2019 года，http：//www. kremlin. ru/events/president/news/61792.

③ Пленарное заседание экономического форума Россия – Африка – Владимир Путин и Президент Арабской Республики Египет，Председатель Африканского союза，сопредседатель саммита Россия – Африка Абдельфаттах Сиси приняли участие в пленарном заседании экономического форума Россия – Африка，23 октября 2019 года，http：//www. kremlin. ru/events/president/news/61880.

内生产总值将达到 25 万亿美元。俄罗斯将非洲视为机遇之洲,是大宗商品具备广泛增长前景的地区,2020 年俄罗斯和非洲国家的贸易额将增长 20%,未来三年将翻番:一是俄罗斯和多个非洲国家在俄罗斯—非洲经济论坛框架内签署了关于建立国家间贸易金融支持机制的协议,俄罗斯正式走向非洲市场。二是欧亚经济联盟与非洲联盟签署了备忘录,为落实政治、经贸、社会和人文领域的重大联合项目和倡议指明了方向。

2019 年是中俄建交 70 周年。70 年间世界发生了根本变化,但无论国际风云如何变幻、国内政治如何变化,中俄双方都已从 70 年关系的曲折历程中得出明确结论:"合则两利,斗则两伤。""邻居不可选择",这是苏联解体以来中俄关系发展的基本逻辑框架。习近平主席 6 月访俄宣告中俄全面战略协作伙伴关系进入新时代,正是对这一逻辑框架的新阐发,在复杂变化的国际形势下赋予两国关系以更为宏阔的新定位、新内涵,也必将开创双方睦邻友好合作的新局面。

二 2019 年欧亚形势

2019 年欧亚地区形势总体平稳,[①] 未出现大规模的政局动荡。欧亚国家经济继续保持中低速增长,受到外部经济环境不佳、自身经济结构单一等因素影响,经济增长普遍后劲不足。欧亚国家与俄罗斯的关系平稳发展,重视与美欧发展友好关系。中国与欧亚地区的务实合作继续深化。

(一)政治局势:总体稳定

哈萨克斯坦进入"双核"政治模式,乌克兰、亚美尼亚完成权力交接,吉尔吉斯斯坦、摩尔多瓦和格鲁吉亚政治斗争激烈,阿塞拜疆、塔吉克斯坦、土库曼斯坦、白俄罗斯继续维稳保权,乌兹别克斯坦坚持推进改革开放。

---

① 本文中,欧亚地区国家包括中亚五国、南高加索三国、乌克兰、白俄罗斯、摩尔多瓦。

哈萨克斯坦首任总统纳扎尔巴耶夫于 2019 年 3 月宣布辞职后，时任议会上院议长托卡耶夫代理总统。6 月，哈举行非例行总统选举，托卡耶夫高票当选。这是哈独立以来首次更换总统，政权实现平稳过渡，开创了首任总统退而不休的"双核"政治模式。目前，纳扎尔巴耶夫继续担任执政的祖国之光党和扩大权限的安全委员会主席，仍掌握着国家主要权力，重要人事任命仍由其决定。

乌克兰自"广场革命"后回归议会总统制。2019 年相继举行总统选举和议会选举，"政治素人"、演员泽连斯基经过 3 月和 4 月两轮选举，战胜对手当选总统；在 7 月提前举行的议会选举中，泽连斯基领导的人民公仆党又成功获得议会半数以上席位，如愿组阁，自此乌克兰结束了政治力量格局碎片化状态，首次出现得到多数民意支持的强势总统和强势政党。

亚美尼亚自 2018 年爆发"天鹅绒革命"后，反对派领袖帕什尼扬领导"我的行动"政党联盟赢得议会 2/3 席位，并成为总理，前总统萨尔基相领导的前执政党共和党没能进入议会。亚美尼亚政坛发生的翻天覆地变化对欧亚地区其他国家产生较大影响。

吉尔吉斯斯坦 2010 年从总统制改为"总统—议会制"，初衷是避免总统专权，规制政治博弈。然而，自 2017 年总统选举以来，新老总统之间的矛盾很快暴露出来并日益激化，执政的社会民主党也因此分裂。2019 年 8 月政府抓捕前总统阿坦巴耶夫，最终阿坦巴耶夫被控涉嫌多项犯罪而被强制逮捕入狱，抓捕行动还引发了流血冲突。

摩尔多瓦 2019 年 2 月议会选举引发政治危机，总统和总理分别代表的亲俄派和亲西方派之间争斗激烈，6 月一度出现"一国两总统"，最终总统多东及其领导的社会主义党的权力得以巩固，其代表的亲俄派获得阶段性胜利，占据了总统、总理和议长职位，与俄罗斯的关系迅速升温。

2019 年格鲁吉亚反对派屡次组织反政府抗议活动，要求 2020 年议会选举从混合选举制改成政党比例制，以改变目前执政党"格鲁吉亚梦想—民主格鲁吉亚"在议会内一党独大的局面。反对派还抗议当局与俄罗斯发展关系。示威活动致使内阁更迭，执政党面临巨大压力。

欧亚地区其他国家继续维稳保权。乌兹别克斯坦自 2016 年底实现政权交接后，新总统米尔济约耶夫推行改革开放的政策，取得积极效果。土库曼斯坦继续保持高压治理模式。土宪法规定，总统无任期限制，但别尔德穆哈梅多夫总统已着手培养接班人。其长子谢尔达尔·别尔德穆哈梅多夫由外交部副部长转任阿哈尔州州长。2018 年塔吉克斯坦议会通过降低候选人年龄的法律，为总统长子鲁斯塔姆·艾莫马利 2020 年参选总统清除了障碍。白俄罗斯总统卢卡申科积极应对经济困境，频繁更换政府官员，2019 年 11 月顺利举行议会下院选举，并为 2020 年继续赢得总统选举做准备。12 月俄白两国谈判胶着未果，白反对派举行抗议活动，反对俄白建立联盟国家。阿塞拜疆总统为平衡不同政治势力重组总统办公厅，执政党新阿塞拜疆党提出解散议会，以便 2020 年提前举行议会选举。

（二）经济形势：中低速增长

欧亚地区国家普遍处于危机后的复苏阶段，受国际市场和自身经济结构影响，经济保持中低速增长，活力不足。各国之间经济发展差距继续拉大，经济一体化与多元化并行发展。

2019 年，白俄罗斯经济增长率为 1.2%[①]，阿塞拜疆经济增长率为 2.2%[②]，乌克兰经济增长率为 3.2%[③]，哈萨克斯坦经济增长率为 4.5%[④]，吉尔吉斯斯坦经济增长率为 4.5%[⑤]，格鲁吉亚经济增长率为 5.1%[⑥]，乌兹

[①] 白俄罗斯国家通讯社，ВВП Беларуси в 2019 году вырос на 1.2%，16 января 2020，https：//www.belta.by/economics/view/vvp–belarusi–v–2019–godu–vyros–na–12–376167–2020/。

[②] 阿塞拜疆国家统计委员会，Production of Gross Domestic Product in 2019，22.01.2020，https：//www.stat.gov.az/news/index.php?id=4454。

[③] 乌克兰国家统计署，Macroeconomic indicators，03.04.2020，http：//ukrstat.gov.ua/。

[④] 哈萨克斯坦统计委员会，Основные социально–экономические показатели，https：//stat.gov.kz/。

[⑤] 吉尔吉斯斯坦国家统计委员会，Темпы роста（снижения）валового внутреннего продукта，http：//www.stat.kg/ru/。

[⑥] 格鲁吉亚国家统计局，https：//www.geostat.ge/en/。

别克斯坦经济增长率为 5.6%[①]，塔吉克斯坦经济增长率为 7.6%[②]，亚美尼亚经济增长率为 7.6%[③]。2019 年 1 ～ 9 月，土库曼斯坦经济增长率为 6.3%[④]。亚美尼亚、吉尔吉斯斯坦、塔吉克斯坦三国经济基础薄弱，结构单一，依靠对俄罗斯的劳务输出，侨汇是国家主要收入，负债率均超过国际货币基金组织划定的警戒线。欧亚地区各国普遍财政困难，外资减少，希望引进外资和扩大出口。

欧亚地区国家经济形势低迷的主要原因是：国际经济整体环境不佳；俄罗斯经济陷入停滞并对其他欧亚地区国家产生负面影响；欧亚地区国家自身经济结构单一，对外依赖较严重，政府治理能力较弱，经济改革政策不稳定，改革措施不力，投资环境较差，官员腐败。

欧亚地区国家继续追求发展多元化的经济联系。乌克兰、格鲁吉亚与欧盟签署自贸协定，拉动对欧贸易增长。白俄罗斯、哈萨克斯坦、吉尔吉斯斯坦继续发展在欧亚经济联盟框架下的经济一体化。2018 年，欧亚经济联盟内贸比 2014 年下降 5.4%，内外贸占比分别为 13.5% 和 86.5%，与 2015 年相同。2019 年前 10 个月，欧亚经济联盟内贸和外贸分别下降 1.6% 和 2.6%。[⑤] 白俄罗斯、阿塞拜疆和乌兹别克斯坦继续与世贸组织成员进行谈判。格鲁吉亚与中国签署自贸协定，摩尔多瓦与中国就自贸协定继续谈判。

（三）安全形势：平稳之中有问题

2019 年欧亚地区暴恐事件数量有所下降。中亚地区"三股势力"威

---

① 乌兹别克斯坦国家统计委员会，Социально – экономическое положение Республики Узбекистан，https：//stat. uz/uploads/doklad/2019/yanvar – dekabr/ru/1. pdf。

② 塔吉克斯坦国家统计委员会，Макроэкономические показатели，https：//stat. tj/ru/macroeconomic – indicators。

③ 亚美尼亚共和国统计委员会，https：//www. armstat. am/ru/。

④ 土库曼斯坦政府，http：//www. turkmenistan. gov. tm/index. php？id = 19628。

⑤ Евразийская экономическая комиссия，Экспресс – информация 16 декабря 2019 г. Об итогах внешней и взаимной торговли товарами государств – членов Евразийского экономического союза，Октябрь 2019 года http：//www. eurasiancommission. org/ru/act/integr_i_ makroec/dep_ stat/tradestat/analytics/Documents/express/October 2019. pdf。

胁仍较突出，特别是参与"伊斯兰国"的中亚国家的公民加速回流，继续传播极端思想，危害较大。中亚国家查处多起恐怖主义和极端主义犯罪事件。其中最严重的是塔吉克斯坦发生监狱囚犯叛乱和武装分子袭击边防站等恶性暴恐事件。此外，经济社会问题导致哈萨克斯坦示威、斗殴等社会事件时有发生。哈总统选举当日，首都努尔苏丹和阿拉木图爆发示威集会。近三年，中亚国家关于边界、水资源和生态问题的磋商有所推进，相关冲突数量呈下降趋势。2019 年，吉塔边界冲突造成 20 多人伤亡。

欧亚地区的地缘政治冲突点普遍处于冻结状态，短期内很难彻底解决。乌克兰东部地区的冲突因诺曼底会谈机制重启、俄乌对话、俄欧关系升温，局势趋缓。亚美尼亚与阿塞拜疆两国在纳卡问题上立场没有松动，冲突风险仍然很高。

（四）对外关系：分化加剧

欧亚国家对俄关系比较平稳，摩尔多瓦、土库曼斯坦等"边缘"国家与俄迅速接近。2019 年 10 月 10 日，独联体国家元首峰会在土库曼斯坦举行。哈总统托卡耶夫上任后首访俄罗斯，巩固哈俄盟友关系。2019 年 5 月 29 日，欧亚经济联盟最高委员会会议在哈萨克斯坦举行。同年 5 月 29～31 日，乌兹别克斯坦与俄罗斯召开乌俄政府首脑联合理事会第一次会议，双方签署 17 份合作文件。俄白两国元首互动频繁，尽管分歧增多，但俄白联盟框架下的经济一体化持续推进。乌克兰总统泽连斯基推动俄乌关系缓和，两国总统互通电话，诺曼底四方会谈重启，俄乌两次交换被扣人员，交火双方从顿巴斯冲突线后撤。亚美尼亚总理帕什尼扬推行平衡政策，巩固与俄的战略同盟关系。

欧亚国家重视对美欧关系。乌克兰和格鲁吉亚继续西靠，追求尽早加入欧盟和北约。乌克兰总统泽连斯基上台后把布鲁塞尔作为首访目的地，此外还访问了法、德、美三国。2019 年 7 月 8 日，乌克兰—欧盟峰会在基辅举行。哈萨克斯坦首任总统纳扎尔巴耶夫和现总统托卡耶夫分别访美，推进哈美军事、经济等领域合作。2019 年 12 月 5 日，托卡耶夫总统访问德国，以促进哈德经济和人文合作。2019 年 8 月 21 日和 9 月 22 日，中亚五国外长与美国负责外交事务的官员两次举行会晤。同年 7 月 7 日，中亚—欧盟外长会议在吉尔吉斯斯坦举行。2019 年 1 月 20 日，乌兹别克斯坦总统米尔济约耶夫访问德国，双方举办乌德商务论坛。乌方在比利时成立欧洲—乌兹别克斯坦经济合作协会。

乌兹别克斯坦总统米尔济约耶夫"新政"促使中亚地区再度整合，国家间关系得到突破性改善，彼此经贸合作大幅加强，水资源、边界等争端问题有所缓解。2019 年 11 月 29 日，中亚五国领导人协商会议在乌兹别克斯坦首都塔什干举行。

（五）对华关系：合作加速

欧亚地区是中国大国外交、周边外交、发展中国家外交的集中之地，也是习近平主席"一带一路"倡议、"人类命运共同体"等外交思想首倡之地。2019 年中国与欧亚地区国家在"一带一路"框架下的"五通"合作快速发展，双边关系水平不断提升，中俄建立新时代全面战略协作伙伴关系，中哈建立永久全面战略伙伴关系。

中国与欧亚地区国家战略和制度对接取得一定成效。中国与欧亚经济联盟经贸合作协定生效，自此中国与欧亚地区国家经贸合作从项目引领向制度引领的驱动模式转变。

互联互通和产能合作方面，2006 年 5 月至 2019 年 12 月 31 日中国从哈萨克斯坦累计进口原油超过 1.3 亿吨。[①] 2009 年 12 月至 2019 年 12 月 31 日中国从中亚进口天然气累计 2946 亿立方米。[②] 2019 年中国从中亚进口天然气 479 亿立方米，约占中国天然气进口的 36%。[③] 中吉乌公路、中蒙俄公路

---

① 《2019 年中哈原油管道向国内输送原油超 1088 万吨》，2020 年 1 月 9 日，http：//www. xinhuanet. com//2020 - 01/09/c_ 1125441977. htm。

② 《2019 年中亚天然气管道向国内输气超 497 亿方》，2020 年 1 月 10 日，http：//www. xinhuanet. com/energy/2020 - 01/10/c_ 1125443323. htm。

③ 《2019 年中亚天然气管道向国内输气超 497 亿方》，2020 年 1 月 10 日，http：//www. xinhuanet. com/energy/2020 - 01/10/c_ 1125443323. htm。

实现常态化运营，中塔乌国际道路试运行。2011 年 3 月 19 日至 2020 年 1 月 21 日中欧班列开行量累计超过 2.1 万列。① 中哈产能合作项目 57 个，总额 276 亿美元。截至 2019 年 9 月，中国在欧亚地区国家对外承包工程完成营业额约 900 亿美元，中国在欧亚地区共建立 17 个境外经贸合作园区。其中，中白工业园一期 8.5 平方千米完成基础设施建设，入园企业 60 家，其中 17 家投产。

中国与欧亚地区国家贸易额均有不同幅度增长。中国与乌（乌兹别克斯坦）、吉、塔三国分别成立了贸易畅通工作组和投资合作工作组。2018 年，中国与上海合作组织国家经贸额达到 2550 亿美元，比 2001 年增长 20 余倍。2019 年 1 ~ 9 月，中哈贸易额增长 8.6%，中乌（乌兹别克斯坦）贸易额增长 18.3%，中吉贸易额增长 6%，中土贸易额增长 13.8%，中塔贸易额增长 5.3%，中白贸易额增长 26.7%。2019 年 1 ~ 6 月，中乌（乌克兰）贸易额增长 33.7%。中亚贸易额增长 66.5%。2019 年 1 ~ 8 月，中阿贸易额增长 4.64%，贸易额超过上年全年水平。中国与欧亚地区国家贸易结构不断优化。欧亚地区国家对华农产品和食品出口不断扩大。中国与俄罗斯、哈萨克斯坦和乌兹别克斯坦签署电子商务合作协议。

中国在欧亚地区的融资和金融服务能力持续增强。中哈产能合作基金已设立，货币互换规模不断扩大。中国与欧亚地区国家的签证便利化有所进展。自 2018 年 8 月起，中国公民持因公普通护照和因私护照均可在白俄罗斯免签停留 30 天。哈萨克斯坦提供过境 5 天免签政策。2019 年 5 月，中国与亚美尼亚签署互免持普通护照人员签证协定。乌兹别克斯坦从 2020 年 1 月 1 日起对中国公民实行 7 天免签。截至 2019 年 12 月，乌克兰、吉尔吉斯斯坦、塔吉克斯坦、阿塞拜疆、格鲁吉亚、亚美尼亚、摩尔多瓦对中国公民实行电子签。

随着中国与欧亚地区国家经济合作的不断加强，投资安全保障问题日益

---

① 《商务部：去年与"一带一路"沿线国家货物贸易额增长 6%》，2020 年 1 月 22 日，https：//www.yidaiyilu.gov.cn/xwzx/gnxw/116226.htm。

突出。哈萨克斯坦和吉尔吉斯斯坦国内危害中资企业事件增多，吉国内还出现反华右翼组织。在这种情况下，签署政府间投资保护协定，通过媒体合作纠正当地社会对华认知偏差，提升企业风险防控能力和强化对驻外企业监管等工作非常迫切。

三 2019年欧亚区域合作形势

欧亚地区比较活跃且影响力较大的区域合作机制主要有上海合作组织、欧亚经济联盟、集体安全条约组织、独联体。这四个机制的活动体现了地区各国的关切和一体化方向。其他国际合作机制（如世界银行、亚行、联合国开发计划署等）尽管活动较多，但影响力无法与上述四个国际组织相比。

欧亚地区的多边合作形势在2019年呈现两大特点。一是大国竞争（尤其是中美关系）对地区国家的负面影响增多，利用好俄罗斯主导的欧亚经济联盟和集体安全条约组织，成为维护自身安全稳定和发展的重要保障手段之一。是否加入欧亚经济联盟，也让部分国家面临艰难抉择。二是上海合作组织成为地区内维护多边体制、反对单边主义和霸权主义的重要平台与合作机制。通过与地区内其他机制（尤其是与欧亚经济联盟）加强协作，地区资源可以得到更有效整合，减少竞争和冲突。

（一）上海合作组织：深化多边经贸、安全合作

在外部环境依旧严峻的大环境下，上海合作组织的主要任务依然是发扬"上海精神"，探索和实践区域合作模式，完善"团结互信、安危共担、互利共赢、包容互鉴"的合作理念，落实已达成的各项合作协议。从各项活动及其合作成果看，上海合作组织2019年的主要亮点有以下几个方面。

第一，在合作机制方面，从2018年6月青岛峰会后至2019年底，上合组织各领域和各级别活动不断。除传统的安全、经济、人文、外交等领域的

部门负责人会议、实业家委员会和银行联合体两个非正式机构理事会会议，以及媒体论坛、妇女论坛、青年交流营等论坛活动外，还新增了议会国际事务委员会负责人会议和铁路部门负责人会议两个部长级会议机制，说明上合组织的合作机制越来越务实深入。

第二，在组织扩员方面，自 2004 年批准《观察员条例》和 2008 年批准《对话伙伴条例》以来，上合组织已建立正式成员国、观察员国和对话伙伴国三个层次的吸收成员步骤。随着影响力不断扩大，上合组织已有斯里兰卡、土耳其、亚美尼亚、阿塞拜疆、尼泊尔、柬埔寨 6 个对话伙伴国，以及阿富汗、伊朗、蒙古国、白俄罗斯 4 个观察员国。继 2015 年伊朗希望成为上合组织正式成员国和 2018 年尼泊尔表示希望成为观察员国并最终成为正式会员国后，2019 年又有以色列、孟加拉国、巴林和沙特 4 国表示希望加入上海合作组织（先成为对话伙伴国）。[①]

第三，在合作内容方面，经济、安全和人文三大项依然是组织的重中之重。除具体项目外，成员国针对单边主义、霸权主义、反恐双重标准、军备竞赛、中东秩序等诸多国际热点（尤其是那些可能对本地区稳定和发展产生重要影响的事务）达成重要共识。其中在经济合作方面，一致表示愿意致力于构建开放型世界经济，支持维护和加强世界贸易组织的地位和作用，强调当前单边主义和贸易保护主义抬头，破坏了多边贸易体制的基础，给发展经贸、金融和投资合作设置了人为障碍。为此，成员国批准新版《上海合作组织成员国多边经贸合作纲要》，集中精力扩大并深化在贸易、金融、投资、交通、能源、农业、创新、高科技等领域的合作，解决扩大本币结算规模相关问题。在安全领域，成员国支持加强联合国的中心协调作用，巩固联合国安理会作为《联合国宪章》规定的维护国际和平与安全机构的地位，强烈谴责任何形式和表现的恐怖主义，呼吁摒弃政治化和双重标准并尊重各国主权和独立，强调不能以任何理由为任何恐怖主义和极端主义行径开脱，不允许以打击

---

① "В МИД рассказали о странах, которые хотят участвовать в работе ШОС", 14.08.2019, https：//ria.ru/20190814/1557503885.html.

恐怖主义和极端主义为借口干涉别国内政，或利用恐怖主义、极端主义和激进组织谋取私利，不能以损害其他国家安全为代价保障自身安全。在人文领域，强调各领域合作要更多惠及民众，让成员国民众感受到合作的好处。①

（二）欧亚经济联盟：统一金融市场

欧亚经济联盟是后苏联空间最重要的经济一体化合作机制，主要工作是协调和统一成员国经济政策。自成立以来，成员国间的一体化程度越来越深入，尤其是统一海关和海外劳工制度，成为密切地区经济关系的重要纽带，也是维护俄罗斯地区影响力的主要抓手之一。2019年，欧亚经济联盟各领域合作进展顺利，主要亮点有以下几个方面。

第一，在合作内容方面，成员国就金融一体化达成更多共识。欧亚经济委员会最高理事会会议（即成员国元首峰会）2019年10月1日在亚美尼亚首都埃里温举行，批准《欧亚经济联盟统一金融市场纲要》，约定于2025年之前在联盟框架内建立涵盖银行、保险、证券等金融服务的统一的金融市场。在很长一段时间里，各国对独立初期俄罗斯只考虑本国利益而任由卢布贬值、让很多国家受损的教训记忆犹新，为避免重蹈覆辙，金融一体化始终是欧亚经济联盟成员国极其敏感的话题，该领域合作长期停滞不前。该纲要的签署说明当前受国内外形势影响，各成员阻止本币贬值的手段有限，调控通胀压力巨大，合作共渡难关的需求大增。

第二，在自身发展方面，乌兹别克斯坦和塔吉克斯坦两国正在研究有关加入欧亚经济联盟的问题。乌兹别克斯坦兴趣很大，双方已成立工作组，制定可行性报告。乌兹别克斯坦曾于2006年加入欧亚经济联盟的前身——欧亚经济共同体，后于2008年以该共同体缺乏效率为由退出。2016年米尔济约耶夫成为乌兹别克斯坦新总统后，启动大规模改革新政，作为双内陆国家，国内经济发展对外部市场（尤其是周边）的依赖越来越大，这是乌优

---

① 《上海合作组织成员国元首理事会会议新闻公报》（2019年6月13～14日，比什凯克），http：//www.xinhuanet.com/world/2019－06/15/c_1124625967.htm。

先考虑欧亚经济联盟的主要原因之一。

第三,在对外合作方面,与欧亚经济联盟签署或讨论自由贸易区协议的伙伴越来越多。继 2015 年 5 月与越南、2018 年 5 月与伊朗之后,2019 年 10 月与新加坡和塞尔维亚结束谈判并最终签署自贸区协议,与埃及和以色列的自贸区谈判也已接近尾声。2019 年 10 月 25 日,《中华人民共和国与欧亚经济联盟经贸合作协定》正式生效(2018 年 5 月 17 日签署),虽不是自贸区协议,但合作范围非常广泛,涵盖海关合作和贸易便利化、知识产权、部门合作以及政府采购等 13 个领域,旨在通过加强合作、信息交换、经验交流等方式,进一步简化通关手续,降低货物贸易成本。

(三)集体安全条约组织:反恐反极端

集体安全条约组织是后苏联空间最重要的安全合作机制,是独联体国家保卫自身和地区安全的最主要保障手段,主要关注军事国防、反恐反极端、禁毒、打击有组织犯罪,以及研讨国际安全战略,应对外部挑战。现有成员国为俄罗斯、白俄罗斯、亚美尼亚、哈萨克斯坦、吉尔吉斯斯坦、塔吉克斯坦六国(与欧亚经济联盟相同)。从各类会议和领导人讲话中可知,2019年,该组织的主要热点问题主要有以下几个方面。

第一,举行联合反恐演习,大小有 40 余项,其中规模较大的有"协同""坚不可摧的兄弟""战友""搜索""梯队""雷霆"等。除了检验强力部门间的战略战术协同能力,以及表达各成员国间的政治军事互信以外,2019 年度的演习彻底打通了成员国的后勤(物资和技术等)保障体系,使强力部门间的合作质量获得较大提升。

第二,应对中亚南部(主要是与阿富汗交界地区)边界安全威胁。俄安全部门认为,"伊斯兰国"武装分子及其后勤人员(包括家属)从叙利亚和伊拉克陆续转移到阿富汗,截至 2019 年初其在阿境内已达近万名(其中约 4000 人来自中亚),大部分位于与塔吉克斯坦接壤的阿富汗北部地区,对中亚地区安全造成较大威胁。为此,集安组织的主要任务是消除恐怖和极端组织的物质基础(比如阻断其武器和资金通道,查清其招募成员、传播极端思想以及流窜各地的方法和途径），协助塔吉克斯坦改造升级边防设施，增加军事装备投入等。

第三，对地区安全热点做出反应，尤其是叙利亚和阿富汗问题。集安组织明确支持叙利亚的主权统一和领土完整，支持阿富汗稳定和重建，反对个别国家的反恐双重标准，反对将打击恐怖和极端主义意识形态化或政治化，反对有关"恐怖主义源于极权体制"的错误观点。在支持俄罗斯稳定叙利亚局势的同时，集安组织努力防范叙利亚的暴恐和极端分子向阿富汗转移，积极应对美国从阿富汗撤军后可能引发的地区不稳定。

（四）独联体：联而不合，弱而不散

独联体是原苏联成员维系旧有联系，以及关系到俄罗斯国际影响力的重要平台。尽管该组织各领域合作不尽如人意，"协议多，落实少"，但各成员国仍对该组织框架内的合作存在一定需求，并抱有一定信心，使该组织始终处于弱而不散的状态。

2019年，土库曼斯坦担任主席国，在其努力下，合作亮点频现。曾经很长一段时期内，土库曼斯坦以自己是"中立国"为由，对独联体各领域的合作保持距离，甚至在2005年5月的喀山峰会上宣布打算放弃独联体正式成员国资格，成为独联体的联系国。但在国内外形势发生较大变化情况下，土库曼斯坦认识到独联体的价值，开始利用该组织巩固和发展同原苏联成员的关系，提高自身抵抗风险的能力。在土库曼斯坦的推动和主持下，2019年在土首都阿什哈巴德先后举行了独联体政府首脑理事会会议（5月31日）、经济理事会会议和独联体经济论坛（9月13日）、元首峰会（10月13日）等重要会议。会议讨论了经济和人文合作、反恐、军事安全等议题，通过了《独联体国家战略经济合作宣言》《独联体国家元首就苏联人民1941～1945年伟大卫国战争胜利75周年告独联体国家人民及国际社会书》《独联体国家2020～2022年打击恐怖和极端主义及其他暴力行为合作规划》等十余份文件。

元首会议上批准的《独联体国家战略经济合作宣言》是土库曼斯坦力推的成果文件，旨在加强独联体内部和外部的经济联系，增强独联体的国际

声望，提高成员国的互补性，为独联体框架下的经贸合作带来新动力。主要措施有：扩大成员国与世界经济的联系，完善伙伴关系机制，为各优先发展领域创造良好合作发展条件，提高成员国经济竞争力，挖掘成员国的地理、基础设施、技术、工艺和过境潜力，维护成员国和地区金融稳定，加强反腐败合作，改善营商环境，巩固对话机制和平台，应对全球化风险等。与过去的文件相比，《独联体国家战略经济合作宣言》更强调发展数字经济，以及在跨欧亚大陆合作进程中发挥成员国现有基础设施网络（尤其是能源、交通和通信）的潜力，在优化内部合作的同时也扩大与外部的合作。

（五）风险与挑战

从当前区域合作趋势看，是否加入俄罗斯主导的一体化机制（尤其是独联体、集体安全条约组织、欧亚经济联盟），始终是欧亚地区各国的艰难选择之一。该问题的核心在于，在当前世界经济总体放缓、不确定因素增加的大背景下，是否要与俄罗斯发展高度一体化。对原苏联成员而言，俄罗斯仍保留有巨大影响力的手段，比如针对独联体和欧亚经济联盟成员国提供优惠的商品价格（能源、交通、武器装备等）、接纳劳动力移民、开展人员培训、保障其领导人的政治安全等。在各国经济增长乏力和外部需求减少之际，欧亚地区各国对俄罗斯的需求不降反升，俄罗斯利用自身影响力推动欧亚地区一体化的步伐也在加大。

与此同时，从俄罗斯自身实力看，受西方制裁、自身投资能力和文化影响力下降等内外部因素影响，除协调部分领域的制度规则较有成效外，俄罗斯对其他欧亚地区国家的大型投资和贷款项目不多，难以给其他成员带来更多实惠，难以承担起为地区成员提供更多公共产品的责任。这也是欧亚地区国家一方面与俄积极合作，同时又不断开拓寻找外部市场的原因之一。

从区域合作重点看，尽管合作形式与内容丰富，总体上都是为了各国政治安全、地区安全和经济增长，但外部国际市场需求总体疲软不振，使得对出口依赖较大的欧亚地区国家增长放缓，投资能力下降，中东极端势力向阿富汗转移，对欧亚地区国家南部边界安全造成较大威胁。各国民粹情绪增长，也影响吸引外资的环境。这些内外因素使得欧亚区域合作将面临更复杂多样的需求，利益协调难度加大，需要更多的资金和技术投入，更新基础设施，提高人员素质。由此对地区内各国，尤其是俄罗斯提出更多挑战。

四　俄罗斯及欧亚发展趋势

2020 年国际形势依然复杂多变，大国关系深刻调整，这个大变局将会存在较长时间。欧亚大陆的国际战略环境也同样孕育着深刻的变迁，在中、俄、美分别实施"一带一路"倡议、"大欧亚伙伴关系"和"印太战略"的背景下，欧亚大陆面临着地缘政治、经济格局的重新划分，这是未来几年内的欧亚地区大国及地区组织相互合作与竞争的主要内容。2020 年，俄罗斯与欧亚地区各国的主要任务依然是保持政治稳定，促进经济发展，维护国家安全。在对外关系上，各国将继续坚持务实的外交政策，地区稳定与合作态势有望延续。俄罗斯总体上政局可控，修改宪法将是主要的政治任务，2024 年普京可能对权力交接做重大安排。俄继续奉行全方位的外交，不会受到直接的外部威胁。对欧亚地区国家来说合作是主流，安全仍是突出的老问题。乌克兰危机的后续影响、《中导条约》失效带来的核军备竞赛威胁地区安全和稳定。上合组织面对再度扩员的选择，引人关注。中俄关系将全面落实和完成新时代的战略任务，得到高质量发展。

（一）2020年俄罗斯拉开了政权交接各项制度安排的大幕，到2024年能否过渡到真正的后普京时代，引起各种猜测

2020 年，俄罗斯在政治上将修改宪法作为首要改革任务，旨在强化"普京主义"的国家意识形态，明确俄罗斯百年生存发展模式，进一步凝聚人心，形成统一和团结的俄罗斯，同舟共济，共克时艰。特别是要在议会选举中维护政权党"统一俄罗斯"党的多数地位，同时确保政局的稳定性。

经济上，新政府在确保政治稳定的基础上将通过发展数字经济，启动新的投资周期，出台一揽子保护和促进投资的法案，改善营商环境，消除行政障碍，进行监管制度的改革，增加对中小企业的贷款，刺激投资，促进经济

增长。2020 年初暴发的新型冠状病毒疫情和 3 月油价暴跌将对俄罗斯经济造成一定影响。俄罗斯经济学家预测，如果不出现其他冲击的话，经济应该不会出现衰退，但是受到油价的影响，俄 2020 年经济增长将接近零，或出现微弱正增长，卢布贬值，通货膨胀率可能会达到 6% 或以上，居民实际收入不会提高，贫困状况可能会加剧。① 新总理米舒斯京要面对的现实很严峻，酝酿中的社会不满情绪需要通过民众实际收入提高来对冲。如何促进经济增长，提高人民生活水平是摆在新政府面前的一道难题。

2020 年，俄外交中最大的变化是将遵循普京国情咨文中提出的俄罗斯优先的理念，俄罗斯宪法高于国际法的原则。这表明俄罗斯在世界乱局中将坚决捍卫国家的主权和安全。在此基础上，外交首要任务是为国内经济发展创造良好的条件。由于经济发展需要的技术、投资更多来源于美国和欧盟，以及为了取消制裁，与美国进行战略对抗并不是俄罗斯对外战略的选择，俄对美政策不求迅速缓和，但也不能继续恶化。2020 年 11 月在美国总统选举后，俄美关系的走向值得关注。

俄罗斯将会继续改善与欧盟的关系。政治安全上抓住构建新欧洲安全框架的构想，以及与新老欧洲和北约加强对话。经济上继续加大与欧洲的合作，克服美国对北溪 – 2 项目的制裁，确保在 2020 年最终建成。

独联体地区始终是俄罗斯外交战略的最优先考虑。2020 年将继续巩固与独联体国家的政治、安全关系，以集体安全条约组织、欧亚经济联盟为核心，深化区域一体化进程，进而构建"大欧亚伙伴关系"。

2020 年，俄罗斯将继续加大对亚太地区的外交力度。俄罗斯与日本、朝鲜、韩国、印度、东盟继续巩固扩大关系，尽可能做到与亚太国家关系均衡与充实的发展，体现开放性和多元化，强化俄在亚洲的政治经济影响力，加紧构建"大欧亚伙伴关系"战略构想。

2020 年是新时代中俄全面战略协作伙伴关系开启落实之年，全方位的

---

① Кудрин дал прогноз развития России при нынешних ценах на нефть, https: // www.vedomosti.ru/finance/articles/2020/03/12/825031 – kudrin – rasskazal – o – posledstviyah – dlya – rossii.

合作将促进中俄关系的高质量发展。随着俄宪政改革的进行，中俄将在政治领域相互支持，巩固信任关系，执政党之间的交往会进一步加强。中俄关系的稳定密切发展有助于两国实现以邻为伴，守望相助，密切合作，深度融通，开拓创新，与时俱进，勇于担当，普惠共赢，不断扩大完善双方合作新领域，确保两国关系始终具有前瞻性、开创性和发展动能。在世界处于百年未有之大变局的背景下，中俄携手以多边主义为出发点，有利于促进世界的和平稳定和发展繁荣，惠及世界人民。

中俄美三角关系仍将相互影响、相互制约。在相当长的时期内俄美紧张对峙关系难以实质性缓和。为了应对中俄日益密切的战略协作，美国或将采取权宜之计联俄制华，或者分化、离间中俄关系。然而，俄罗斯也不会轻易走上联美制华的道路，中俄关系自有的内生动力将会进一步加强，将会沿着既定轨道发展，新时代的中俄关系更具长久性和战略性。

俄罗斯在中东地缘政治中获得的优势地位将受到严峻考验。2020年1月3日，伊朗将领苏莱曼尼被美国在伊拉克"定点杀害"，由此导致中东局势更加动荡。之前俄罗斯通过与伊朗、土耳其协商解决叙利亚危机，与沙特维持石油战略互动关系获得了一些战略利益，未来能否在各种势力和利益纠葛面前保住这些利益尚需观察。

（二）欧亚地区政局稳定性和经济发展动力仍然在转型中摸索前行，大国对地区的影响仍将继续增强

政局方面，乌克兰、摩尔多瓦、中亚国家及南高加索三国未来政局是否继续保持稳定值得关注，主要表现在高层权力的变化上，总统、总理和议会的权力角斗时有发生，权力架构仍然在形成中。独联体地区国家间关系将进一步走向合作而非对抗，抱团发展将是对外合作的主要选择。俄罗斯将继续利用独联体、集体安全条约组织、欧亚经济联盟等手中的经济和安全工具牢牢把控欧亚地区，主导地区的一体化意图将更加强烈。在当前世界经济总体放缓的情况下，也不排除原苏联地区国家除了各种多元化的经济合作外，对俄罗斯的需求不降反升，包括加入欧亚经济联盟、中亚五国内部一体化加俄罗斯

以及俄白联盟是否合二为一等问题。俄罗斯将利用自身影响加快推动欧亚地区一体化的步伐。欧亚地区的安全问题仍将是 2020 年的主要问题,"伊斯兰国"被打散后恐怖分子的回流等"三股势力"威胁仍很严重,地区内的阿富汗问题"高热不退",以及毒品走私、非法移民、网络信息等非传统安全威胁仍很突出。

外交方面,鉴于乌克兰危机的影响,欧亚地区俄攻西守的态势不会变,俄美战略矛盾仍然突出,但美欧对欧亚地区的分化将表现得更为稳妥。欧亚地区国家在俄与西方之间争取利益的最大化同时将走出去,寻伙伴,扩展生存发展的空间。俄将加快影响欧亚地区的步伐,以巩固在地区的传统地位和影响力。

经济方面,欧亚地区的经济增长长期存在结构性问题:产业基础不完善和产业结构单一,资源类产品受国际市场波动影响很大,基础设施有待完善,国内市场规模不足等。这些国家良好的经济发展前景很大程度上有赖于充分认识禀赋优势,有效利用资源利得,开拓更稳定的大市场,推动经济发展基础条件和制度环境的完善。近年来全球贸易紧张局势和主要贸易伙伴的增长放缓正在造成高加索和中亚地区出口大幅下降,然而,财政支出和零售信贷增加有助于抵消贸易增长放缓的影响,从而小幅提振经济,预计 2019 ~ 2020 年高加索和中亚地区的总体经济增速为 4.4%。[①]

(三)欧亚地区重大事件和重大问题影响国际格局和国际战略的稳定和平衡

2020 年乌克兰危机后遗症难除。尽管乌东地区的战事将人们的视线从克里米亚并入俄罗斯这一事件转移,但是俄乌关系仍然难以缓解,乌克兰国内去俄化势力强大,新总统泽连斯基虽然主张与俄缓和关系,但是他奉行亲西方的政策,强调乌克兰的主权和领土完整。乌克兰危机导致北约被激活,与俄在其西部尖锐对峙。未来诺曼底四方会谈还将进行,但是四方各自的诉求大相径庭,很难达成一致。

废除《中导条约》放出核军备竞赛的妖魔。美国退出《中导条约》导

---

① 国际货币基金组织:《地区经济展望》,2019 年 11 月。

致全球战略平衡与稳定的失衡，这将引发大国间的相互猜忌，爆发核军备竞赛，美俄将争先恐后研制先发制人的最新式武器。在《中导条约》失效后，《新削减战略武器条约》成为俄美两国间唯一的军控条约，是否能重启对话并延期成为 2020 年俄美核军控博弈的一个焦点。如果《新削减战略武器条约》崩溃，将使双方失去对对方核武器的重要监督和核查措施，对国际社会防扩散的努力产生不利影响。

上海合作组织将再次面对扩员的选择。上合组织从小到大，秉承"上海精神"，"朋友圈"不断扩大。2020 年将会讨论伊朗等国家加入上合组织的问题，但是，当前围绕美伊关系对抗加剧和伊核问题出现重大逆转，上合组织如何应对再次扩员非常值得关注。

"一带一路"倡议与"大欧亚伙伴关系"构想并行不悖，齐头并进。"一带一路"倡议在欧亚地区成果显著，2020 年将是中国与欧亚经济联盟制度落实的关键年，通过制度的落实，将推动带盟对接走深走实。具体的任务将根据欧亚经济联盟《到 2025 年一体化发展战略》，与中国建立商品、服务、劳动、资本的共同市场，协调商品进出口，涉及共同贸易政策、共同关税、共同技术、统一标准等。中国与欧亚经济联盟将进一步共同提出发展战略并实现对接。"一带一路"倡议与"大欧亚伙伴关系"构想之间共识大于分歧，合作大于竞争。最后需要强调的是，"一带一路"倡议、"大欧亚伙伴关系"构想和美国提出的"印太战略"都将在大欧亚地区逐渐转化为最现实的内容。地区国家和多边机制都将在这些战略发展中进行分化组合，从而推动新的地区格局和秩序的出现。

课题组组长：孙壮志

课题组成员：柴　瑜　庞大鹏　赵会荣　张　宁　李勇慧[①]

---

① 孙壮志，中国社会科学院俄罗斯东欧中亚研究所所长、研究员；柴瑜，中国社会科学院俄罗斯东欧中亚研究所副所长、研究员；庞大鹏，中国社会科学院俄罗斯东欧中亚研究所俄罗斯政治与社会研究室主任、研究员；赵会荣，中国社会科学院俄罗斯东欧中亚研究所乌克兰研究室主任、研究员；张宁，中国社会科学院俄罗斯东欧中亚研究所中亚研究室主任、研究员；李勇慧，中国社会科学院俄罗斯东欧中亚研究所俄罗斯外交室副主任、研究员。

欧洲形势分析与展望

摘　要： 2019 年，欧洲经济在内外因素的影响下增幅回落，德国等欧盟主要经济体增速低于欧盟平均增速。政治与社会层面上，欧洲国家社会矛盾尖锐化，程度不等地出现民粹主义势力崛起、传统政党实力下降、政党政治加速碎片化等情况。2019 年底，欧盟新领导班子上台，努力将经济政治压力转化为提高欧盟凝聚力的动力，提出将地缘政治、绿色战略、英国"脱欧"和欧美关系作为工作的重点。展望2020 年，欧盟经济本来有望小幅回升，但在年初暴发的COVID - 19 疫情影响下，总体形势不佳已成定局。成员国层面上政局总体趋于稳定，但德国、法国、英国等大国政局各有风险点。同时，欧洲一体化进入调整期，短期内难有很大作为。

关键词： 欧洲形势　民粹主义　欧盟新班子

　　2019 年，欧洲经济实现 2012 年以来第七年连续增长，但受到内外部多重因素冲击，同比增速回落。从外部看，全球经济发展深层次矛盾日益突出、世界经济增速放缓、全球产业链和国际分工体系受到冲击给欧洲经济增幅带来压力。从内部看，欧盟经济治理趋弱、各国经济社会改革进展缓慢、英国"脱欧"不确定性持续影响等因素则造成欧洲经济增长内生动力不足。岁末年初，随着中美经贸摩擦达成初步协议、英国"脱欧"前景趋于明朗、新一届欧委会推出新的经济治理举措和各国持续推动经济社会改革，欧洲经济增长的不利因素有所减少。据欧洲权威机构预测，2020 年欧洲经济增长有望超过 2019 年，① 但年初突发的 COVID－19 疫情将对欧洲经济施以重创，年内经济前景暗淡。政治与社会层面上，在英国"脱欧"和民粹势力崛起等因素的制约下，2019 年欧盟及成员国政府的治理能力继续降低，社会矛盾尖锐，改革措施遭遇的社会阻力增加。展望 2020 年，民粹主义冲击仍将是困扰欧洲政治与社会的难题。外交上，2019 年，欧洲期望实现战略自主的迹象明显，新一届欧委会试图努力提升欧洲在世界上的话语权，欧俄关系有所缓和、欧盟与日本签署自贸协定、中欧关系大局稳定，但欧美关系摩擦不断，呈现常态化趋势。作为世界多极化的组成部分，2020 年欧盟外交的这种走势不会改变。

一　2019年欧洲形势

（一）欧洲经济增速回落

1. 受内外部因素影响，2019年欧洲经济增幅回落

受世界经济形势不佳和内部动力衰退的影响，2018 年下半年欧盟经济增幅总体出现回落。2019 年上半年，出口导向的欧盟主要经济体德国和意大利经济增速放缓。② 同时，受"脱欧"不确定性困扰，英国经济持续低迷。2019 年下半年，这种颓势传导到与德国工业供应链密切相关的波兰和捷克等中欧国家。相比之下，以国内消费和政府支出为支撑的法国经济的增速反而超过欧元区平均水平。

根据欧盟统计局的数据，2019 年前三季度欧盟 28 国 GDP 环比增速分别

---

① European Economic Forecast, Autumn 2019, https：//ec. europa. eu/info/sites/info/files/economy－finance/ip115_ en_ 0. pdf.

② 《出口导向型经济体如何"驱寒"？》，http：//www. oushinet. com/china/eiec/20191017/332934. html。

为1.14%、0.73%和0.08%，同比增速分别为3.34%、3.32%和3.00%，同期欧元区GDP环比增速为0.4%、0.2%和0.2%，同比增速分别为1.3%、1.2%和1.2%，远低于欧盟总体水平。① 国际货币基金组织（IMF）发布的预测数据显示，2019年欧盟28国GDP增速从2018年的2.2%下降至1.5%。② 欧洲主要经济体中，英国前三季度GDP环比增速分别为0.5%、-0.2%和0.4%，德国前三季度增速分别为0.4%、-0.2%和0.1%，法国前三季度GDP环比增速分别为0.3%、0.2%和0.3%。③ 2019年，经济增速相对较快的中东欧国家的GDP增速也有所放缓，除克罗地亚、保加利亚和北马其顿三国之外，经济增速均低于2018年，其中波兰经济增速从2018年的5.15%下降至4.03%，斯洛伐克从4.10下降至2.6%，斯洛文尼亚从4.12%下降至2.94%，黑山从4.90下降至2.99%，波黑从3.6%下降至2.8%，阿尔巴尼亚从4.06%下降至2.98%，拉脱维亚从4.76%下降至3.2%。④

具体而言，2019年欧盟经济有如下特点。

第一，进出口对欧盟GDP增长的贡献率下降。根据欧洲统计局公布的数据，2019年前三季度欧盟货物贸易和服务贸易出口对GDP增长的贡献率分别为1.48%、0.97%和1.17%，进口对GDP增长的贡献率分别为-2.1%、-1.81%和-1.7%。⑤ 总体来看，与欧盟外部贸易的增速高于欧洲内部贸易的增速，前三季度欧盟内部出口额分别增长4.72%、3.34%和

---

① Eurostat 数据库，https：//appsso. eurostat. ec. europa. eu/nui/show. do? dataset = nama_ 10_ gdp&lang = en，最后访问日期：2019 年 11 月 20 日。

② *World Economic Outlook*，*October 2019 Global Manufacturing Downturn*，*Rising Trade Barriers*，https：//www. imf. org/en/Publications/WEO/Issues/2019/10/01/world - economic - outlook - october - 2019.

③ Eurostat 数据库，https：//appsso. eurostat. ec. europa. eu/nui/show. do? dataset = nama_ 10_ gdp&lang = en，最后访问日期：2019 年 11 月 20 日。

④ *World Economic Outlook*，*October 2019 Global Manufacturing Downturn*，*Rising Trade Barriers*，https：//www. imf. org/en/Publications/WEO/Issues/2019/10/01/world - economic - outlook - october - 2019.

⑤ Eurostat 数据库，https：//ec. europa. eu/eurostat/web/products - datasets/-/med_ ec4，最后访问日期：2019 年 12 月 20 日。

2.83%，内部进口额分别增长 6.52%、5.09% 和 3.30%，而同期欧盟向外部出口额分别增长 3.65%、5.95%、1.20%，自欧盟外部进口额分别增长 7.43%、4.08% 和 3.41%。[①]

第二，利用外资和对外投资均呈现下降趋势。受全球经济放缓、投资者的投资意愿下滑、新兴经济体需求减弱和欧洲议会通过《外国投资安全审查法》拟加强对外资的安全审查等因素的综合影响，欧洲对外投资存量和流量双双下降。联合国贸发会议数据显示，2018 年欧盟 28 国对外投资存量同比下降 2.63%，流量同比下降 5.45%；同期，欧元区国家对外投资存量同比下降 2.2%。2018 年欧盟 28 国吸引外资流量同比下降 18.5%，吸引外资存量同比下降 0.5%；同期欧元区国家吸引外资流量下降 14.6%，吸引外资存量同比下降 1.3%。欧洲央行公布的数据显示，欧元区国家 2019 年前三季度外资净流入分别为 549.62 亿欧元、- 592.8 亿欧元和 - 149.65 亿欧元。

第三，欧盟国家通胀水平保持低位，失业率基本稳定，但欧洲央行通胀率接近 2% 的目标仍然难以实现。2019 年 11 月，欧盟 CPI 微幅下降，欧元区消费者物价调和指数（HICP）环比增长 1.3%。自 2013 年以来，欧洲央行一直未能实现低通胀目标。目前，欧洲国家失业率总体保持稳定，欧盟平均失业率稳定在 6% 左右，欧元区失业率降至 7.5% 的近年最低水平。成员国中，第二季度失业率排在前三位的是希腊（17.3%）、西班牙（14.1%）和意大利（9.9%）。

第四，欧盟国家总体财政赤字得到控制，但部分国家债务风险回升。2012 年欧债危机以来，欧盟国家的债务水平和公共财政赤字备受关注。经过数年的努力，欧盟整体财政赤字和债务水平得到了较好的控制，2019 年第一、二季度欧盟 28 国财政赤字分别为 1.3% 和 0.7%，欧元区财政赤字分别为 2.2% 和 0.2%。但是部分欧洲国家的总体债务水平有所上升，成为事

[①] Eurostat 数据库，https：//ec. europa. eu/eurostat/web/products - datasets/ -/teiet210，https：//ec. europa. eu/eurostat/web/products - datasets/ -/med_ ec4，最后访问日期：2019 年 12 月 20 日。

实上的重债国，2018 年欧盟共有 15 个国家负债水平（债务占 GDP 的比例）超过 50%，其中，希腊（181.87%）、意大利（134.80%）、葡萄牙（122.20%）位居前三。

第五，欧盟国家股市取得较好涨势，但债券收益持续走低。2019 年欧元汇率小幅走软，欧元兑美元从年初的 1∶1.1462 下降至 1∶1.1078，欧洲债券市场收益率持续下降，以欧元计价的德国 10 年期债券收益率从年初的 0.171% 下降至 -0.246%；以欧元计价的法国 10 年期债券收益率从年初的 0.655% 下降至 0.056%；以英镑计价的英国 10 年期债券收益率从年初的 1.212% 下降至 0.785%。但是，在欧盟各成员国经济刺激政策和宽松货币政策、美联储降息等因素的推动下，欧洲主要股指在 2019 年纷纷上扬。英国富时 100 指数从年初的 6734.23 上涨至 7582.48，德国 DAX30 指数从年初的 10580.19 上涨至 13318.9，法国 CAC40 指数从年初的 4689.39 上涨至 6021.53。[①]

2. 主要经济体增速低于欧盟平均水平

第一，外需不振，制造业承压，德国经济面临困难。受国际贸易争端、汽车行业形势不佳的影响，2019 年德国制造业表现持续低迷，连续增长达 10 年之久、在欧洲"一枝独秀"的德国经济陷入困境，尤其是在第二季度，增速曾一度萎缩至 -0.2%。德国工业产出总体呈现下降趋势，汽车、机械制造、化工等关键行业低迷，进出口全面下滑，出口较进口下滑幅度更大。然而，在出口和制造业持续不振的情况下，强劲的劳动力市场为德国经济增长提供了一定支撑，第三季度德国经济形势有所好转。最新数据显示，第三季度德国实际工资同比上涨 1.9%，达到 2016 年初以来的最大涨幅，收入增长进一步带动消费和政府支出方面的增长。第三季度德国民间消费增长 0.4%，政府支出增长 0.8%，这两项指标对德国第三季度 GDP 增长率的贡献率为 0.2%。

第二，法国经济略超预期，但负债水平明显上升。2019 年，法国外贸

---

① 本段均为 Eurostat 2019 年 12 月 20 日数据。

形势同样显示出低迷的态势。但是，"黄马甲"运动之后，马克龙政府出台的一系列紧急社会措施和财政支出计划对国内消费起到一定提振作用，同时法国 2019 年市镇选举的举行促进了公共投资，建筑业产出有所增长，与良好的就业形势一起拉动法国经济，季度平均增速达到 0.3%。但是，公共支出的增长使法国政府负债率再次回升，2018 年第四季度法国政府总体负债率曾下降至 98.4%，2019 年第一、二季度又回升至 99.7% 和 99.6%，远高于欧盟国家的平均水平，欧盟 28 国 2019 年第一、二季度的政府总体负债率分别为 81.1% 和 80.5%。[①]

第三，受"脱欧"前景不确定性拖累，英国经济持续不振。英国"脱欧"已经持续三年多，历经三任首相、两次大选，党派间分歧严重，议会争论不休，对英国经济发展造成严重的影响。2019 年，英国第三季度国内生产总值（GDP）环比增长 0.4%，同比增长 1.1%，消费者物价指数（CPI）同比涨幅连续两个月保持在 1.5%，远低于英国央行 2% 的目标。占英国经济约 10% 的制造业持续低迷，第三季度制造业产出较上年同期下滑 1.4%。[②] 虽然英国失业率处于 1975 年以来最低水平，但最新官方数据显示，第三季度裁员幅度为过去四年来最高。

3. 欧洲经济增长缓慢的原因

第一，全球经济增长放缓，制造业前景不佳。同其他主要经济体相比，深度融入全球价值链、内部改革意见分歧严重的欧洲经济受到全球经济不景气和外部需求减弱的影响较深。全球投资放缓、贸易紧张局势加剧和技术创新周期的变化给欧洲制造业带来巨大压力。其中，汽车和汽车零部件贸易的大幅下滑对德国经济的支柱产业产生巨大影响。汽车产业增长放缓在德国执政"大联盟"中引发激烈辩论，一方是坚持"零赤字"财政政策正统观念的基民盟，另一方是在寻求增加公共开支的社民党，内部分歧使得德国的政

---

① Eurostat 数据库，https：//ec. europa. eu/eurostat/web/products – datasets/ –/sdg_ 17_ 40，最后访问日期：2019 年 12 月 20 日。

② Eurostat 数据库，https：//ec. europa. eu/eurostat/databrowser/product/view/tps00203？lang = en，最后访问日期：2019 年 12 月 20 日。

策变革进展缓慢，对全球经济形势变化的适应性较差。

第二，国际经贸规则受到严峻挑战，外部需求疲弱。一方面，世界贸易组织（WTO）改革陷入困境。WTO成员改革提案分歧较大，各国在争端解决机制和上诉机构遴选等问题上存在分歧，上诉机构停摆，WTO的合法性和有效性受到质疑。世贸组织预测，全球贸易增长在2017年见顶之后，在2018年和2019年上半年明显放缓，2019年的增长预计仅为1.25%。① 另一方面，全球贸易政策的不确定性和贸易限制措施呈现上升趋势，贸易成本提高，商品要素的流通受限，经济增长受损。2019年《世界贸易数据》报告显示，全球贸易政策不确定指数攀升至历史高位。② 2019年7月世贸组织发布的报告显示，2018年10月至2019年5月世界贸易组织成员共实施38项新贸易限制措施，涉及贸易金额3395亿美元。③

第三，全球价值链上的大国竞争加剧，欧洲总体地位不利。一是中美经贸摩擦重挫全球经济增长，中美经贸谈判过程几经波折，对全球市场预期和价值链分工造成极大的不利影响。欧洲产业发展受中美关系变化影响较大。二是波音空客之争损害欧洲航空业发展，进而波及相关行业。2018年WTO裁定欧盟对空客补贴损害波音利益，美国随即对欧盟大型民用飞机、农产品和其他产品加征关税，在欧盟诉波音案中，欧盟表示将对美国采取关税报复。三是法国宣布征收数字服务税使得美欧经贸紧张关系加剧。2019年7月，法国批准向跨国公司征收数字服务税，成为第一个开征数字税的发达国家，美国随后对法国发起针对数字服务税的"301调查"，欧盟表示将共同应对，英国、意大利、土耳其、捷克等国也纷纷宣布数字税征收方案。④

第四，长期低利率带来负面效应，内部协调有待加强。金融危机11年

① *World Trade Report 2019*, https：//www. wto. org/english/res_ e/publications_ e/wtr19_ e. htm.
② *World Trade Statistical Review 2019*, https：//www. wto. org/english/res_ e/statis_ e/wts2019_ e/wts19_ toc_ e. htm.
③ *Report to the TPRB from the Director – General on Trade – Related Developments*, https：// www. wto. org/english/news_ e/news19_ e/trdev_ 22jul19_ e. htm.
④ 《美国对法国数字服务税发起"301调查"》，http：//www. xinhuanet. com/2019 – 07/11/c_ 1124739352. htm。

之后，欧洲央行仍然维持超宽松货币政策，并在 2019 年 9 月将存款利率下调至历史最低水平 -0.5%。英国和欧元区长期维持低利率水平，使得货币调节政策难以发挥更好的作用，欧洲经济发展需要更加积极的财政政策支持。欧洲央行、欧元区财长和欧盟委员会一直建议财政预算盈余且负债水平较低的德国和荷兰增加投资以刺激经济增长，从而带动整个欧元区经济的发展，但两国内部对财政政策存在分歧，拒绝提高支出。同时，欧盟敦促名义债务高达 2.38 万亿欧元的意大利保持审慎的财政政策，但是意大利政府却希望通过增加借贷和支出来刺激经济发展。另外，波兰、匈牙利等中东欧国家不断挑战欧盟法制，德国与南欧国家对于欧元区改革存在分歧，欧洲内部政策的统一协调性难以实现，改革措施难以落地也是 2019 年欧洲经济持续低迷的重要原因。

（二）欧洲政治社会变局

金融危机后，欧洲国家程度不等地出现民粹主义势力崛起、传统政党实力下降、政党政治加速碎片化的情况，这种变化的深层原因是欧洲社会矛盾尖锐化。

政治上，在欧盟和成员国层面上都面临政党政治格局变化的挑战，共同性是长期执政的中间派政党衰落，新兴中间派壮大，具有民粹主义色彩的激进政党崛起。2019 年 5 月，欧洲议会举行五年一次的选举，欧盟 4 亿选民投票选举 751 名议员，投票率达到了 51%，高于 2014 年的 43%，投票率创下 20 年来的新高。[①] 结果，中右翼的人民党党团和中左翼的社民党党团分别获得 180 席和 152 席，分别比上届下降 37 席和 32 席，它们联合组成的传统中间派党团在欧洲议会首次没能超过半数。由欧洲自由民主联盟党团以及法国总统埃马纽埃尔·马克龙领导的"前进运动"（La REM）获得 109 席，成为欧洲议会第三大党团，绿党党团赢得 69 席，比上次选举增加 19 席。持

---

① "European Parliament Elections 2019: All You Need to Know", https://www.euronews.com/2019/05/15/european – parliament – elections – 2019 – all – you – need – to – know – about – how – they – work.

中间立场、支持欧洲一体化的党团仍能在欧洲议会占据主流，但是，这些新兴的中间政党在政纲和政策上与传统中间派政党有不小差别，因此作为欧洲议会主流的中间派党团实际上已经出现结构性变化。与此同时，在欧洲议会选举中，具有"疑欧"倾向的民族与自由党团、自由与直接民主党团的席位分别上升22席和12席，虽远低于选举前的预期，但对欧洲议会的影响力也有明显增强。欧洲政党格局变化的原因是传统中间党派在长期执政过程中日益趋同，共同推进新自由主义倾向的经济与社会改革，逐步失去对社会中下层政策诉求的关切，民众代表性降低，从而给更加激进的极右翼民粹政党和极左政党留下崛起的空间。①

在成员国层面上，欧洲政党政治格局也出现类似变化。在法国，中左翼的社会党和中右翼的共和党在2017年法国总统选举中的表现很差，几乎已经失去短时间内翻盘的可能性。当选法国总统后，作为欧洲新兴中间派代表人物的马克龙着力强化法德合作、维护欧洲一体化的发展动力，对内不顾社会抗议与反对坚持推进社会改革，总体而言执政基础巩固。作为马克龙主要竞争者的是玛琳娜·勒庞（Marine Le Pen）领导的具有极右翼民粹色彩的国民联盟（Rassemblement national），近年来出现去激进化的势头，有向中右新型政党转型的可能性。但是，勒庞与马克龙最大的区别是对欧洲一体化尤其是法德合作有强烈的负面看法，曾被称为"欧洲最危险的女人"。如果勒庞最终击败马克龙当选法国总统，欧洲一体化的发展前景将面临重大挑战。

与此同时，战后以稳定著称的德国政党政治格局也发生类似变化，长期执政的中右的联盟党和中左的社民党在各种选举中的得票率持续降低，在政治立场上出现联盟党向右转、社民党向左转的趋势，两大政党的分歧加大。2019年，德国民粹政党另类选择党（AfD）在勃兰登堡州、萨克森州和图林根州的州议会选举中成为第二大党，对德国联邦州的政党格局造成冲击。但是，由于德国所有主流政党都不打算与另类选择党合作，所以该党在德国上台执政还比较困难。作为新型中间政党的德国绿党在欧洲议会选举中的支持

---

① 田德文：《无奈的"中庸之举"》，《人民日报》2018年1月28日。

率上升，超过20%，未来将在德国政治与社会治理领域拥有更强影响力。

与法国、德国相比，西班牙、意大利及中东欧国家政党格局变化的碎片化和激进化趋势更加明显。2019年11月，西班牙政府举行四年来的第四次大选。得票最多的中左政党工人社会党（PSOE）获得120席，远未达到众议院多数席位（176席）；中右翼的人民党遭到挫败，从88席下降到66席，创历史新低。多个激进政党支持率上升，其中极右翼政党"声音党"（Vox）获得52席，比上届大选增加28席。政党格局的变化使西班牙政府再度难产，从2019年4月到2020年1月一直由工人社会党组成"看守政府"。直到2020年1月7日，西班牙议会才以微弱优势通过由工人社会党领袖佩德罗·桑切斯（Pedro Sánchez）组成联合政府的决议。2019年8月，意大利政府出现危机，具有激进民粹色彩的"五星运动"（Five Star Movement）与联盟党（Lega）组成的执政联盟倒台。随后，"五星运动"与中右翼的民主党组成新联合政府。相比之下，中东欧国家的政治碎片化、多元化趋势则表现为已经执政的具有民粹色彩的激进政党遭遇挑战。2019年10月，长期执政的匈牙利青民盟（FIDESZ）在地方选举中遭受重创，失去布达佩斯、佩奇、米什科尔茨等城市的多数席位。同期，具有民粹色彩的波兰法律与正义党（PiS）在选举中虽保住独立执政资格，但失去参议院多数席位，一党长期执政的局面出现变数。

在社会层面上，2019年欧洲抗议活动增加。欧洲政党格局变化过程中，传统中左翼政党明显弱化，激进左翼势力虽有增长，但仍处于边缘地位。崛起的民粹政党多数具有极右色彩，使得欧洲政治已经形成整体右倾的趋势。欧洲政党政治的整合力下降，造成社会抗议活动增加。金融危机后，欧洲社会矛盾日趋尖锐。2018年11月17日，法国因政府提高燃油税引发各地大规模抗议示威，活动中出现身着黄色反光马甲的示威者，其中不乏暴力分子。2019年上半年，"黄马甲"运动几乎每周六都在法国各地上演。与以往有组织的抗议活动不同，"黄马甲"运动不仅无领袖、无组织，甚至也没有具体可行的诉求，具有明显的无政府主义色彩，抗议者中既有极"左"分子，也有极右分子，实际上是法国社会底层针对社会不平等、不公正进行的宣泄性抗议活动，对社会秩序具有较强的破坏性。2019年12月5日，为抗议马克龙政府旨在统一养老金标准的改革，法国爆发了1995年以来最大规模的罢工。此次大罢工由法国国家铁路公司（SNCF）工会组织发起，得到包括医疗、教育、消防、电力、邮政等关键行业工会的支持和响应。大罢工期间，具有极左色彩的"黑块"分子乘机制造很多暴力破坏事件，给社会秩序制造很多麻烦。

在政局变化过程中，加强"政治"与"社会"的对话可以起到积极作用。2019年上半年，为应对"黄马甲"抗议活动，马克龙发起为期两个月的全国性大讨论，议题涉及税收政策和公共开支、生态转型、制度改革、公民权益等4大议题35个具体问题。活动期间，马克龙及总理菲利普以各种方式与民众对话，对稳定全国局势起到一定作用。面对大规模社会抗议的压力，马克龙坚持"社会向左，经济向右"的改革方向，在改善社会基本保障、平衡退休体系、逐步提升居民购买力的同时积极降低企业税费、扶持绿色产业和科技产业，试图以此提升法国的经济活力和产业竞争力。目前，这些改革措施得到多数法国人的认可，使得马克龙在推进改革的同时可以维持公众支持率基本稳定。

（三）欧盟新班子面临四大难题

2019年，欧洲议会选举结束后，欧盟主要机构改选，德国前国防部长乌尔苏拉·冯德莱恩（Ursula von der Leyen）当选欧盟委员会主席、意大利籍议员戴维·萨索利（David Sassoli）担任欧洲议会议长、比利时前首相夏尔·米歇尔（Charles Michel）担任欧洲理事会主席、国际货币基金组织前总裁克里斯蒂娜·拉加德（Christine Lagarde）和西班牙前外交大臣何塞普·博雷利·丰特列斯（Josep Borrell Fontelles）分别担任欧洲央行行长和欧盟外交与安全政策高级代表。欧洲新一届领导人上任，给困境中的一体化进程带来新的希望。但是，在新领导班子产生过程中，德法两国在欧盟委员会主席人选问题上出现分歧，致使欧盟委员会难产、延期履新，反映出欧盟内部的矛盾与分歧。展望未来，欧盟新班子将要面临三大难题。

第一个难题是欧盟成员国内部难以达成共识。金融危机以来，欧洲各国政府正越来越不加掩饰地为本国的利益而斗争，欧盟内部达成共识的难度不断加大。在2019年12月的欧盟峰会上，波兰拒绝签署欧盟《绿色协议》，部分国家对欧盟2050年"碳中和"目标持不同意见。[1] 欧盟内部缺乏协调的状况使其决策难以具有充足的合法性和有效性，进而使欧盟陷入低效、低合法性的尴尬境地。近年来，欧洲差异性一体化的趋势不断增强，成员国在对欧盟规则的接受程度、与欧盟合作的意愿和能力方面都出现很大差异性。从理论上说，在其他领域没有进一步一体化的情况下，一个领域更深的一体化可能会带来更高程度的差异性。目前，欧洲经济、社会领域的一体化甚至出现了某些倒退的趋势，因为欧盟无法扮演避免市场失灵的规制性角色，这反过来会影响到其他领域（如安全与防务）的合作与一体化进程。在欧盟内部，"老欧洲"和"新欧洲"、"核心欧洲"与"边缘欧洲"之间的分歧加深、鸿沟加大。此次欧盟新班子的领导人主要来自西欧，引起中东欧国家的不满，可能给未来欧洲一体化进程造成隐患。根据欧洲对外关系委员会2019年5月的调查，尽管近年来维谢格拉德四国与欧盟的经济联系、政策整合、资金获取等方面都呈增强趋势，但民众对欧洲事务的参与、对欧洲一体化的热情和期望却呈下降趋势。[2]

第二个难题是落实欧盟新理念非常困难。后金融危机时代，不少欧洲民众对长期秉持新自由主义改革理念的欧盟颇有微词。在"疑欧"政党崛起、民族国家回归、差异性一体化和欧洲议会多元化的背景下，欧盟委员会的提议与决策更容易受到欧盟理事会和欧洲议会的限制，再加上成员国之间的紧张关系日益加剧，欧盟委员会在赢得成员国支持方面的困境日趋严峻。在这种情况下，

---

[1] Eamon Barrett, "The European Commission President Announced a European Green Deal, Targeting a Carbon Neutral EU by 2050", *Fortune*, December 12, 2019, https：//fortune. com/2019/12/12/european-green-deal-man-on-the-moon/，最后访问日期：2019年12月22日。

[2] Ol'ga Gyárfášová, "European Cohesion and the Visegrad Group：The Importance of Hearts and Minds, European Council on Foreign Relations", May 29, 2019, https：//www.ecfr. eu/article/commentary_ european_ cohesion_ visegrad_ group_ importance_ of_ hearts_ minds，最后访问日期：2019年12月20日。

新一届欧盟委员会将置身于更为复杂和困难的政治环境，深受欧盟机构间博弈的影响，维持欧洲一体化所必需的"团结一致"和"共识政治"已经非常困难，在政策层面上真正践行新理念就更是不容易。冯德莱恩上台后很快提出欧盟未来相对容易为成员国所接受的战略重点，力求推动欧盟实现这些目标，并在全球扮演更重要的角色。但是，没有欧盟成员国的团结一致，达成这些目标也将十分困难甚至是不可能，这是未来欧洲一体化面临的根本挑战。

第三个难题是增强成员国对外政策的一致性。欧盟内部最重要的国家间关系是法国同德国的关系。目前，两国之间关系总体紧密稳定，欧洲一体化的德法发动机运转正常。但是，在组建"欧洲军"等具体问题上，法德之间仍然存在明显分歧。在欧盟成员国中，法国是最具有独立自主精神的大国。2019年法国总统马克龙频频强调"欧洲主权"和欧洲的"战略自主"，倡导打造"欧洲军"，推进欧洲防务产业的一体化。2019年1月，法德两国签署旨在深化双边合作、稳固法德核心的《亚琛条约》，该条约承诺彼此遭遇军事攻击时会并肩作战。2019年底，马克龙在接受英国《经济学人》杂志采访时抛出"北约脑死亡"的言论，对美国和土耳其在北约内的表现表示不满，表达了希望摆脱对美安全依赖，建立一个"有肌肉"的欧洲的强烈意愿。① 相比之下，德国对此的响应并不积极，默克尔总理婉转地表达了她认为马克龙过于激进的看法，而波兰和波罗的海国家依然高度信赖美国的军事保护，对马克龙的说法明显抱有异议。在对美态度上，冯德莱恩实际上也不同意马克龙的观点，认为跨大西洋联盟对欧洲安全发挥着关键作用。

第四个难题是弥合东西欧之间的分歧和矛盾。近几年，围绕难民和法治等问题，部分东欧和西欧国家之间存在着显著的分歧和矛盾。对外关系上，波兰等中东欧国家希望欧盟更加坚定地发展与美国的关系，将跨大西洋关系作为其国家利益的核心，对欧盟战略自主的主张持怀疑态度，"新欧洲"和"老欧洲"在这方面的分歧不断扩大。同时，欧盟对波兰、匈牙利等国的"威

---

① "Emmanuel Macron Warns Europe: NATO Is Becoming Brain - dead", *The Economist*, November 17, 2019.

权政治"倾向也非常不满。冯德莱恩在接受采访时表示，欧洲一体化过程中"在中东欧国家间，有一种没有被（欧盟）完全接纳的感觉。如果我们继续现在这样的争论，会使得更多的国家和人民觉得任何针对具体不足的批评都是对他们整体的批评"，"我认为必须克服东西欧的分裂……因为欧洲必须团结一致。我们必须解决许多重大问题。欧洲必须发挥作用。而只有团结才能做到这一点"。① 另外，欧盟新老成员国在经济发展水平、政治理念倾向和社会文化特点方面都有很大差异，欧盟要弥合新老成员国之间的裂隙可谓任重道远。

二　2019年欧洲重大热点问题

（一）英国"脱欧"进程取得突破

2016年6月，英国全民公投以微弱优势通过要英国脱离欧盟的决议。此后三年，英国"脱欧"演化为"拖欧"，耗费英国乃至欧盟大量政治资源，"脱欧"前景的不确定性给英国经济造成严重的消极影响。"脱欧"是英国民粹主义兴起的结果之一，"脱欧"进程对英国政党和政治体制产生了很大影响。三年间，英国政党政治绑架"脱欧"进程，形成政府与议会之争、政党之间和政党内部之争、政府与民众之争、中央政府与地方政府之争、议会主权与人民主权之争。2019年6月，特蕾莎·梅（Theresa May）在"脱欧"协议屡遭否决后黯然辞职。7月，英国前外交大臣、伦敦前市长鲍里斯·约翰逊（Boris Johnson）当选保守党党魁，成为英国新首相。约翰逊以强硬"脱欧"立场主导英国"脱欧"进程，但遭到保守党内部分裂、保守党与工党以及英国政府与下议院多次博弈的持续挑战。由于英国议会始终无法对"脱欧"方案达成协议，最后只得提前举行大选。选举的结果是激进左翼杰里米·科尔宾（Jeremy Corbyn）领导的工党惨败，保守党重新赢

---

① Zia Weise, "Von der Leyen Rows back on 'United States of Europe'", July 18, 2019, https：// www. politico. eu/ article/ursula－von－der－leyen－rows－back－on－united－states－of－europe/.

得大选，得到下院 650 个议席中的 365 个，取得绝对多数；工党只获得 203 个议席，这是 1935 年以来最差的成绩。苏格兰民族党获得苏格兰全部 59 个议席中的 48 个。2020 年伦敦当地时间 1 月 9 日下午约 7 点 30 分（北京时间 1 月 10 日凌晨约 1 点 30 分），英国议会下院以 330 票赞成、231 票反对的表决结果，三读通过了首相鲍里斯·约翰逊的"脱欧"议案，英国于 2020 年 1 月 31 日正式脱离欧盟，并将在 12 月 31 日前完成"脱欧"过渡期。[①] 展望未来，围绕"脱欧"问题约翰逊政府还将面临诸多挑战，如苏格兰独立公投的潜在风险等。但是，延续三年的"拖欧"局面至少已经画上了句号。

2020 年，英国"脱欧"仍将困扰英国与欧盟的关系。目前来看，虽然英国年内"脱欧"已成大局，但"脱欧"的过程肯定会充满曲折，英国"脱欧"给欧洲一体化造成的经济、政治影响将逐步显现。2020 年 1 月 31 日英国如期退出欧盟只是在法律上完成"脱欧"的第一步，在 2020 年 2 月 1 日到 2020 年 12 月 31 日的过渡期内，约翰逊需要完成与欧盟就有关未来关系（特别是经贸安排）达成协议，并在英国议会获得通过，这对英欧双方来说都存在不确定性。目前，执政的英国保守党内部对未来与欧盟采取何种形式的贸易关系仍然存在严重分歧，约翰逊主张与欧盟保持"零关税、零配额"的伙伴关系，但是这需要继续在就业、环境等方面遵循欧盟诸多标准，明显与约翰逊鼓吹的英国通过脱离欧盟"收回控制权"相悖。冯德莱恩就此警告说，在如此短的时间内英国与欧盟达成全面的协议将十分困难，而如果双方之间未能如期达成一致，对英国造成的伤害显然要大于对欧盟造成的伤害。[②] 不过，英国"脱欧"对欧盟建制的冲击其实也不可小觑，失去英国制约的法德轴心将如何发展、欧盟理事会投票权变化会带来什么效应、

---

① "Election Results 2019: Boris Johnson Returned as PM with All Constituencies Declared", *The Guardian*, December 13, 2019, https://www.theguardian.com/politics/ng – interactive/2019/dec/12/uk – general – election – 2019 – full – results – live – labour – conservatives – tories, 最后访问日期：2019 年 12 月 20 日。

② Cristina Gallardo, "Von der Leyen: EU to Pursue 'Unprecedented' Deal with UK", *Politico*, January 8, 2020, https://www.politico.eu/article/von – der – leyen – eu – to – pursue – unprecedented – deal – with – uk/, 最后访问日期：2020 年 1 月 10 日。

欧洲议会党团的构成与成员国的议席变化等都可能成为影响欧洲治理体系的新不确定性因素。特别是，在失去英国缴纳"会费"的情况下，涉及欧盟未来优先发展领域的"多年度财政预算"谈判将面临新的局面，引发欧盟内部的新一轮博弈。如何有效稳妥地处理英国"脱欧"、推进没有英国的欧洲一体化进程，已经成为欧盟领导人亟须解决的紧要难题。

（二）欧美摩擦增加

妥善处理与美国的关系，对欧盟来说至关重要。近年来，特朗普治下的美国单边主义、霸凌主义不断升级。尽管欧盟国家都是美国的盟友，但特朗普政府一样秉持好斗姿态，频繁挑起摩擦。由于在防务、外贸等方面有赖于美国，欧盟在对美关系方面长期保持息事宁人的克制态度，但双方的对立与摩擦并没有因此缓和。2019 年初，特朗普政府认定欧盟"违规"补贴空客，决定对价值超过 100 亿美元的欧洲商品进行贸易制裁；10 月，美国采取进一步行动，对欧洲大型民用飞机征收 10% 的关税，对欧洲农产品征收 25% 的关税；12 月，在欧盟新一届领导人就职后，美国贸易代表办公室发布商品清单征求公众意见，考虑对包括部分品牌的欧洲烈酒、西班牙橄榄油、法国奶酪等商品征收最高达 100% 的关税。此外，在断定法国新的数字服务税将损害美国科技公司利益之后，美国政府表示，可能会对从法国进口的 24 亿美元产品征收高达 100% 的关税。

除此之外，围绕"北溪－2"天然气管道项目，2019 年美欧之间也爆发激烈冲突。美国政府认为"北溪－2"项目将使欧洲各国加深对俄罗斯能源的依赖，损害乌克兰的经济和战略安全。而对于欧盟来说，这项价值高达 95 亿欧元、年运输能力达 550 亿立方米的能源项目对欧洲能源安全至关重要。12 月 11 日，美国国会众议院通过 2020 财年国防授权法案，其中包括要求美国政府对"北溪－2"天然气管道项目相关方实施制裁的条款。① 该

---

① U. S. Department of State, "Fact Sheet on U. S. Opposition to Nord Stream 2", Bureau of Energy Resources, December 27, 2019.

法案授权特朗普政府采取冻结承包商资产及撤销美国签证等手段，制裁北溪-2项目相关企业及人员。美国此举引发德国等欧盟成员国的强烈不满。如何处理同美国特朗普政府的关系，维护欧盟的利益，将是对冯德莱恩"注重地缘政治"的欧委会的重要考验。在美欧关系上，冯德莱恩表示，欧盟依然将美国视作最重要的伙伴，试图为双方之间的紧张关系降温。但是，在可望的将来，美国和欧洲之间的摩擦没有减少的迹象。

（三）欧盟新班子的新理念

面对这些外部压力和挑战，2019年12月1日，欧盟新一届领导人正式就职后，努力尝试将压力转为促生欧盟内部凝聚力的动力。冯德莱恩在多次表态中均阐明将地缘政治、绿色战略、英国"脱欧"和欧美关系等作为欧盟今后五年对外关系的战略重点。在政策理念层面上，地缘政治和绿色战略较有新意。

第一，地缘政治。法国总统马克龙曾警告称，在中国和美国的斗争中，欧洲有"在地缘政治上消失"的危险。事实上，目前欧洲上下对此已经深感忧虑。有欧洲议会议员重提"欧洲小国论"，即欧洲有两种类型的小国，一类是小国，还有一类是还没有意识到自己是小国的小国。[1] 面对中、美、俄等大国之间的复杂博弈，欧盟和成员国领导人迫切想要在全球政治格局中发出自己的声音。因此，冯德莱恩在多次讲话中公开强调，她领导的欧委会将是一个"注重地缘政治"的委员会，她不喜欢给欧委会加任何前缀，但如果一定要有一个，那必须是"地缘政治"。她宣称，"欧盟必须自信、团结和强大，在世界上发挥作用，让世界更需要欧洲"。[2] 她的这些言论，被一些观察家解读为她"欧洲第一"理念的体现。[3]

---

[1] 来自课题组成员赵晨2019年12月初在欧洲议会同欧洲议会绿党党团议员莱哈德·布特科夫（Reinhard Buetikofer）的交谈内容。

[2] Lili Bayer, "Meet von der Leyen's 'geopolitical Commission'", *The Policopro*, December 4, 2019.

[3] Brain Mcgleenon, "EU Nightmare: von der Leyen Faces Post - Brexit Crisis - States on Brink of Budget Nightmare", December 2, 2019, https：//www. express. co. uk/news/world/1212042/eu - news - EU - budget - crisis - ursula - von - der - leyen - brexit - germany - merkel.

"地缘政治"在德语和法语中有不同含义。在德语中，这个词因与 20 世纪德国两次发动世界大战的理论依据——"生存空间"相关，曾带有鲜明的对外扩张意味，一度被警惕且遭到政治人物的弃用。法语和英语里的"地缘政治"则是一个中性词，是一种根据地理要素，处理大国关系的现实主义概念。冯德莱恩 2019 年底以"地缘政治"作为欧委会的标签，显然是选取了"地缘政治"的后一种解释，显示出欧盟对外战略向现实主义的回归，欧盟领导人未来将在多极化进程进一步加速的世界格局中重视处理大国关系，意在以强化欧盟内部协调力度和一致性来应对全球变局。欧盟目前已在外交事务等领域放弃一票否决制，实行绝对多数通过制等程序，期望从制度上提高其对外行动力和决策的效率。

尽管提出将"地缘政治"作为对外行动的主导思想，欧盟新一届领导人如何将这一理念落实在具体行动上还有待观察。展望未来，冯德莱恩的"地缘政治"欧洲策略面临着多方面的挑战，包括通过"欧洲绿色协议"、对美关系、欧洲防务、竞争政策、外资审查、网络安全以及巴尔干问题等。巴尔干地区向来是大国地缘政治的角力场。历史经验表明，巴尔干地区的稳定和繁荣对于整个欧洲的稳定与繁荣至关重要。该地区除了欧盟之外，美国、俄罗斯、土耳其均有重要的政治、经济、军事和文化影响力。该地区的阿尔巴尼亚 2009 年 4 月即申请加入欧盟，2014 年 6 月成为候选国，而北马其顿则在 2004 年 3 月申请入盟，2005 年 12 月就已成为候选国。但是，由于种种原因，两国至今仍未同欧盟正式开展入盟谈判。长期将阿尔巴尼亚和北马其顿入盟问题搁置，不仅不利于欧盟的稳定和繁荣，也有损欧盟的信用和声誉，打击两国及其他希望加入欧盟的国家的积极性。欧盟在这种"地缘政治"问题上明显缺乏行动能力，无疑会给其实施"地缘政治"的前景蒙上阴影。

第二，绿色战略。欧洲绿色战略是新一届欧盟领导人最优先施政的议题之一。冯德莱恩在接受访问时曾表示，在所有的议题中，推动实施"欧洲绿色协议"以致力于在 2050 年实现欧洲"碳中和"是她最关注的议题。她宣称，"绿色主线将贯穿我们所有的政策——从交通到税收，从食品到农业，从工业到基础设施"，"随着我们绿色新政的推行，我们将投资于清洁能源和扩大碳排放交易，我们还会大力推动循环经济并保护欧洲的生物多样性"。①

根据 2015 年《巴黎协定》的承诺，欧盟在 2030 年需要将碳排放在 1990 年的基础上削减 40%，而针对 2050 年则未设置确定的目标。讨论中的"欧洲绿色协议"提高了欧盟已有的减排目标。根据该协议，欧盟在 2030 年必须把碳排放量降低至 1990 年的 50%，到 2050 年，使欧洲在全球范围内率先实现"碳中和"，成为第一个达到"碳中和"目标的大陆。这意味着，到 2050 年，欧洲的温室气体排放将不再是导致全球变暖的因素之一。根据她的计划，欧盟将于 2020 年 3 月通过立法形式确定减排目标，并于 2021 年开始向特定产业中污染程度高的外国企业征收"跨境碳排放税"。

冯德莱恩把"欧洲绿色协议"视为欧盟新的发展策略，她表示："针对如何应对气候变迁，我们仍没有完整的答案，但今天是该过程的起点。对欧盟来说，这是我们的'登上月球'的一刻。"② 她宣称，这一协议将不仅能够减少碳排放，还将在改善欧洲人生活质量的同时促进经济发展。欧盟的数据显示，该地区 1990 年到 2018 年间的碳排放量减少了 23%，而欧盟整体经济同时期则增长了 61%。当然，达到这一富有雄心的目标并非轻而易举。根据测算，为实现"碳中和"，欧盟到 2030 年间，必须要每年调动 1750 亿至 2900 亿欧元的投资，以改善能源系统和基础设施。为此，冯德莱恩宣布，欧委会将发起一项"可持续欧洲投资计划"，在未来十年内促进高达 1 万亿欧元的投资，以确保协议目标的实现。

"欧洲绿色协议"展现了新一届欧盟领导人坚持和强化欧盟在气候变化政治领域的领导者地位的雄心。在宣誓就职仪式后的第二天（12 月 2 日），

---

① Ursula von der Leyen, "Europe Must Lead on the Climate Crisis. The European Green Deal Shows How", December 11, 2019, https：//www.theguardian.com/commentisfree/2019/dec/11/europe – climate – crisis – european – green – deal – growth.

② 《欧委会通过〈绿色协议〉，成员国支持为成败关键》，2019 年 12 月 12 日，http：//www.chinanews.com/gj/ 2019/12 – 12/9031626.shtml。

冯德莱恩即赶赴马德里，出席一年一度的联合国气候变化大会开幕式。在演讲中，她重点介绍了欧盟委员会推出的"欧洲绿色协议"。冯德莱恩毫不避讳地宣扬欧盟在遏止气候变化领域的示范角色和领导力，宣称"欧盟在气候变化领域可以是也必须是一个先行者"①，希望"欧洲绿色协议"能够成为其他国家的行动范例，引领全球气候治理行动，达成一个"全球绿色协议"。尽管雄心勃勃，冯德莱恩的绿色协议对于以波兰、捷克、匈牙利和斯洛伐克为代表的中东欧国家来说却是一项严峻的挑战，这些国家依然普遍高度依赖煤炭等化石能源，相比其他能源结构已经相对清洁化的欧盟国家来说，它们需要付出更大的努力来实现能源转型，因此对于这一协议普遍持保留和观望态度。波兰总理莫拉维茨基就表示："波兰的能源转型成本高于那些有机会依靠多种能源来维持自身经济的国家，我们不同意以损害波兰经济为前提的任何提议。"②

为缓解对中东欧部分国家可能造成的冲击，"欧洲绿色协议"将建立一个1000亿欧元的"转型资金公平供给机制"。该机制旨在积极解决成员国从化石燃料转移到气候友好能源过程中产生的就业和社会问题，以加速气候行动，创造就业机会，并指导公众行为。冯德莱恩直言，"我们承认，波兰能源结构转型还有很长的路要走，因此我们需要更多时间来研究细节"③，承诺将"不会让任何一个成员国掉队"④。但最终由于严重依赖煤炭的波兰要求将实现"碳中和"目标定于2070年，欧盟理事会新主席米歇尔不得不将此议程延迟至2020年6月，期望在与波兰另开特别会议、解决分歧后再行推进。尽管"欧洲绿色协议"从长远来看可能对欧洲的国际地位和经济发展产生积极影响，但冯德莱恩必须小心，考虑到欧盟机构和主要成员国同

① Lili Bayer, "Meet von der Leyen's 'Geopolitical Commission'", December 4, 2019, https：//www. politico. eu/article/ meet – ursula – von – der – leyen – geopolitical – commission/.

② 王林：《欧盟强推"绿色新政"引争议》，《中国能源报》2019年12月23日。

③ 王林：《欧盟强推"绿色新政"引争议》，《中国能源报》2019年12月23日。

④ Dave Keating, "New EU President Tells U. N. Leaders World Must Act Now on Climate", December 2，2019, https：//www. forbes. com/sites/davekeating/2019/12/02/new – eu – president – tells – world – leaders – we – have – to – act – now – on – climate/#257137491c38.

中东欧国家之间在难民和价值观等议题上已经广泛存在的分歧，不能让气候变化和能源转型加剧这种分歧。

整体来看，欧盟新一届领导人已经感受到了全球政治格局变化带来的压力，因此重拾"地缘政治"的概念，并将绿色战略作为其首推的施政重点，希望借此打开局面，展现欧洲在全球政治议题上的领导力。但目前，在其面临的两大最棘手外部问题——英国"脱欧"和对美关系上，欧盟依然处于被动应对的状态，难以有实质性作为，这一定程度上暴露了欧盟固有的软肋。尽管目前欧盟已有压力和一定的动力加入大国竞争和进入地缘政治博弈，但其内部碎片化和政治意愿不足的问题仍未得到解决，这将成为其作为一个"地缘政治"玩家走向世界政治舞台道路上的最大的障碍。

三 欧洲发展趋势

（一）2020年欧洲经济增长有望回升

2020年欧洲经济增长仍将面临内外双重压力考验。虽然中美贸易谈判的最新进展短期内缓和了国际经贸领域的紧张局势，但是关于全球价值链的未来结构和技术创新领域的竞争必将长期存在，全球经济增长前景总体难言乐观。经合组织（OECD）在2019年11月的经济展望中表示，预计2019～2020年全球经济增速将降至2.9%，为10年来的最低水平。[1] 2019年11月，欧盟委员会发布报告预测，2019年欧元区国内生产总值增速将为1.1%，2020年将增长1.2%。[2] 但是年初全球暴发COVID-19疫情给欧洲经济造成重创，实现这一目标基本上已无可能。不过，长期而言，进入21世纪20年代，以下几个方面或将为欧洲经济增长提供机遇。

---

[1] *OECD Economic Outlook*，*November 2019*，https：//www. oecd - ilibrary. org/economics/oecd - economic - outlook - volume - 2019 - issue - 2_ 9b89401b - en.

[2] *European Economic Forecast*，*Autumn 2019*，https：//ec. europa. eu/info/sites/info/files/economy - finance/ip115_ en_ 0. pdf.

第一，全球市场不确定因素减弱，贸易有望逐渐复苏。中美初步达成贸易协定以及英国"脱欧"形势的逐渐明朗使得贸易的不确定性因素大大减少，另外受新兴市场和发展中经济体的需求带动，国际贸易有望在2020年出现复苏。国际货币基金组织（IMF）预测，全球贸易增长将在2020年恢复到3.2%，在随后几年恢复到3.75%。① 外部环境的逐渐好转，可能为欧洲经济发展提供更多机遇。目前，欧盟国家已先后出台旨在刺激经济增长的政策，长期以来以稳健著称的德国内部暂缓"债务刹车"、出台刺激政策、加大基础设施投资等呼声也越来越强烈。在此背景下，默克尔政府坚持零赤字政策，但同时也提出一项540亿欧元的一揽子经济刺激计划。

第二，维护多边主义的努力有望激发贸易投资新活力。在多边关系中，新一届欧盟委员会更加强调"战略自主"和"经济独立"，希望联合广大中间地带国家走出不同于中、美的"第三条道路"，在多边贸易规则上发挥引领作用，积极推动世界贸易组织改革和数字贸易规则制定。在WTO层面，希望加快世贸组织上诉机构改革，推动多边谈判，弥补规则漏洞，营造公平竞争的环境。在数字经济方面，争夺国际数字经济规则制定权，积极推动欧洲标准，希望在5G网络、人工智能、物联网等新一代数字技术标准制定中发挥引领作用，支持征收数字税，声称如果无法在2020年形成共识，将单独行动建立数字服务税收规则。

第三，双边经贸合作助推欧洲外向型经济坚实发展。在维护多边体制的同时，欧盟注重与其他国家的双边自贸协定谈判。2019年11月21日，欧盟与新加坡自由贸易协定正式生效，欧盟和新加坡在更大范围的市场准入、更大规模的取消关税、减少技术贸易壁垒等方面有了重大突破。该协议的签订标志着欧盟与东盟国家关系进入了新篇章，一方面有助于欧盟保持在这一

---

① *World Economic Outlook*, *October 2019 Global Manufacturing Downturn*, *Rising Trade Barriers*, https：//www.imf.org/en/Publications/WEO/Issues/2019/10/01/world – economic – outlook – october – 2019.

地区的贸易顺差地位，另一方面有利于欧盟输出经贸规则。① 继 2019 年 2 月 1 日生效的与日本双边《经济伙伴关系协定》（EPA）和《战略伙伴关系协定》（SPA）以后，11 月 "欧盟—日本可持续互联互通和高质量基础设施伙伴关系" 的达成，标志着欧盟—日本基础设施合作进入新阶段。② 2019 年欧盟还与南方共同市场签署了自贸协定，③ 并且正式启动了与澳大利亚、新西兰之间的双边自贸协定谈判，与中国的双边投资协定谈判也在紧锣密鼓地进行，有望为欧洲经济提供新的增长点。

第四，推进欧洲内部治理改革，促进欧洲国家共同发展。从新一届欧委会提出的施政纲领来看，一是实施积极的财政政策，在遵守财政纪律的前提下，增加预算支持欧元区结构性改革和投资，建立银行业联盟和统一存款保险制度，统一企业所得税税基，简化成员国税收规则，加大对中小企业支持力度，设立 "公私合作基金" 提供融资支持。二是加强欧洲内部团结，继续强化经济货币联盟，提高欧元的共同货币作用及国际地位，建立全面欧洲法治机制，捍卫法治精神。三是实施 "欧洲社会权利支柱" 计划，全面执行最低工资标准，改善劳动环境，保障性别平等。

第五，绿色化和数字化发展或将提供新动力。欧委会新任主席近期提出 "欧洲绿色协议" 通讯文件和《年度可持续增长战略》，为欧洲制定了经济和就业政策策略，数字化和绿色化成为欧洲经济发展的重点。④ 在绿色化方面，提出在 2050 年建成 "气候中性" 大陆，扩大碳排放交易体系覆盖领域，分行业推出 "碳边境税" 试点，将欧洲投资银行转化为 "气候银行"，未来十年推出 1 万亿欧元的 "可持续欧洲投资计划"，为相关项目提供资金

---

① 《欧盟－新加坡自贸协定将于 11 月 21 日生效》，http：//sg. mofcom. gov. cn/article/gqjs/201911/20191102911696. shtml。

② 《欧盟和日本签署可持续互联互通伙伴关系协议》，http：//eu. mofcom. gov. cn/article/jmxw/201910/20191002906442. shtml。

③ 《欧盟与南方共同市场和越南签协议》，http：//www. oushinet. com/europe/other/20190630/324808. html。

④ "Green deal for Europe：First reactions from MEPs"，https：//www. europarl. europa. eu/news/en/press - room/20191203IPR68087/green - deal - for - europe - first - reactions - from - meps.

支持。① 在数字化方面，修订《数字服务法案》，强化平台监管责任，计划推出"人工智能道德指南"，大力发展教育及技术培训，更新"数字教育行动方案"，在 2025 年建成欧盟教育区，以《一般数据保护条例》为引领，加强数据流动监管和个人隐私保护。

（二）政局趋于平稳过程中的风险点

对欧洲政治而言，2020 年是一个特别重要的历史时刻。21 世纪第二个十年，欧洲政治因变局而危机不断、问题缠身；未来新的十年，欧洲政治可能逐步形成新的格局，从而重归平衡和稳定。2019 年，新的欧盟领导人上任，开启了新的政治周期和政治方向。在调整期内，欧洲政治不稳定的风险依然存在，欧洲治理体系难以迅速改善、治理能力难以有效提升，英国"脱欧"对欧盟未来的影响尚难评估，成员国国内经济与社会改革遭遇的困难不会消除。但即使如此，欧洲政治由"乱"企"稳"的趋势依然明显。

总体而言，欧洲政党政治正在形成新的格局：欧洲传统中间派政党尤其是中左政党迅速走弱、失去长期执政地位，新兴中间派兴起，有望与传统中间派共同成为欧洲新的政治主流。激进的民粹政党崛起后逐渐走向"主流化"，法国国民联盟、奥地利自由党、意大利"五星运动"、希腊激进左翼联盟的"疑欧"立场弱化。一方面，这在其进入政府之后表现得尤其明显。例如，崛起过程中最为激进的意大利"五星运动"执政后迅速走向建制化，对欧洲一体化的态度发生重大变化。另一方面，激进政党为了继续留在联合政府中，往往必须做出一定妥协，逐渐放弃原来的一些激进主张。例如，奥地利自由党在与人民党组成联合政府后明确指出，不会就奥地利的欧盟成员国身份举行全民公投。

但是，欧洲形成比较稳定的政治新格局肯定是一个漫长的过程，在这个过程中发生动荡在所难免。2020 年，欧洲政治主要有三个风险点。

---

① "The European Parliament Declares Climate Emergency"，https：//www. europarl. europa. eu/news/en/press－room/20191121IPR67110/the－european－parliament－declares－climate－emergency.

一是法国社会抗议可能再起波澜。由于两极分化和社会撕裂不断加深，近年来法国不断爆发大规模、长期性、暴力性的社会抗议活动，从"黑夜站立"到"黄马甲"运动，再到2019年末的大规模罢工潮，法国社会危机不断，给马克龙执政的稳定性造成挑战，在很大程度上制约了法国社会改革的进程。在高度碎片化的利益格局中，马克龙政府难以协调各种利益攸关方的政策诉求，更难在这种局面下全面协调经济发展、社会稳定和政治平衡。目前，马克龙的支持率在35%左右波动，保持这种势头有望在2022年总统选举中胜出。但是，由于法国政党新格局尚在调整之中，未来存在很大的不确定性。2020年，法国将举行的市政选举将成为检验马克龙执政绩效的一份重要考卷。

二是"后默克尔时代"的德国在政治上具有不确定性。2018年12月，默克尔宣布不再竞选基民盟主席职务，2021年总理任期届满后将退出政坛。默克尔在基民盟的继任者安妮格雷特·克兰普－卡伦鲍尔（Annegret Kramp-Karrenbauer）素有"小默克尔"之称，被默克尔寄予厚望。但她的表现令人失望，据德国媒体报道，2019年卡伦鲍尔的民意支持率不断下滑，她想让默克尔尽快离任的努力失败，反而把党内搅动得一片混乱。2020年2月10日，卡伦鲍尔宣布辞职，后默克尔时代的"接班人"问题再成"悬案"。2019年欧洲议会选举中，执政的基民盟和社民党遭遇滑铁卢，社民党主席引咎辞职。2019年12月初，社民党出人意料地选出两名主张退出"大联合政府"的新主席，默克尔政府提前倒台的风险上升。目前，另类选择党在德国政坛中已经站住阵脚，支持率稳定在14%左右，影响力正从德国东部扩展到德国西部。德国两大主流中间政党的内部分歧激化，社民党新任主席诺贝特·瓦尔特－博尔扬斯（Norbert Walter-Borjans）和萨斯基娅·艾斯肯（Saskia Esken）的领导力也受到广泛质疑。2019年12月，德国电视二台（ZDF）政治晴雨表的数据显示，62%的受访者不相信社民党新任主席将会取得成功。德国历来是欧洲政治的稳定之锚，目前德国政局的不确定性将给德国乃至欧洲政治的未来走势蒙上阴影。

三是中东欧国家政治走势值得关注。近年来，匈牙利、波兰等国具有民粹色彩的激进政党长期执政，在政治上具有反精英立场、本土主义、疑欧主义、保护主义、威权主义和民族主义的色彩。由于在经济上取得较好业绩，这些政党的执政基础比较稳固。但是，2019年随着经济形势不佳，波兰爆发抗议政府修宪、匈牙利青民盟在地方选举中遭遇败绩、捷克总理因贪腐引发大规模抗议，中东欧政治可能走向一个新的不稳定期。在欧盟层面上，维谢格拉德集团（包括波兰、匈牙利、捷克共和国和斯洛伐克）已经成为足以令德、法头疼的重要力量。目前，在内政和外交上，欧盟都面临着新老成员国之间分歧的挑战。随着这些国家政局的变化，欧洲一体化的前景可能出现新的不确定性。

2020年，欧洲政治仍将受到民粹主义崛起的影响。一方面，民粹主义改变了欧洲政治参与的方式，各色激进的新兴政党迭出、大规模社会抗议频繁发生，推动欧洲政党格局走向碎片化，政治整合度降低，从而进一步影响欧洲政治的决策效率和执行效果，给欧洲未来的改革与发展蒙上阴影。另一方面，在主要民粹政党走向常态化、温和化、主流化的同时，作为欧洲政治主流的中间政党不得不回应具有民粹色彩的政策诉求，甚至在组织形式和政策趋向上出现"民粹化"的迹象。经由这种路径，民粹主义的快速发展和民粹政党的兴起不仅对欧洲主流政党的执政地位提出了挑战，而且在一定程度上改变了欧洲的政治话语和政党氛围，而这将给欧洲政治的未来发展造成深远影响。

（三）欧洲一体化进入调整期

欧洲的变化是"百年未有之大变局"的重要组成部分。欧洲未来的走势将对世界产生重要影响。欧洲的未来取决于欧洲一体化的前景，如基辛格所言，一体化的欧洲尚可成为世界一极，否则只能是一些对世界毫无影响力的二流国家。从目前情况看，欧洲一体化将进入一个深度调整的时期，短期内欧盟作为一个整体的影响力很难明显提升，而这将给多极化世界格局的走势造成深远影响。

第一，欧盟面临整合力下降的困局。成员国内部的政治变化从根本上限制了欧盟的行动能力。历史上，欧洲一体化一直采用精英推动模式，经济利益一直是最重要的推动力。随着民粹政党影响力的不断上升，欧洲一体化进入一个政治主导时期。近年来，欧洲政治舞台上政党与利益集团的竞争加剧，主流政党的凝聚力、支持率下降，激进政党对欧洲政党政治的整合能力造成冲击，各种诉求的社会运动取代政党竞争，成为欧洲政治的重要组成部分，欧洲整体政治生态呈现碎片化、对立性、竞争性、复杂化的特征。由于政治整合力下降，欧盟成员国在欧洲政策议题上的矛盾比以往更加凸显，达成共识和妥协的空间越来越有限，"否决政治"随之成为常态，这使得未来欧盟只能在争议较小的领域采取共同行动，对事关欧盟未来发展大局的经济与社会问题的治理能力受到严重制约。

第二，欧盟面临领导力不足的困局。当前，欧洲一体化进程正处在一个十字路口。按欧盟委员会前任主席让－克洛德·容克（Jean-Claude Juncker）的说法，2025年欧盟的五种设想包括"延续""只作为单一市场""愿者多做""少但高效""抱团做更多"。① 面对"民族国家回归"的潮流，指望成员国让渡更多主权推进欧洲一体化是不现实的。因此，在这五条道路中，差异性一体化应该是目前最可行的推进一体化的方式，但是会扩大"核心欧洲"与"边缘欧洲"之间的矛盾与分歧，使得欧盟整体上更趋松散。在这种情况下，欧盟领导人必须保证欧洲一体化进程持续运作，既能保证经济有效运转，又要关注社会资源再分配；既要凝聚内部身份认同，又要强化欧盟战略自主。要达到这种平衡，既需要欧盟领导人的智慧，又要获得成员国和民众的支持。到目前为止，欧盟新领导班子在一体化路径上并没有明确的态度，而是试图把增强欧盟"地缘政治"实力和推进"绿色战略"这两个成员国之间争议较小的领域作为工作的重点，这说明在推进欧洲一体化与维护成员国团结方面左右为难的困境已经严重制约了欧盟新班子的领导力，而这将给欧洲一体化的未来发展蒙上阴影。

---

① European Commission, *White Paper On the Future of Europe*, *Reflections and Scenarios for the EU27 by 2025*, Brussels, 1st March, 2017.

欧洲一体化调整期是在地缘政治博弈加剧与美国单边主义冲击的背景下发生的，这无疑会加剧欧洲整体上的战略焦虑，欧盟新班子对"地缘政治"的强调说明欧盟正在呼吁成员国战略觉醒，从而走向战略自主。然而，政治与社会的碎片化反映到欧盟外交层面上，则体现为成员国在对外政策上缺乏一致性，共同外交政策的执行力持续下降。在这方面，似乎只有受"戴高乐主义"外交传统影响的法国先行一步，正在欧洲外交、防务与安全等领域扮演引领者角色。马克龙提醒欧洲国家要认清当今地缘政治现实，反思西方自由主义秩序，强化欧盟的主权思维和战略自主性等。但是，马克龙的这种态度在欧盟内部尚未得到广泛的回应，德国的软弱和中东欧的反对限制了欧洲在多极化世界上成为一极的可能性。从欧盟新领导班子的理念看，欧盟调整期内有可能集中致力于扮演全球气候变化治理的领导角色，通过坚持和维护多边主义来实现欧洲在外交和安全领域的战略自主性，同美国的关系将会继续进行"再平衡"，而同俄罗斯的关系有可能出现一定的缓和。这种看似全面的外交框架在多大程度上能够得到落实有待观察，但从目前欧盟落实"绿色战略"遭遇中东欧成员国的抵制看，恐怕前景很难乐观。

就中欧关系而言，2019 年习主席两度访欧，中欧全面战略伙伴关系发展总体上保持稳中向好势头。双方高层交往密切，战略互信继续巩固，政治互信继续不断增强，合作领域更加广泛，利益融合日趋深入，人文交流亮点纷呈，在国际和地区事务中的沟通与协调得到加强。但是，同时应该看到，在欧洲一体化的调整期，欧洲对华认知正在发生重大变化，对华政策的"两面性"更加明显。2019 年 3 月 12 日，欧盟委员会公布《欧盟与中国——战略前瞻》（EU-China—A Strategic Outlook），明确将中国视为"系统性对手"（systemic rival），反映出欧盟对华政策中的焦虑情绪与戒备心理。一方面，欧盟认为中国不能再被视为发展中国家，应该承担更多国际责任。另一方面，欧盟又将中国视为在众多政策领域拥有相同或相近目标的合作伙伴，在应对气候变化、伊核问题、欧亚互联互通、世贸组织改革等方面应与中国加强合作。因此，欧盟希望深化与中国合作、促进全球共同利益，寻求平衡与互惠的中欧经济关系，呼吁成员国适应中国高速发展的现实变化，强化内部政策与产业基础以增强对华经济竞争力。在多极化世界中，欧盟仍可成为我国重要的国际合作伙伴。2019 年 12 月 15 日，国务委员兼外长王毅在西班牙马德里出席亚欧外长会议期间同欧盟新任外交与安全政策高级代表何塞·博雷利（Josep Borrell）举行会谈时指出，中欧关系已站在新的历史起点上。2020 年是中国欧盟建交 45 周年，也是新一届欧盟机构的开局之年。按原定计划，2020 年上半年中国—中东欧领导人峰会将在北京举行，下半年由德国提议的中国—欧盟"全家福"峰会（英国"脱欧"后将成为"27＋1"）将在莱比锡举行，此外中国还希望择机尽早在华举行第二十二次中国—欧盟领导人年度会晤。这些密集高层交往，将为双方合作带来新的强劲动力，给中欧关系的持续发展创造良好的政治氛围，使中欧关系成为多极化时代新型国际关系的一个良好范例。

课题组组长：田德文

课题组成员：任吉蕾　赵　晨　贺之杲　张　超　赵纪周①

① 田德文，中国社会科学院欧洲研究所副所长、研究员；任吉蕾，商务部研究院助理研究员；赵晨，中国社会科学院欧洲研究所研究员；贺之杲，中国社会科学院欧洲研究所助理研究员；张超，中国社会科学院欧洲研究所助理研究员；赵纪周，中国社会科学院欧洲研究所助理研究员。

非洲形势分析与展望

摘　要： 2019 年，非洲整体局势平稳发展，但政治、经济、安全均面临不确定性挑战。政治上，有关国家大选顺利进行，政治转型步伐明显加快，但少数国家政权出现非正常更迭或者内部动乱；经济上，增长速度延续复苏态势，一体化进程取得重大进展，但国家间经济分化特征加剧，且深受外部经济环境和安全形势等因素影响；安全上，继续保持整体向好态势，局部地域挑战严峻，非传统安全问题日益凸显；对外关系方面，世界主要大国此起彼伏重视非洲并加大投入，非洲的国际地位与日俱增，国际对非合作的竞争态势明显加强，中非合作面临新的复杂局面。

关键词： 非洲　政治转型　经济复苏　自主发展　非传统安全国际对非合作

非洲是发展中国家最集中的大陆，有 54 个国家，发展潜力巨大，却深受域外因素影响。在 2019 年国际风云多变的背景下，非洲大陆政治和安全形势总体向好，经济缓慢复苏，一体化进程加速，大国对非合作势头强劲，自主发展取得显著成效。展望未来，非洲能否延续自主发展的良好势头，取决于自身的努力和国际社会的协同配合。

一　2019年非洲政治转型步伐加快

2019 年非洲政治局势总体平稳，选举政治趋于理性与正常，政党之间的竞争愈发激烈，非洲各国正在加快政治转型的步伐。与此同时，一些非洲国家出现了新问题：北非新一轮政局动荡引发苏丹和阿尔及利亚政权更迭，南非、埃及和埃塞俄比亚等地区大国则发生了排外骚乱、反政府示威游行和未遂兵变等事件。

（一）多国大选平稳举行，政治转型步伐加快

2019 年，非洲共有 20 多个国家举行总统、议会和地方政府等各级政府选举。这些选举有两个现象值得关注：一是困扰非洲多年的"逢选易乱"问题大幅改善；二是各国政党之间的竞争更加激烈，执政党虽大多能保持执政地位，但不乏在大选中失利者，且不少老牌政党支持率明显下降。上述现象均凸显非洲各国正稳步推进国家政治转型的进程。

1. "逢选易乱"现象大幅改善

2019 年，非洲先后有 13 个国家举行大选，分别为刚果（金）、塞内加尔、尼日利亚、南非、马拉维、毛里塔尼亚、突尼斯、莫桑比克、博茨瓦纳、纳米比亚、阿尔及利亚、毛里求斯和几内亚比绍。虽然这 13 场大选有的多次推迟进行，如刚果（金）总统选举从 2016 年一直推迟到 2019 年 1 月，有的经历了选举前局势动荡，如上文提及的阿尔及利亚，还有的国家经历了第二轮选举，如几内亚比绍在 2019 年 11 月 24 日首轮选举中没有候选人得票率超过 50%，只好在 12 月 29 日举行第二轮选举，但总体而言大多平稳进行，无论选前、选中还是选后，都没有引发国内局势大幅动荡，困扰非洲大陆多年的"逢选易乱"、"逢选必乱"和"输家政治"① 等问题明显改善。

当然，这并不是说非洲国家在选举中已完全克服了这些问题，而是说这些问题已不像以前那么严重：选举骚乱即使出现，规模也已经变小；反对派即使不满意选举结果，也多以符合宪法和非暴力的方式进行抗议。在这 13

---

① 关于输家政治问题，可参见张春、蔺陆洲《输家政治：非洲选举与族群冲突研究》，《国际安全研究》2016 年第 1 期，第 117～145 页。

场大选中，南非、马拉维、突尼斯、博茨瓦纳、纳米比亚、毛里求斯和阿尔及利亚等国选举均平稳进行，在尼日利亚、塞内加尔和莫桑比克等国家，则出现小规模选举骚乱或落选方拒绝接受选举结果现象。在 2 月 23 日举行的尼日利亚总统选举中，现任总统、全体进步大会党候选人穆哈马杜·布哈里以 55.6% 的得票率获胜，人民民主党候选人阿提库·阿布巴卡尔拒绝接受败选结果，要求在多个州重新投票。在 2 月 24 日举行的塞内加尔总统选举中，现任总统马基·萨勒以 58.26% 的得票率击败前总理伊德里萨·塞克。选举结果公布后，包括首都达喀尔在内的大城市发生抗议和骚乱活动，共造成 20 多人死亡。在 9 月 15 日举行的莫桑比克大选中，现任总统、莫桑比克解放阵线党候选人菲利佩·雅辛托·纽西以 73% 的得票率获胜，但反对党莫桑比克抵抗运动指责执政党操纵选举，拒绝承认选举结果。不过，即便出现了一些问题，这三个国家最终还是维持了选举结果。

2. 多党选举竞争激烈，老牌政党支持率下降

自 20 世纪 80 年代末以来，非洲的民主政治发展历程已持续了 30 多年的时间，除早期的混乱与无序外，各国的多党选举已越来越正规，且呈现出越来越激烈的竞争态势：执政党虽仍可凭借手中的资源而占据较大优势，但反对党的力量也在不断上升，不但给予一些老牌执政党以强有力的挑战，甚至在一些国家最终战胜执政党而上台。

在 2019 年的这 13 场大选中，尼日利亚、南非、莫桑比克、博茨瓦纳、纳米比亚、马拉维、毛里塔尼亚、毛里求斯和塞内加尔的执政党均取得胜利，且除毛里塔尼亚之外，其他 8 个国家的领导人都成功留任。在其余 4 个国家中，阿尔及利亚因政局动荡推迟选举，新任总统阿卜杜勒－马吉德·特本曾在布特弗利卡政府时期担任总理，突尼斯、刚果（金）和几内亚比绍均是反对党获胜，其中突尼斯为政坛新人和独立候选人凯斯·赛义德，刚果（金）为民主与社会进步联盟候选人费利克斯·齐塞克迪，几内亚比绍为民主更替运动（15 人小组）候选人乌马罗·西索科·恩巴洛。这三国的执政党在败选后，均承认选举结果并顺利交接政权，这说明通过合法选举进行政权更迭已成为非洲大多数国家的共识。

不过，尽管大多数执政党都在选举中取得胜利，但有些长期执政的老牌政党因遭到反对派强有力的挑战，支持率大幅下降。在 5 月 11 日的大选中，南非执政党非洲人国民大会（非国大）赢得南非国民议会 400 个议席中的 230 个，现任总统西里尔·拉马福萨当选，但非国大仅获 57.5% 的选票，为 1994 年以来新低。与之相比，最大反对党民族联盟则获 20.7% 的选票和 84 个议席，以青年人为基础的黑人左翼政党经济自由党获 10.7% 的选票和 44 个议席，非国大一党独大的局面继 2016 年地方选举失利后再次遭到削弱。在 10 月 23 日举行的大选中，博茨瓦纳民主党赢得国民议会 57 个议席中的 29 个，现任总统莫克维齐·马西西当选，但从选票情况来看，民主党得票率不足 50%，反对党民主改革联盟在民主党前领导人、前总统伊恩·卡马的支持下给民主党带来了重大挑战。纳米比亚在 11 月 27 日举行大选，现任总统、西南非洲人民组织候选人哈格·根哥布以 56.3% 的选票连任，但与 2014 年 87% 的得票率相比大幅下降。在议会选举中，西南非洲人民组织以 65.5% 的得票率获得 96 个议席中的 63 个，与 2014 年相比减少了 14 个，从而首次失去议会的 2/3 多数席位。

（二）北非新一轮政局动荡，相关国家政权更迭

2019 年上半年，北部非洲苏丹、阿尔及利亚出现政局动荡，两国长期执政的领导人奥马尔·巴希尔和阿卜杜勒－阿齐兹·布特弗利卡被赶下台，国际社会一度担忧北非地区将会爆发第二轮"阿拉伯剧变"。

最先发生局势动荡的是苏丹。2018 年 12 月，苏丹因经济低迷、物价上涨，再加上政府突然采取一系列紧缩政策，引发全国范围的民众抗议活动，进而导致严重的政治危机。2019 年 2 月，巴希尔采取一系列缓和政策但效果不佳，政治局势进一步恶化。4 月 11 日，苏丹军方发动政变，巴希尔被软禁，苏丹进入为期 3 个月的紧急状态，并成立由国防部长伊本·奥夫领导的过渡军事委员会。4 月 12 日，阿卜杜勒·法塔赫·布尔汉接任过渡军事委员会主席。此后，过渡军事委员会就组建过渡政府与反对派联盟"自由与变革力量"举行多轮谈判，最终在 7 月 17 日签署关于组建国家过渡时期

治理机构的协议。根据协议，双方将成立由 11 名成员组成的联合主权委员会作为最高权力机构；双方将共同组建部长委员会，授权"自由与变革力量"推选国家过渡时期文职政府总理。① 8 月 17 日，过渡军事委员会与"自由与变革力量"签署宪法宣言，为过渡到文官政府铺平了道路。8 月 20 日，联合主权委员会成立，阿卜杜勒·法塔赫·布尔汉任主席。8 月 21 日，由"自由与变革力量"提名，曾担任联合国副秘书长兼非洲经济委员会执行秘书的苏丹经济学家阿卜杜拉·哈姆多克宣誓就任总理。9 月 8 日，过渡政府 18 名内阁成员宣誓就职。

2019 年是阿尔及利亚的大选年。1 月，布特弗利卡发布总统令，宣布定于 4 月 18 日举行总统选举。3 月 3 日，布特弗利卡确认将参加选举，谋求第五个任期，引发民众大规模抗议。4 月 2 日，布特弗利卡在各方压力下被迫宣布辞职。4 月 9 日，阿尔及利亚民族院（参议院）议长本·萨拉赫被任命为临时总统，并在次日宣布将总统选举推迟到 7 月 4 日。6 月 2 日，阿尔及利亚宪法委员会发表声明，称仅有的两名候选人的申请档案有问题，总统大选被迫推迟。9 月 15 日，本·萨拉赫发表电视讲话，宣布将于 12 月 12 日举行总统选举，前司法部长舒尔菲被选为独立选举监督委员会主席。12 月 12 日，阿尔及利亚大选如期举行，阿卜杜勒－马吉德·特本以 58.13% 的选票当选，并在 12 月 19 日宣誓就职。

截至目前，苏丹和阿尔及利亚已完成政权更迭，国内政局已基本稳定，且局势动荡并未如第一次"阿拉伯剧变"那样产生外溢效应。当下，非洲国家亟须提高政府执政能力和实现政治现代化，改革经济结构并推动经济快速发展，大幅度创造就业和改善民生，从而在根本上解决政治与社会不稳定的根源。

（三）地区大国政治问题频发，国内矛盾乃其引发主因

2019 年，非洲地区大国政治局势总体稳定，但南非的排外骚乱、埃及

---

① 马意翀：《苏丹过渡军事委员会与反对派正式签署组建国家过渡时期治理机构的协议》，2019 年 7 月 17 日，http：//www. xinhuanet. com/2019－07/17/c_ 1124766728. htm。

的反政府示威游行，以及埃塞俄比亚的未遂兵变和暴力骚乱事件，已引起国际社会的广泛关注，并在民族主义、民粹主义和政治稳定等问题上给这三个国家敲响了警钟。

2019 年 9 月，南非约翰内斯堡、比勒陀利亚和开普敦等地发生大规模排外骚乱，骚乱者以尼日利亚和赞比亚等国移民为主要目标，共造成至少12 人死亡，数百家商店被毁，400 多人被捕。新南非在 1994 年成立以来，针对非洲其他国家移民的排外事件频发，南非甚至被列为世界上对移民最不友好的国家之一。南非之所以如此频繁地爆发排外骚乱，固然与大量非法移民涌入以及由此导致的一系列社会问题有关，但更与其近年来经济低迷和失业率居高不下，政府移民政策存在重大失误，民粹主义和排外思想泛滥有着密不可分的关系。① 南非 9 月的排外骚乱遭到尼日利亚、刚果（金）、赞比亚、坦桑尼亚和莫桑比克等国民众的抵制、抗议和报复，甚至还导致与尼日利亚等国关系紧张。9 月 4 日，尼日利亚政府宣布召回驻南非大使，并退出在开普敦举行的世界经济论坛非洲峰会。为此，南非总统拉马福萨在 9 月 16 日派遣特使出访尼日利亚，专门就此次排外骚乱事件致歉，两国关系得以缓和。

2019 年 9 月 20～24 日，埃及首都开罗、苏伊士和亚历山大等城市爆发反政府示威游行，要求卷入贪腐丑闻的阿卜杜勒·法塔赫·塞西总统辞职。这是自塞西 2014 年上台以来埃及爆发的规模最大的游行示威活动，起因源于一个名叫穆罕默德·阿里的建筑承包商 9 月初在社交媒体发布视频，指责塞西及军方敛财、贪腐和拖欠工资，从而引发当地贫困人口的强烈不满。② 在埃及安全部队和警察上街镇压并逮捕近 500 人后，此次反政府示威游行很快得到平息。然而，要想解决埃及社会不稳定的根源，即推动经济快速发展和为青年人大量创造就业，以及处理好军队、世俗势力和伊斯兰力量之间的关系，塞西政府还需要付出更多的努力。此外，埃及议会在 2019 年 4 月 16日通过关于总统任期的宪法修正案，据此塞西的本届任期将从 4 年延长至 6

---

① 关于南非排外事件的分析，可见梁益坚、刘国强《褪色的彩虹：南非排外行为解析》，《西亚非洲》2019 年第 5 期，第 68～92 页。

② The Economist Intelligence Unit, *Country Report*: Egypt, October 2019, pp. 22 – 23.

年，且可再连任一次，直至 2030 年。此次反政府游行示威虽最终未对塞西产生重大冲击，但为其接下来的执政蒙上了一层阴影。

埃塞俄比亚在 2019 年可谓多事之秋。6 月 22 日晚，阿姆哈拉州首府巴赫达尔市发生未遂兵变，共造成武装部队参谋长西雷·梅孔嫩和阿姆哈拉州州长安巴丘·梅孔嫩在内的 19 人死亡，近 250 名嫌疑人遭到逮捕。10 月 23 日，在反对派活动家杰沃尔·穆罕默德的煽动下，亚的斯亚贝巴和奥罗米亚州发生暴力骚乱，共造成 78 人死亡，政府随后逮捕了 400 多名骚乱分子。这已不是奥罗米亚州第一次发生暴力骚乱，2016 年 10 月，该州因征地拆迁等问题举行大规模游行示威，并与警察发生冲突造成多人伤亡，埃塞俄比亚政府随后宣布国家进入紧急状态，直到 2019 年 8 月才结束。执政联盟埃塞俄比亚人民革命民主阵线的变动也令人关注。2019 年下半年以来，阿比·艾哈迈德总理一直致力于推动执政联盟向单一国家政党转变，并将新政党定名为繁荣党，称将以繁荣党的名义参加 2020 年大选。此举得到阿姆哈拉民族民主运动、奥罗莫人民民主组织和南埃塞俄比亚人民民主阵线的支持，但遭到提格雷人民解放阵线的坚决反对。12 月 25 日，埃塞俄比亚国家选举委员会向繁荣党颁发正式认可证书，从而为其在 2020 年参加大选铺平了道路。① 埃塞俄比亚民族众多，各民族之间尤其是主体民族奥罗莫族和阿姆哈拉族与提格雷族近年来矛盾不断，上述三个事件均与埃塞俄比亚的民族矛盾有着密不可分的关系。如何调解与缓和民族矛盾，避免再次发生暴力事件，对于 2019 年获得诺贝尔和平奖的阿比而言，可谓任重而道远。

2019 年，非洲大陆政治局势总体平稳，并未发生导致某个国家乃至某个地区局势大幅动荡的恶性政治事件，这说明经过 30 多年的多党民主化进程，非洲各国的政治制度正在逐步走向成熟。尽管如此，苏丹、阿尔及利亚、尼日利亚、埃塞俄比亚和埃及等国的政局动荡、选举纷争和反政府骚乱，为其他非洲国家敲响了警钟。民主选举只是政治发展的其中一个方面，

---

① 《埃塞俄比亚：繁荣党得到正式承认 提格雷人民解放阵线发出威胁》，https：//chinese. aljazeera. net/news/2019/12/26/ethiopia – official – recognition – prosperity – party。

非洲各国要想真正建立并巩固民主制度和维护国内稳定，需要在发展经济、改善民生、提高政府治理能力等方面付出更多努力。

二 2019年非洲经济增长延续复苏态势

2019 年，受全球经济下滑以及大宗商品价格下跌影响，上半年撒哈拉以南非洲地区经济增速放缓，全年国内生产总值增速约为 2.6% ,[①] 各国分化加大，债务可持续性问题显现。

（一）经济在不确定中保持低增长

1. 增速高于2018年，但低于潜在增长率

2019 年上半年，受全球经济增长预期下滑、国际大宗商品国际市场价格下跌、贸易摩擦加剧等多重外部因素影响，撒哈拉以南非洲经济增长放缓。世界银行将该地区经济增速的预测值由前期的 2.8% 下调至 2.6% ，但仍高于 2018 年 2.5% 的增速。[②] 这在一定程度上反映出非洲经济增长的韧性。从需求侧看，尽管大多数工业品价格在 2018 年底急剧下跌后于 2019 年第一季度有所恢复，但第二季度以来，撒哈拉以南非洲国家的出口商品价格大多有所下降，特别是原油和贱金属价格预计低于 2018 年的峰值水平；上半年，外国投资者对非洲投资态度普遍趋于谨慎，下半年，随着《非洲大陆自贸区协议》的生效实施以及一些已承诺的大型绿地项目投资落地，国际对非直接投资意愿加强。仅 2019 年 11 月闭幕的第二届南非投资大会和第二届非洲投资论坛上，总计 245 亿美元和 401 亿美元的投资"大单"得以签署。[③]从

[①] World Bank, *Africa's Pulse：An Analysis of Issues Shaping Africa's Economic Future*，Volume 20，October 2019，p. 1.

[②] World Bank, *Africa's Pulse：An Analysis of Issues Shaping Africa's Economic Future*，Volume 20，October 2019，p. 1.

[③] 《新华社：南非希望通过吸引投资支持经济增长》，http://world. people. com. cn/n1/2019/1107/c1002 – 31443256. html；《"非洲投资论坛"收获401 亿美元投资 承诺"这是属于非洲的时代"》，《经济日报》2019 年 11 月 4 日。

供给侧看，能源矿产以及制造业部门增速适度扩张，而服务业增长势头有所减弱，农业增长因干旱以及安全形势恶化受到抑制。值得指出的是，侨汇收入已成为非洲大陆外部融资的主要来源之一。2019 年流向撒哈拉以南非洲国家的侨汇收入或达 490 亿美元，这一数据不仅比 2010 年增长了 50%，而且超过了对非发展援助和外商投资的数额。①

2. 非资源型国家经济增长好于资源型国家

撒哈拉以南非洲地区经济放缓也使该地区国家间的经济继续分化，呈现显著的双重特征。一方面，对于非资源型国家而言，上半年经济增长相对强劲，公共消费及投资规模均稳步扩张，这主要受益于工业及服务业部门的稳定增长。具体来看，西非地区继续保持强劲增长态势，其中贝宁和科特迪瓦两国位居前列，上半年增速均达 7% 以上，塞内加尔因财政紧缩，GDP 增速只有 6% 左右。② 东非地区整体增长稳定，其中卢旺达受建筑业部门的强力推动，上半年 GDP 增速高达 12% 左右，位居全球前列。而埃塞俄比亚与肯尼亚两国受自然灾害影响，经济增长有所放缓。与此同时，苏丹、津巴布韦、莫桑比克等国或受国内政治局势，或受热带气旋等严重自然灾害影响，经济增长疲软甚至出现萎缩。

另一方面，受石油矿产资源价格下跌影响，撒哈拉以南非洲地区的资源型国家上半年经济增长动力普遍不足。该地区最大的三个经济体——尼日利亚、南非和安哥拉复苏缓慢。尼日利亚 GDP 增速由 2019 年一季度的 2.1% 下滑至二季度的 1.9%，③ 其石油产值虽基本保持稳定，但包括农业和制造业在内的非石油部门表现不佳，拖累了整体经济。南非方面，因电力供应短缺、商业信心减弱、政治不稳定性加剧等因素共同作用，其国内消费、投资及出口均出现下滑，进而导致一季度 GDP 增长出现停滞，但伴随电力供应

---

① 中国驻马里使馆经商处：《侨汇收入已成为非洲大陆主要资金来源》，http：//ml. mofcom. gov. cn/article/jmxw/201912/20191202925297. shtml，2019 年 12 月 14 日。

② World Bank, *Africa's Pulse：An Analysis of Issues Shaping Africa's Economic Future*，Vol. 20，October 2019，p. 10.

③ World Bank, *Africa's Pulse：An Analysis of Issues Shaping Africa's Economic Future*，Vol. 20，October 2019，p. 8.

以及矿业产出的逐步恢复，二季度增速逐渐回升至 0.9% 左右，尽管如此，其官方失业率仍由一季度的 27.6% 上升至二季度的 29%，[1] 这表明南非国内整体经济形势不容乐观。安哥拉因年初石油产量大幅下滑，GDP 结束 2018 年增长态势，一季度仅增长 0.4%，[2] 二季度基本保持稳定。除三大经济体外，乍得、加蓬及刚果（布）因国内石油产量上升，经济实现平稳增长；喀麦隆受服务业快速发展推动，经济增长明显提升；博茨瓦纳、刚果（金）、赞比亚等国受矿业价格下跌及产量下滑双重影响，增速放缓严重；而几内亚、尼日尔等国则受基建投资拉动，经济增速总体保持稳定。

3. 财政收支状况有所改善，个别国家赤字增加

2019 年，由于非资源型国家财政赤字的改善大大抵消了资源型国家财政赤字恶化的影响，撒哈拉以南非洲地区财政赤字占 GDP 比重的中位数从 2018 年的 3.9% 缩小到 3.2%。[3] 在非资源型国家中，大约一半的国家财政赤字下降；资源型国家中，油价下跌导致石油出口国的财政盈余下降，但各国财政不尽相同。安哥拉为应对低油价和改善政府财政管理而进行的财政整顿工作仍在继续；尼日利亚由于税改乏力，非石油收入增长缓慢，预计财政赤字还将扩大。在南非，经济增长放缓导致财政收入大幅下降，而对南非国家电力公司的救济导致财政超支，预计南非财政赤字将大幅增加。

4. 债务增速放缓，可持续性令人担忧

2019 年撒哈拉以南非洲地区公共债务占 GDP 比重的中位数维持在 55% 左右，预计 2020 年将下降至 53%。[4] 具体而言，石油出口国家债务现状将得到明显改善，债务占比将由 2018 年的 55% 大幅下降至 2019 年的 50% 以

---

[1] World Bank, *Africa's Pulse: An Analysis of Issues Shaping Africa's Economic Future*, Vol. 20, October 2019, p. 9.

[2] World Bank, *Africa's Pulse: An Analysis of Issues Shaping Africa's Economic Future*, Vol. 20, October 2019, p. 9.

[3] World Bank, *Africa's Pulse: An Analysis of Issues Shaping Africa's Economic Future*, Vol. 20, October 2019, p. 14.

[4] World Bank, *Africa's Pulse: An Analysis of Issues Shaping Africa's Economic Future*, Vol. 20, October 2019, p. 16.

下，并在 2020 年进一步下降至 47% 左右；非资源型国家债务状况也将有所改善，由 2018 年的 56% 下降至 2020 年的 53%；但矿业出口国债务水平将明显提升，由 48% 左右上升至 54% 以上。① 其中，赞比亚公共债务总量预计将在 2019 年增长 9%，其主要原因在于大量的财政赤字及货币严重贬值。债务结构方面，由于大量发售欧洲债券，近年来商业贷款占债务总额比例明显上升，未来撒哈拉以南非洲地区国家需偿还的利息费用或将大幅增加，进而加重各债务国的利率风险及再融资风险。

（二）非洲自主发展能力提升

2019 年非洲自主发展意识明显增强。非盟正推进非洲一体化以及在落实《2063 年议程》和联合国 2030 年可持续发展议程中发挥核心领导作用。非洲各国对于经济一体化的需求日渐凸显，且正在凭借各自优势，抓住市场整合以及数字经济、能源经济的新机遇，探索适合自身的发展道路。

1. 经济一体化提速推进

第一，非洲大陆自由贸易区即将启航。2019 年 7 月 7 日，第 12 届非盟特别峰会宣布"非洲大陆自由贸易区"正式成立。目前，非盟 55 个成员中，除厄立特里亚外的 54 个成员均已签署非洲大陆自贸区协议，展示了各国构建非洲统一大市场的意愿。根据协议，非洲各国将在 5～10 年内消除 90% 商品的关税，并逐步消除非关税壁垒，最终实现商品、资金、人员在非洲大陆的自由流动。非洲大陆自贸区协议的实施将极大促进非洲区域内贸易和国际贸易，推动非洲国家更好融入区域和全球价值链。非洲自贸区将是一个覆盖 13 亿人口、3.4 万亿美元规模的大市场，是世界贸易组织成立以来拥有成员数量最多的区域性自由贸易组织。

第二，西非国家经济共同体统一货币再现曙光。继 2015 年东非共同体批准关于构建货币同盟的协议，并将于 2024 年实现单一货币区后，2019 年

---

① World Bank, *Africa's Pulse: An Analysis of Issues Shaping Africa's Economic Future*, Vol. 20, October 2019, p. 16.

6月西非国家经济共同体峰会宣布将于2020年正式发行单一货币——埃科（ECO），以取代西非法郎及各国现行流通的本国货币，并决定将组建西非国家经济共同体联邦银行，统一货币政策管理。从总体看，如果西共体如期发行新的单一货币，意味着对前殖民宗主国法国财政依赖的减少，同时有利于成员国间、成员国与域外国家的经贸合作。

第三，一体化进程面临诸多挑战。非洲大陆有54个主权国家，经济发展的悬殊注定一体化之路曲折而漫长。西非国家经济共同体单一货币区的最大挑战是成员国整体发展水平较低，域内法语国家和英语国家因经济发展不平衡而对单一货币态度迥异，法语国家态度普遍积极，英语国家则持审慎态度。商品自由流动方面，西非国家经济共同体因担心经济强国尼日利亚对其他成员国进行商品"倾销"，而对其设置了比进口欧美国家商品还要多的障碍，引起尼日利亚不满；尼日利亚担心一旦实行单一货币，便失去通过汇率变动来促进贸易的主动权。2019年8月底，尼日利亚先后关闭了与贝宁、尼日尔、喀麦隆等国接壤的所有边境，对未来非洲自贸区能否在西部非洲顺利运行增加了不确定性。2019年下半年，南非爆发了针对尼日利亚和邻国移民的大规模排外骚乱，不仅恶化了与相关非洲国家的关系，而且破坏了非洲一体化的凝聚力。

2. 数字经济悄然成为增长新动能

数字经济是非洲经济中最具活力和潜力的领域之一。全球移动通信协会（GSMA）发布的《撒哈拉以南非洲2019年数字经济报告》显示，截至2018年底，撒哈拉以南非洲移动通信用户数达4.56亿人，占总人口数的44%，较2017年增加2000万人，其中稳定使用移动网络的用户达2.39亿人，占总人口数的23%。除了海量用户外，非洲还诞生了电商平台Jumia和M-Pesa等知名互联网品牌。2019年4月，拥有"非洲阿里巴巴"之称的Jumia在纽交所上市，发行价14.5美元，计划融资1.96亿美元，成为第一家在全球大型交易所上市的非洲科创公司。目前，尼日利亚、加纳、肯尼亚、乌干达、卢旺达、埃塞俄比亚、南非等国的通信、金融科技、电商和零售、物流、生活服务、泛娱乐等行业发展迅速，悄然拉动了宏观经济及人口就业的增长。例如，2018 年，移动通信行业为撒哈拉以南非洲地区创造了 1440 亿美元的经济产值，占 GDP 总量的 8.6%，提供了近 350 万个直接或间接就业岗位，贡献了近 156 亿美元的税收收入，成为一些非洲国家政府收入的又一重要来源，[1] 对经济增长发挥着日益明显的支撑作用。世界银行报告预计，数字革命每年可使撒哈拉以南非洲经济增长率提高 1.95 个百分点，贫困率降低 0.96 个百分点。[2]

3. 能源矿业喜忧交加

第一，东非地区石油天然气成为经济增长的新亮点。目前，非洲在国际石油和天然气市场扮演着重要角色，但两者产量走势似乎出现了分化。首先，在石油产量走势低迷背景下，肯尼亚加入石油出口国，意义非凡。2019 年 8 月 26 日，载有 20 万桶出口原油的 "Celsius Riga" 号轮船驶离蒙巴萨港前往马来西亚提炼，肯尼亚成为东非地区第一个原油出口国。2018 年非洲石油产量合计占全球 8.6%。目前，54 个非洲国家中，有超过 14 个石油生产国，但除了安哥拉和刚果（布）外，其余 12 个国家过去十年石油产量年均增长率均为负数。[3] 这种背景下，肯尼亚跻身石油出口国行列就凸显了重要意义。其次，莫桑比克天然气开发前景可期。2010 年以来，莫桑比克陆续发现大型天然气油田，其中位于北部的鲁伍马盆地的储量约 125 百万立方英尺，为其经济发展提供了新潜能。美国阿纳达科石油公司（2019 年 8 月被美国西方石油公司以 380 亿美元收购）经过近十年的深耕，终于在 2019 年 6 月 18 日与莫桑比克政府签署一笔价值近 250 亿美元的液化天然气 1 区项目（26.5% 的股份）最终投资协议，成为非洲国家签署的最大一笔外国投资单一液化天然气项目。10 月 8 日，美国天然气巨头埃克森美孚购买莫桑比克国有石油天然气公司（ENH）在 1 区项目股份的初始投资签字仪式在莫桑比克举行。埃克森美孚初步计划投资 5 亿美元，用于其与意大利埃尼集

---

① GSMA, *The Mobile Economy Sub – Saharan Africa* 2019, p. 13.

② World Bank, *Africa's Pulse: An Analysis of Issues Shaping Africa's Economic Future*, Vol. 19, April 2019, p. 113.

③ BP, *Statistical Review of World Energy* 2019, p. 16.

团、中石油等公司联合运营的天然气中上游加工项目。鲁伍马盆地天然气1区项目建设成本高达330亿美元，年生产能力超过1500万吨，预计2020年签署最终投资决定。埃克森美孚项目，连同价值200亿美元、年生产能力1300万吨的法国道达尔项目，以及价值80亿美元、年生产能力340万吨的意大利埃尼浮式平台项目，将使莫桑比克具备年出口3100万吨天然气的能力，占当今全球市场份额的10%。南非标准银行2019年3月的报告显示，天然气项目投资可使莫桑比克年经济增长达到5%以上，家庭人均收入较2018年提高50%。① 据英国经济学家情报部（EIU）预测，随着莫桑比克北部天然气田项目开采、加工和销售，2020年莫经济预计增长4.8%，2021～2024年则将高达7.8%。②

第二，部分非洲国家资源民族主义风险加大。在产油国安哥拉即将大规模私有化的同时，非洲铜矿带的坦桑尼亚、赞比亚、刚果（金）三国资源民族主义风险趋升。③ 坦桑尼亚总统马古富力于2015年10月执政后，在矿业领域采取民粹主义路线，对未经加工的铜和黄金实施出口禁令；2018年第一季度，马古富力推行新矿业法，强制要求矿企将16%的股权无偿转让国家。在赞比亚，2016年11月，赞税务局指控加拿大第一量子矿业公司税务欺诈；2019年5月，赞政府指责印度矿业巨头韦丹塔资源公司违反赞比亚法律，伦古总统宣布撤销该公司经营的孔科拉铜矿采矿许可证，高等法院委托临时清算公司对孔科拉资产进行清算。在刚果（金），总统齐赛克迪将延续前任政策，矿企的纳税压力依旧很大。以上事例说明上述三国矿业投资环境趋向恶化迹象。

非洲国家经济结构单一，生产与消费严重脱节，缺乏造血机能，国际经济环境的变化对其经济走势有着至关重要的影响。但是，2019年非洲的资

---

① 《莫桑比克天然气开发前景可期》，《经济日报》2019年11月12日。

② EIU, *Country Report: Mozambique*, December 2019, p. 2.

③ Verisk Maplecroft, *Africa's Rising Resource Nationalism ups Stakes for Miners*, Sept. 27, 2019, https://www.mining - journal.com/partners/partner - content/1372461/africas - rising - resource - nationalism - ups - stakes - for - miners.

源开发、基础设施投资、工业化推进，以及数字经济驱动等内源性因素共同使非洲经济继续呈现恢复性增长态势。

三　2019年非洲非传统安全威胁上升

2019 年非洲的安全形势整体上继续呈现向好态势，长期困扰非洲政治经济发展的传统安全挑战在一定程度上缓解，且在地域分布上从全非洲逐步收缩到非洲之角、大湖地区、萨赫勒地带三大地理单元内。但与此同时，恐怖主义、网络安全、疾病等非传统安全挑战呈现不降反升的局面。在未来可预见时期内，非传统安全因素将越来越明显地成为非洲现代化发展所面临的新挑战。

（一）安全挑战在地域上呈现集中分布趋势

在 2019 年内出现的各类安全挑战之中，绝大多数热点问题分布于非洲之角、大湖地区、萨赫勒地带三大地理单元内。"一角一湖一边缘"正在成为非洲安全的晴雨表和观测站。

1. 非洲之角局势出现转机，但潜在安全威胁不容忽视

作为曾经长期主宰非洲之角局势的核心矛盾，埃塞俄比亚与厄立特里亚的关系总体上延续自 2018 年以来的全面正常化态势，不仅给非洲之角的安全形势发展带来显著利好因素，而且有利于巩固埃塞俄比亚作为域内局势稳定锚的角色。2019 年 10 月，埃塞俄比亚总理阿比被授予诺贝尔和平奖，充分体现了国际社会对埃塞俄比亚所做出的一系列和平努力的高度认可。但与此同时，非洲之角局势的走向也面临潜在威胁：其一，埃塞俄比亚国内局势依然不稳定，阿比并没有实质性解决导致海尔马利亚姆辞职的包括民族、宗教在内的各类社会矛盾，奥罗米亚、哈勒尔、阿姆哈拉等州仍然频现民众抗议示威，其中 2019 年 10 月奥罗米亚州发生严重暴力流血事件。埃塞俄比亚国内社会的逐步撕裂正在从内部消释该国作为域内局势稳定锚的角色，一旦形势出现进一步恶化，则可能大规模抵消埃厄关系正常化给域内安全形势带

来的积极作用；其二，索马里"青年党"势力出现反弹，发动恐袭的频次、烈度和范围有所提升。在外界普遍认为索马里恐怖主义势力在国际反恐合作的打击下进入蛰伏期的情况下，2019 年索马里"青年党"在境内发动至少超过 20 起的恶性恐袭，频次较之 2018 年上升 10% 左右，其中 12 月底在首都摩加迪沙制造的自杀式汽车炸弹袭击成为该国自 2017 年以来遭受的最惨重恐袭。① 邻国肯尼亚同时成为恐袭重灾区，首都内罗毕以及东北部数次受袭。乌干达、布隆迪等参与索马里维和的东非国家年内也多次发布针对索马里"青年党"恐袭的预警。此外，自 2019 年 4 月发生军事政变以来，苏丹未来政局走向及其与埃塞俄比亚的不确定关系为域内局势发展埋下一定隐患。

2. 大湖地区形势依旧错综复杂，实现完全和平尚待时日

包括民主选举以及东部地区形势两个议题在内的刚果（金）问题，是影响整个大湖地区局势的核心议题。2019 年 1 月，反对党民主与社会进步联盟领袖齐塞克迪正式就任总统，结束了卡比拉家族长达数十年的执政历史。刚果（金）国家权力的顺利过渡与交接，有效缓解了自 2016 年以来因推迟大选而引发的民众不满情绪，在一定程度上为实现国内局势的稳定扫清了障碍。然而，刚果（金）东部局势并未出现根本性好转，以民主同盟军为代表的乌干达反政府武装依然在北基伍、伊图里等省区杀戮平民、袭扰国际维和力量，难以有效控制当地局势在短时期内依然是刚果（金）政府施政的软肋。作为在民族构成上与刚果（金）东部存在千丝万缕联系的邻国，乌干达、卢旺达两国的长期竞争与博弈，特别是互相支持对方反对势力在刚果（金）东部活动，也是导致刚果（金）东部局势动荡的主要成因。2019 年 8 月，在刚果（金）总统齐塞克迪的斡旋下，乌卢两国签署停止对抗的谅解备忘录，为刚果（金）东部局势的缓解带来一丝曙光。此外，刚果（金）东部也受到东部、北部其他邻国局势不稳定的影响。中非共和国政府

---

① http：//www. startribune. com/police – say – car – bomb – in – somalia – s – capital – kills – at – least – 5/566532572/.

虽然于 2019 年 2 月与 14 个反对派武装签署了《和平与和解政治协议》，但实际效果有限，反政府武装"反巴拉卡"与前"塞莱卡联盟"成员"中非复兴人民阵线"依然混战不断。加之南苏丹政府军与反对派武装救国力量的交战仍然没有结束的迹象，来自交战区近 100 万的难民涌入刚果（金）东部，大幅加重当地本已严峻的人道主义危机。2020 年大选之前，布隆迪政治危机仍然在发酵，进一步增添了域内局势的复杂性。

3. 萨赫勒地带安全形势不容乐观，恐怖主义肆虐加剧

进入 2019 年，萨赫勒特别是西非萨赫勒地带的恐怖主义势力呈现抬头趋势，成为威胁周边各国稳定发展的重要挑战。从地域分布范围来看，恐怖主义呈现出明显的扩张态势。此前，恐怖主义据点和恐袭高发区域主要集中于马里北部和尼日利亚东北部等区域，但自 2019 年初，布基纳法索沦为滋生恐怖主义的另一温床。自 1 月起，首都瓦加杜古以及北部的苏姆省成为恐袭重灾区，平均每月发生两起以上因恐袭导致的伤亡事件，局势恶化速度远远快于周边其他国家。目前虽然尚无组织具体宣称对每起恐袭负责，但可以肯定的是，布基纳法索安全局势几近失控的状态将为西非萨赫勒地带上的各支恐怖主义势力合流提供广阔的地域空间，成为其继续坐大的大本营。从烈度和破坏力来看，恐怖主义造成的恶劣影响愈发凸显。除了频繁制造威胁居民正常生产生活的恐袭之外，恐怖主义严重破坏了当地族际关系，激化了宗教矛盾。2019 年 3 月和 6 月，因多贡族、富拉尼族矛盾被恐怖主义激化，马里先后发生了两起骇人听闻的屠村事件，震惊了整个世界。"博科圣地"的肆虐恶化了尼日利亚本已严峻的伊斯兰教与基督教的关系，2019 年内卡杜纳、高原、博尔努等州多次发生宗教之间的对抗和暴力事件。除此之外，恐怖主义向萨赫勒地带以外的西非其他地区渗透的趋势愈发明显，加纳、贝宁、多哥、科特迪瓦、塞内加尔等国与布基纳法索、马里、尼日尔的交界地区也开始逐步受到小规模恐袭波及，成为当地安全形势最为严峻的地区。

（二）非传统安全问题持续困扰非洲国家

在非洲当前面临的各类安全挑战中，以恐怖主义、网络安全、烈性传染

疾病为代表的非传统安全因素开始占据越来越重要的地位。非传统安全正在成为掣肘非洲实现可持续和包容性发展的重要障碍。

1. 恐怖主义突破传统活动范围，出现向全非蔓延之势

如果按照具体的安全挑战类型和因素加以梳理的话，在"一角一湖一边缘"所面临的安全挑战中，有相当一部分与恐怖主义存在着直接或间接的联系。凭借地缘上的优势，索马里"青年党"、"穆拉比通"和"博科圣地"等恐怖主义组织或者与"基地"组织、"伊斯兰国"保持密切联系，或者是其在非洲的分部，在本质上是中东恐怖主义组织在非洲的延伸。然而，随着非洲各国国内地区间、民族间、阶层间发展不平衡的加剧，越来越多的被边缘化群体开始把恐怖主义视为维护自身发展权益的"万能钥匙"和"捷径"，进而导致在"一角一湖一边缘"之外的地方开始出现与中东没有直接关联性的本土恐怖主义势力。较为典型的是出现在莫桑比克北部德尔加多角省的恐怖主义组织"圣训捍卫者"。作为南部非洲的极端组织，该组织与非洲之角和中东的恐怖主义组织不存在直接关联，其出现的直接原因是莫桑比克北部地区特别是穆斯林群体的被边缘化。2019 年内，"圣训捍卫者"在莫桑比克北部以及坦桑尼亚南部边界地区多次发动以枪击和砍杀为主要形式的恐袭，严重威胁当地居民生命安全以及天然气资源的正常开发。莫桑比克的恐怖主义势力不仅与北非地区的各支恐怖主义势力遥相呼应，而且为其他国家弱势群体的"维权"做出了恶性示范，成为恐怖主义向全非洲蔓延的重要推手。

2. 网络安全仍然是各国治理的盲点，频繁导致安全形势恶化

网络的无国界性在给非洲各国民众带来无差别信息服务的同时，也给非洲各国的社会治理带来巨大挑战。受制于信息技术落后以及法律保护言论自由的掣肘，互联网在成为非洲各国管控空白的同时，也成为各类反政府力量扩大影响、争抢舆论引导权甚至是传播非法内容的便捷平台。在 2019 年 10 月埃塞俄比亚奥罗米亚州爆发的大规模骚乱中，直接起因就是网络媒体人贾瓦尔在互联网上直接对总理阿比发难，要求其辞去总理职务，并最终引发对时局不满的社会群体大规模聚集。在 2019 年 8 月底爆发的南非排外骚乱中，

右翼势力也是借助互联网，用民粹主义视角来阐述尼日利亚籍毒贩杀害南非小巴司机的刑事案件，进而引发全国性骚乱，给本已困难重重的南非经济发展带来新一轮冲击。此外，互联网也成为索马里"青年党""博科圣地"等恐怖主义组织招募成员、获取外援、传播暴恐音视频和宗教极端主义思想以及策划恐袭的最重要平台。在2019年索马里、肯尼亚、尼日利亚爆发的历次恐袭，恐怖主义组织均是通过互联网表达相应政治诉求。随着互联网资源在非洲的进一步普及，利用网络这种几近零成本的资源挑战非洲国家权威和破坏既有秩序的情况将会更为普遍。

3. 烈性传染疾病暴发并大幅度扩散，守护民众健康任务繁重

地区局势动荡与烈性传染病的暴发与传播在地域上存在着高度的重合。目前，作为非洲局势不稳的典型地区，刚果（金）成为非洲被疾病困扰的最严重受害者之一。继2014年和2015年西非两度暴发埃博拉疫情之后，刚果（金）于2018年受到埃博拉疫情影响。由于长年战乱导致医疗资源短缺，加之地区局势持续动荡，甚至是国际医疗支援机构的人员和物资也频繁受到反政府武装以及其他不法人员的攻击和袭扰，2019年刚果（金）的埃博拉疫情进一步加重，其中东部地区成为疫情的重灾区。截至2020年1月，当地共发现超过3300名埃博拉感染者，其中超过2200名患者死亡，死亡率接近70%。作为当地人道主义危机不断加剧的产物，不断肆虐的疫情又进一步加剧了人道主义危机，使本已困难重重的域内和平进程更加举步维艰。由于难民、非法跨境活动等问题的存在，刚果（金）东部疫区人员也给周边国家带来现实威胁。2019年10月，外界普遍报道包括世界卫生组织在内的国际社会指责坦桑尼亚政府刻意瞒报在达累斯萨拉姆发现埃博拉输入型感染病例的行为，引发世界的广泛关注和担忧。① 此外，乌干达、卢旺达、布隆迪等刚果（金）东部邻国也多次发现疑似埃博拉感染病例，引发民众的普遍恐慌。一时间，刚果（金）东部埃博拉疫情以及进一步向东非蔓延的潜在威胁，成为2019年非洲联盟、东非共同体等非洲国际组织领导人峰会

---

① https：//www. who. int/emergencies/crises/tza/en/.

着重关注的议题之一。① 除了埃博拉疫情之外，2019 年刚果（金）麻疹疫情也呈现失控状态，年内麻疹感染确诊者达到 25 万人，较之 2018 年增长700％，致死率已经接近 2％，成为现今世界上暴发的规模最大的麻疹疫情。毫无疑问，无论是埃博拉疫情肆虐，还是麻疹大规模暴发，都是对刚果（金）东部持续不断的人道主义危机的微观写照。如果仍然无法对当地的整体安全局势加以有效控制，则疫情的进一步升级和扩散将会成为增进民众福祉的直接障碍，进一步销蚀大湖地区和平进程以及东非一体化的基础。

综上所述，在非洲局势总体趋于稳定的大背景下，以"一角一湖一边缘"三大地理单元为代表的非洲热点地区的安全形势呈现好转态势，特别是埃厄关系、刚果（金）大选等问题的实质性改善，为进一步夯实地区安全建设基础提供了强有力支持。非传统安全挑战频现的本质仍然是发展问题，是非洲国家在推进国家现代化进程中，因暂时性缺失均衡与包容性发展而导致的社会性矛盾的极端表现形式。通过强化国家发展的内生动力以及进一步加强国际合作，全力推动国家社会治理体系和治理能力的现代化，是积极应对和妥善处理各类非传统安全挑战的必由之路。

四 2019年国际对非合作出现新竞合态势

2018 年中非合作论坛北京峰会成功举办以来，世界主要大国在 2019 年纷纷出台对非新举措，加大对非投入力度，使得大国对非关系掀起新一轮"非洲热"。从总体上看，世界主要大国对非洲的重视有不同程度的提高。美国在推出非洲新战略以来动作频频，英国、法国、德国和日本等西方大国不甘落后，俄罗斯更是历史性开创了对非关系的"峰会时代"。目前，这轮大国对非关系竞逐热潮仍在继续，特点鲜明。

---

① https：//www. afro. who. int/news/ten – african – countries – endorse – cross – border – collaboration – framework – ebola – outbreak – preparedness.

（一）大国强化对非关系开始进入"峰会时代"

美国总统特朗普在上任三年以来虽然从未访问过非洲，但是美国第一夫人梅拉尼娅和特朗普的女儿伊万卡先后到非洲为美国的非洲政策摇旗呐喊。2019年，特朗普政府更是掀起高官访问非洲热潮。美国国务院常务副国务卿、助理国务卿、众议院议长等美高官纷纷访问非洲。此外，虽然特朗普没有继承奥巴马的对非政策召集全非规模的元首峰会，但是其他形式的美国对非峰会合作机制仍在顺利推进。6月，美国在莫桑比克召开第12届美非商业峰会，该峰会汇聚多位非洲国家的元首和政府高官，美国商务部副部长凯利借机推销美国对非洲的新政策倡议。8月，第18届美国"非洲增长与机遇法案论坛"在科特迪瓦召开，美国非洲事务助理国务卿纳吉出席论坛并讲话。

2019年，英国外交的中心任务是解决"脱欧"问题，因此无暇过多顾及非洲。但是，英国仍采取举措强化英非关系，1月，英国非洲事务部长鲍德温访问了南非和莫桑比克。4~5月，英国外交大臣亨特访问了塞内加尔和肯尼亚等非洲五国。其重点都在于为"脱欧"后加强英非合作提前做出安排。

法国不仅与非洲有着举办最早、连续性最强的法非峰会，法国元首出访非洲的频率和次数也远超其他西方大国。2017年，在上任不到两个月的时间内，马克龙总统就三访非洲，迄今为止，马克龙已先后13次访问非洲。2019年3月，马克龙分别访问了吉布提、埃塞俄比亚和肯尼亚三国。马克龙曾在2018年访问西非，此次又访问传统上并不属于法国势力范围的埃塞俄比亚和肯尼亚，由此传递的信息很明确，那就是力图加强与非法语国家的关系，寻求超越传统盟友的合作伙伴。

德国总理默克尔也显著增加了访问非洲的频率。近几年，默克尔几乎年年访问非洲，这在过去的德非关系史上从未有过。默克尔此举的目的在于以高层访问来带动德国对非关系的全面发展。2018年8月，默克尔访问加纳、塞内加尔和尼日利亚等三国。2019年5月，默克尔到访布基纳法索等非洲五国。除了高层出访非洲，默克尔政府也十分注重利用多边外交特别是峰会机制来推动对非合作。在 2017 年 7 月举行的 G20 领导人汉堡峰会上，默克尔提出加强德非合作的重要倡议。在 2019 年 11 月于德国柏林举行的第二届"与非洲有约投资峰会"上，德国宣布将继续扩大该峰会的规模，以进一步扩大德国在非洲的影响。

日本不仅积极推动非洲问题成为 2019 年 6 月在大阪举行的 G20 领导人第十四次峰会的主题之一，还于 8 月在横滨召开了规模盛大的第七届日本东京非洲发展国际会议。超过 50 个非洲国家参加了本次会议，日本利用这次会议加大对非洲的投入力度。同时，在政治上，日本积极拉拢非洲国家支持其成为联合国安理会常任理事国。

借助高层出访非洲和峰会机制，印度近年来在推进对非合作方面同样动作频频。近年来，印度总统和总理出访非洲达 30 余次。2018 年 4 月，印度总统科温德访问赞比亚等非洲三国。同年 7 月，印度总理莫迪访问非洲卢旺达、乌干达和南非三国，借金砖国家会议召开的机会对非洲展开外交攻势。2019 年 7~8 月，印度总统科温德访问贝宁等西非三国。此外，印度 2019 年还召开了第 14 次印非项目伙伴会议。2020 年，印度还将继续在对非关系领域发力。作为一个在非洲拥有超过 100 万移民的发展中大国，随着印度经济力量的不断增强，印度利用印非峰会等机制加强对非合作的愿望十分强烈。

2019 年，俄罗斯与非洲关系也出现了新的亮点，普京政府于该年 10 月在索契成功举办俄非峰会。索契峰会是俄罗斯首次召集面向全非洲规模的峰会。会议的主题是"和平、安全与发展"，40 多个非洲国家的领导人、11 个非洲国家的代表以及非洲地区多个主要国际组织的代表出席峰会。俄罗斯总统普京与埃及总统塞西共同主持了本次峰会。峰会取得了丰硕成果，联合声明指出俄罗斯将全面扩大与非洲的合作，其中，既包括加强传统的政治联系，也包括增进军事合作、经贸合作、人道主义援助和技术交流。在本次峰会上，俄罗斯总统普京与非洲领导人一致同意将俄非峰会机制化，每三年举办一次，举办地点在俄罗斯和非洲大陆轮流。俄非峰会是俄罗斯重返非洲的标志性事件，将开启俄非关系的新时代。

（二）大国强化对非关系的重点仍是反恐和经济合作

鉴于非洲严峻的反恐形势和经济价值上升，世界主要大国在 2019 年保持着对这两个领域的关注和投入热度。

自小布什政府和奥巴马政府时期，"反恐至上""经济第一"就已成为美国对非政策的主要特点。特朗普执政以来，美国对非反恐的重视有增无减。虽然 2018 年 11 月，五角大楼宣布削减 700 名驻扎在西部非洲地区的士兵数量，[①] 但是时隔仅一个月，新出炉的美国非洲战略便表明，特朗普将在缩减对非军事存在的同时力图维持美国的军事影响。美国非洲新战略指出，恐怖主义仍持续将美国的非洲利益推向危险边缘。因此，美国非洲新战略的目标是鼓励非洲国家担当起反恐怖主义以及维护和平稳定的义务。时任美国国家安全顾问博尔顿指出，在美国的支持下，由马里、毛里塔尼亚、尼日尔、乍得与布基纳法索组成的"萨赫勒五国联合力量"在本地区打击恐怖主义、有组织的跨境人口贩卖等方面发挥了突出作用，美国将乐于看到更多类似的地区性安全组织出现。[②]

在经济方面，第 18 届美国"非洲增长与机遇法案"论坛的中心主旨为进一步促进美国与撒哈拉以南非洲国家的贸易和投资。在第 12 届美非商业峰会上，美国更是进一步细化了"繁荣非洲"的倡议，提出全面加强美非经贸合作的目标与举措。凯利指出，"繁荣非洲"的目标是实质性增加美国与非洲之间的双边投资及贸易。为实现该目标，美国将做出三大努力：其一，美国将同步加强与协调超过 15 个不同政府部门之间的能力和政策，确保美非企业间的合作既具有技术和能力保障，又有及时的政策安排跟进。其二，"繁荣非洲"将使美非贸易便利化。美国将协调相关资源，帮助美国企

---

① Carla Babb, "Mattis Cuts U. S. Troop Numbers in Africa by 10 Percent", https：//allafrica. com/stories/201811160190. html.

② Remarks by National Security Advisor Ambassador John R. Bolton on The Trump Administration's New Africa Strategy, https：//www. whitehouse. gov/briefings – statements/remarks – national – security – advisor – ambassador – john – r – bolton – trump – administrations – new – africa – strategy/.

业寻找在非洲的商业机会，使它们都能利用美国商务部专业人士提供的建议。通过跨部门协作，美国政府的专家能够为美国公司在项目准备等方面提供政府金融工具及风险控制等方面的帮助，加快交易的进程。其三，"繁荣非洲"将加强非洲的能力建设，鼓励非洲私有部门引领经济增长，扫除不利于美国企业进入非洲市场的障碍。① 特朗普虽然被批评忽视非洲，但是这些动作表明，美国政府已采取一系列实质性举措加强美非经济联系。

法国同样难掩强化对非安全与经贸合作的渴望。3月，法国总统马克龙在访问东非三国时指出，吉布提为法国历史性的合作伙伴和战略盟友，法国政府将进一步加强与吉布提的军事文化联系，大力鼓励法国企业到吉布提投资。在埃塞俄比亚，两国达成一项双边防卫协议，法国将支持埃塞俄比亚建立一支海军，并为埃塞俄比亚提供8500万欧元的贷款。在肯尼亚，两国签署了价值30亿欧元的经济合作协议，法国电力、阿尔斯通和道达尔集团等企业巨头表示将进一步增加对肯尼亚的投资。

作为欧洲经济的发动机，德国对加强非洲安全和经济合作的渴望十分强烈。在反恐问题上，默克尔每次访非都表示要大力支持非洲国家打击恐怖主义，强调加强双边与多边信息及军事合作。在推动德非经济合作方面，默克尔政府更是不遗余力。早在2017年7月举行的G20领导人汉堡峰会上，默克尔政府就突出强调了加强德非经济合作尤其是对非投资的重要性。德国不仅呼吁成立了促进非洲基础设施和对非投资的"G20与非洲伙伴关系"，强调非洲的可持续发展与经济的包容性增长，还主张在此框架内力推"加紧投资"计划。默克尔称，德国希望其他G20成员国和更多的非洲国家加入该倡议，使其在卢旺达、塞内加尔、埃塞俄比亚、加纳、科特迪瓦、摩洛哥和突尼斯等国的基础上进行扩大，进一步动员更多的私人投资非洲，鼓励更高效的公共资金运用。② 2019年11月，第二届"与非洲有约投资峰会"在德国柏林开幕。默克尔在会上表示非洲大陆机遇大于风险，再次呼吁德国企

---

① https：//www. commerce. gov/news/speeches/2019/06/remarks - deputy - secretary - karen - dunn - kelley - corporate - council - africas - us.

② http：//allafrica. com/stories/201707090034. html.

业加大对非投资，并督促非洲国家改善投资环境。"与非洲有约"是 2017 年德国在担任 G20 轮值主席国期间提出的，埃及、卢旺达等 12 个非洲国家已加入该倡议。在本次会议上，德国复兴开发银行和德国安联集团宣布发起成立规模为 1.7 亿欧元的非洲增长基金，旨在为非洲私人股权投资和企业资本基金提供金融支持，目标是到 2030 年资助 150 个非洲新创立的公司和中小企业，创造 2.5 万个就业岗位。来自德国经济部的数据显示，德国对非洲的直接投资自 2015 年以来增加了一倍以上，2018 年达到了 19.4 亿欧元。目前大约有 800 家拥有德国资本的公司活跃在非洲。[①]

俄罗斯近年来对非洲安全领域的投入力度也在加大，俄非防务合作呈不断增长势头。目前，非洲国家采购俄罗斯武器的订单总额达到 140 亿美元。但是，21 世纪以来，俄非合作军事是长项，经济是短板。2005～2015 年，俄罗斯对非贸易虽有所增长，但 2018 年俄非贸易额仅有 200 亿美元，仍有很大的潜力可挖掘。为补齐经济短板，俄罗斯召开对非峰会以加强俄罗斯与非洲之间的商业联系。会议期间，俄罗斯和非洲国家均派出规模庞大的商业代表团参加。莫斯科与非洲国家签署了总额 8000 亿卢布（约合 125 亿美元）的 50 余份协议。此次峰会表明，俄罗斯希望通过经济合作来重振昔日苏联在非洲的雄风。[②] 而自 2014 年以来，由于西方制裁等一系列因素的制约，俄罗斯经济增长乏力，具有巨大经济发展动能和广阔市场的非洲，自然被普京视为能拉动俄经济增长新的一极。在峰会上，普京表示，希望俄非贸易额在未来四五年内再度翻番。

（三）大国强化对非关系凸显"中国因素"

俄罗斯在 2019 年度首次召开对非峰会，被视为大国"抢滩非洲"的不甘落伍之举。法国国际广播电台称，普京举办俄非峰会是要让俄非关系换挡加速，追赶其他大国在非洲的步伐。其实，不仅俄罗斯一国，2019 年世界

---

① https：//allafrica.com/stories/201911180012.html.

② https：//summitafrica.ru/en/about - summit/declaration/.

主要大国都纷纷推出了对非新举措以加强对非关系。这说明，在非洲政治经济地位继续上升的背景下，各大国都不想在非洲的竞争中掉队，大国在非洲的竞争性有所增强。值得注意的是，以非洲债务问题和腐败问题等为炒作点，不少大国或明或暗地将矛头对准中非关系。其中以美国最为明显，最近两年美国集中炒作非洲债务问题，制造所谓"中国债务陷阱论"，抹黑中非关系。美国非洲新战略更是多次提到中非关系，强调要遏制中非关系的发展。在这个所谓的新战略中，对"中国因素"的抨击力度远大于对"俄罗斯因素"的批评。据统计，在博尔顿关于非洲新战略的演讲中，俄罗斯被提及 6 次，中国则被提及 14 次之多。而在批评言论的篇幅上，中国也大大超越了俄罗斯而"荣登榜首"。特朗普政府错误地认为，中国发展对非关系的目的不仅是在非洲获得压倒美国的影响力，也是中国力图在全球取得针对美国优势的明证。① 此外，2019 年 6 月美国在莫桑比克召开的美非商业峰会推销"繁荣非洲"倡议，也不忘将矛头对准中非经贸关系。不断出台的政策举措显示，特朗普政府不甘在非洲的竞争中落后于中国。

日本发展对非关系，或明或暗蕴含着遏制中非关系的浓厚意味。在 2016 年日本在肯尼亚召集第六届日本东京非洲发展国际会议上，安倍晋三点名批评中非关系。在 2019 年召开的第七届日本东京非洲发展国际会议上，安倍再一次提醒非洲国家要高度注意债务问题，并表示要向非洲派遣日本债务管理专家，其抹黑和打压中国在非影响力的企图昭然若揭。此外，在这次峰会上，日本还将美国的所谓"印太战略"引入非洲问题，对抗中国的意图十分明显。

法国对中国在非洲的存在同样十分警惕，2019 年马克龙东非之行的一个重要目的就是遏制中国在该地区不断上升的影响力。在吉布提，马克龙告诫非洲国家应对中国在东非迅速扩展的影响保持警惕。吉布提曾是法国的殖民地，法国在非洲大陆最大规模的军事基地就位于此，是法国监视东非之角和也门的战略要塞。一方面，中国在吉布提的军事后勤保障基地被法国视为

---

① https：//www. whitehouse. gov/briefings－statements/remarks－national－security－advisor－ambassador－john－r－bolton－trump－administrations－new－africa－strategy/.

能对抗其在非洲军事影响的威胁；另一方面，中国帮助吉布提建设港口和改善基础设施的努力被法国视为中国扩展"一带一路"影响的举措，法国警告吉布提向中国寻求帮助会使自身陷入债务危机。马克龙说："我们不愿意看到国际投资者来损害非洲伙伴的主权。"① 而作为替代，马克龙承诺法国将向非洲提供"令人尊敬的伙伴关系"。②

世界大国在 2019 年出现"非洲热"并不是偶然，它归根结底是由于非洲在世界政治和经济格局中的地位继续上升，其政治经济价值已不容大国忽视。非洲既是联合国的"大票仓"，又是世界上经济增长最快和潜力巨大的区域，放弃非洲意味着大国将面临国际政治和经济影响力下降的"双输"局面。当然，相关大国在发展对非关系中念念不忘"中国因素"，使中非合作面临新的复杂国际环境。

五 非洲形势展望

展望 2020 年，非洲大陆政治、经济、安全、对外关系等方面，既会传承历史发展惯性，亦会出现一些新情况。就政治发展而言，大选政治仍是观察非洲国家政治情势的重要关注点。非洲仍将有多国举行大选，其中埃塞俄比亚、布隆迪、坦桑尼亚和索马里等东非四国存在不确定因素。经过 30 多年的多党民主化进程，非洲各国的政治制度正在逐步成熟，即便有些国家会经历选举风波，但选举进程整体而言将会平稳进行。当下，非洲国家需要不断完善政府治理体系、提升治国理政能力、持续发展经济与改善民生。在经济领域，非洲内部需求在回升，尤其是经济一体化进程的提速、数字经济展示出的活力将会带来更多投资，成为经济增长的主要引擎，预计撒哈拉以南非洲地区的经济增长将回升至 3.1%，高于全球平均水平，但受制于单一经

---

① https：//news. yahoo. com/china - prevails - frances - macron - shuffles - cards - djibouti - 222445946 - - business. html.

② https：//news. yahoo. com/macron - trip - woo - djibouti - amid - chinas - african - expansion - 141030961. html.

济痼疾，经济增长和一体化进程仍要负重前行，且面临着部分非洲国家改革进展缓慢、债务风险过重、新冠疫情加剧全球经济增长不确定性、地区安全形势恶化以及气候异常引发自然灾害等的挑战。在安全局势方面，2020 年搅动非洲地区安全的非洲之角、大湖地区、萨赫勒地带仍将存在较大的安全风险。埃塞俄比亚、布隆迪两国大选引起的各方角逐有可能给其国内局势增加不稳定性，且有可能扩散至非洲之角和大湖地区。在国际社会的联合打击下，索马里"青年党"的势力将进一步呈现出碎片化的趋势，萨赫勒地带的恐怖主义势力将继续把经济军事实力弱小的国家作为合流与扩张的主要阵地。刚果（金）东部、中非共和国、利比亚等国的安全形势难以出现根本性转机，依然将是非洲人道主义危机的热点。尽管如此，在非洲国家集体推进安全建设能力日渐增强的背景下，非洲安全总体向好的态势不会发生根本性转变。从对外关系视角看，基于非洲蕴含的巨大经济潜力和日益提升的国际地位，可以预判，大国在新的一年将继续加大对非洲的投入力度，"非洲热"将会持续。美国特朗普政府对非政策虽然具有不确定性，但反恐作为美国非洲政策第一要务的地位很难撼动。英国、德国和法国等欧洲强国将会继续利用双边和多边合作平台来扩大自身在非影响，日本东京非洲发展国际会议和俄非峰会的成果也会在新的一年开始陆续落地。此外，新兴大国印度在新的一年将通过新一届印非峰会推出对非新举措，增强对非合作的趋势不改。备受世界关注的中非关系无疑将乘风破浪，开拓前进！

课题组组长：李新烽

课题组成员：姚桂梅　刘中伟　沈晓雷　邓延庭[①]

① 李新烽，中国社会科学院西亚非洲研究所所长、研究员；姚桂梅，中国社会科学院西亚非洲研究所研究员；刘中伟，中国社会科学院西亚非洲研究所副研究员；沈晓雷，中国社会科学院西亚非洲研究所助理研究员；邓延庭，中国社会科学院西亚非洲研究所助理研究员。

中东地区形势分析与展望

摘　要：　伴随着美国在中东的战略收缩和中东地区力量结构重组，中东秩序重塑步伐加快，中东地区整体性危机上升，中东国际关系进入深度调整时期，"灰犀牛"现象和"黑天鹅"事件相交织。一方面，热点问题急剧增多且持续发酵，巴以问题出现重大逆转，叙利亚问题出现新转机，也门问题处在胶着状态，利比亚局势正滑向代理人战争；伊核问题再度成为焦点，美国和伊朗对抗加剧，海湾危机急剧升温，成为新的"动荡源"；大国激烈角逐中东，"美退俄进"态势明显，欧盟积极介入中东事务。另一方面，中东国家政局变动频繁，政治稳定面临严峻挑战；民众抗议运动常态化和普遍化，政治和社会治理面临挑战；传统安全和非传统安全问题相互交织，形成了严重的安全困境；非国家武装力量的崛起和代理人战争引发一系列新的安全治理问题。与此同时，反对极端主义，倡导和平与对话，探索中东地区发展和安全机制的尝试也在推进之中，但进展仍然有限。经历百年变迁之后，中东地区正经历漫长的转型和动荡期。

关键词：　中东地区　海湾危机　新动荡源　美退俄进　安全困境

中东地区是世界百年大变局最先波及的地区之一。2019年又是"现代中东"形成的第一个百年。然而，经历百年变迁之后，中东地区在2019年这个特殊时间节点上，展现的图景却是在乱与治之间艰难徘徊：大国角逐激烈，政局变动频繁，热点问题频发，地缘政治博弈加剧，地区秩序重塑加快，海湾危机升温，安全困境突出，中东正经历深刻的转型期和动荡期。

一 2019年中东热点问题持续发酵，海湾危机急剧升温

进入2019年以来，中东热点问题有增无减，遍及各区域，呈现"多发"和"突发"态势。长期困扰中东地区的根源性问题——巴以争端仍在发酵，阿富汗问题、伊拉克问题、伊核问题以及叙利亚问题、也门问题、利比亚问题等新旧热点问题时有升温，相互激荡，导致"黑天鹅"事件不断涌现，其中，海湾地区矛盾重重，危机四伏，成为当前中东局势演变的焦点和新的"动荡源"。

（一）巴以问题出现重大逆转，重回冲突状态

中东剧变以来，随着新的热点问题频频出现，巴以问题这个中东地区的根源性问题却受到忽视，逐渐被边缘化——巴以问题呈现"不进反退"的态势。其中，美国的一系列举动和颠覆性立场彻底损害了巴勒斯坦问题解决的国际合作机制，尤其是在巴以问题上的倒行逆施导致巴以关系持续恶化。集中反映在特朗普总统无视巴勒斯坦民众的利益和诉求，极力偏袒以色列：从宣布承认耶路撒冷为以色列首都到将美驻以使馆迁至耶路撒冷；从加强对以色列援助和军事合作到推动所谓"世纪交易"；此外，美国还不顾国际社会的普遍反对，承认以色列在西岸定居点的权利（此前还承认叙利亚戈兰高地为以色列领土）。

2019年6月，美国在巴林主持召开了以"和平促繁荣"为主题的有关援助巴勒斯坦的经济会议，推出了"世纪交易"，其主要设想是希望国际社会以及中东盟友为巴勒斯坦重建筹建基金，通过为巴勒斯坦提供援助的许诺，威逼利诱巴勒斯坦方面放弃建国和主权要求。这种以经济援助为诱饵，以"经济换主权"的方案立即遭到巴方的拒绝和谴责，大多数阿拉伯国家纷纷表示抵制和反对。这次会议无果而终，美国的"世纪交易"也遭到联

合国和许多国家的反对。可以说，美国是巴以矛盾再度激化的始作俑者，巴以关系全面倒退。2019 年 7 月 25 日，巴勒斯坦总统阿巴斯召开紧急会议，决定中止与以色列签署的全部协议。2019 年，巴勒斯坦民众与以色列军警之间爆发多次严重流血冲突。巴以之间旧怨未解，新仇频添，再次进入暴力循环的怪圈，2019 年巴以关系发生根本逆转，中东和平进程陷于停滞。

（二）叙利亚问题牵动各方，出现新转机

叙利亚问题持续已有 8 年，成为继 2003 年伊拉克战争之后中东地区又一重大地区性冲突。这场战争已造成 47 万人丧命，150 万人致残，1200 万人流离失所，650 万人沦为难民。[①] 随着叙利亚战场反恐战争的节节胜利和"伊斯兰国"武装力量的全面溃败，叙利亚问题迈入"后伊斯兰国"的新阶段，战局的焦点是伊德利卜的归属以及军事割据态势能否结束；各方关注的焦点问题包括叙利亚重建、政治解决进程和难民的回归等。2019 年，叙利亚问题的主要变化是，持续较长时间"三足鼎立"（即叙中部和南部地区等绝大部分地区由叙政府控制；叙东北部地区由叙利亚库尔德武装力量控制；叙西北部阿夫林被土耳其占领，伊德利卜由土耳其支持的反政府力量以及部分恐怖组织所控制）的僵持局面被打破，叙利亚政府继续乘胜收复疆土。2019 年 10 月 9 日，土耳其以打击恐怖主义为名，发动代号为"和平之泉"的军事行动，意图清除叙利亚库尔德武装力量。此前，美国宣布从叙利亚撤军。在此背景下，库尔德武装"人民保卫军"对美战略怀疑加剧，转而与巴沙尔政府接触，从而改变了三足鼎立的局面。

另一方面，叙利亚问题政治解决进程取得突破。2019 年 10 月 30 日，由叙利亚政府、反对派和民间人士代表组成的叙利亚宪法委员会在日内瓦正式启动，标志着持续近 9 年的叙危机朝政治解决方向迈出重要一步。叙宪法委员会由 150 名成员组成，其名额在叙政府、反对派和民间人士中平均分

[①] The World Bank, "The Toll of War: The Economic and Social Consequences of the Conflict in Syria", July 10, 2017, http://www.worldbank.org/en/country/syria/publication/the-toll-of-war-the-economic-and-social-consequences-of-the-conflict-in-syria.

配。随后，11月8日、11月25日先后在日内瓦举行了两次闭门会议，各方因分歧巨大无果而终。但是，叙宪法委员会开辟了一个重要舞台，叙问题逐渐迈向政治解决阶段。叙问题的真正解决还取决于战事最终结局和相关利益方较量，受制于诸多因素，仍存在着不确定性，面临艰巨而复杂的挑战。

（三）利比亚局势持续恶化，滑向代理人战争

卡扎菲政权被推翻后，利比亚迅速陷入持续分裂、动荡和战乱的深渊。虽然在联合国斡旋下，2015年12月利比亚各派签署政治协议，结束分裂局面，组建民族团结政府，但利比亚各派并未接受民族团结政府统一领导。相反，民族团结政府与"国民代表大会"① 两大势力割据对峙，双方争夺激烈，民族团结政府军队与"国民军"之间激战不断。2019年4月以来，"国民军"向民族团结政府控制下的的黎波里发起多轮进攻，民族团结政府岌岌可危。在此背景下，外部势力加快插手和介入利比亚步伐。目前，利比亚民族团结政府得到联合国承认，受到土耳其、卡塔尔和意大利等国支持。而哈夫塔尔"国民军"则受到埃及、沙特阿拉伯、阿拉伯联合酋长国以及俄罗斯、法国等国支持。在联合国斡旋未见成效的情况下，民族团结政府为了扭转被动局面，积极寻求外部支持。2019年11月底，利比亚民族团结政府与土耳其签署军事和安全合作备忘录，约定土方可以应利方要求向利比亚派兵。进入2020年，利比亚东部武力量"国民军"准备夺取民族团结政府控制的首都的黎波里，利比亚局势趋于紧张。2020年1月2日土耳其议会召开紧急会议，以325票赞成、184票反对，通过授权土耳其政府向利比亚部署军队的议案。随后，1月16日，土耳其埃尔多安总统宣布哈利勒·苏伊萨尔准将为土耳其远征利比亚的司令，率土耳其2000人部队，参加由利比亚政府发起的针对利比亚"国民军"的大规模反击行动。土耳其的派兵之举在国际上引起了强烈反响，非盟立即表示反对。

---

① 民族团结政府及其支持的武装力量控制利比亚西部部分地区，而"国民代表大会"在利比亚东部城市托卜鲁克另建政府，并与哈夫塔尔将军领导的"国民军"结盟，控制利比亚东部和中部以及南部主要城市和部分西部城市。

政治解决利比亚问题一直是国际社会的期待。然而，利比亚战乱持续多年，对峙双方不仅没有实现停火，反而借助外部力量寻求自保或扩大势力范围，土耳其派兵行动正在将利比亚冲突推向一场新的代理人战争，不仅给北非局势增加了变数，而且使利比亚实现和平之路更加漫长，尚难看到真正的和平转机。

（四）也门问题严峻，处在胶着状态，在战与和之间徘徊

在也门，冲突各方在付出巨大代价之后，开始寻求政治解决途径。2018年12月，也门内战中最重要的交战方哈迪政府与胡塞武装达成《斯德哥尔摩协议》，主要内容是交换战俘、实现荷台达停火和协商塔伊兹地位。然而，由于协议内容本身的具体条款模糊，以及双方缺乏基本的战略互信，协议执行得并不顺畅。进入2019年下半年，也门局势的变化令人眼花缭乱。2019年7月，沙特联军的主力之一阿联酋突然宣布从也门撤军。8月初，同属沙特联军阵营的南方过渡委员会和哈迪政府在亚丁发生激战。9月，胡塞武装袭击沙特炼油设施。当人们以为海湾可能陷入战争的时候，沙特却开始与胡塞武装秘密和谈，甚至通过伊拉克和巴基斯坦方面与伊朗秘密接触。11月5日，沙特促成了哈迪政府和南方过渡委员会达成和解的《利雅得协议》。① 当前，胡塞武装与沙特联军边打边谈，仍处在低烈度冲突中，也门和平进程举步维艰，但仍展现了一线和平的希望。

（五）伊核问题再度成为焦点，海湾局势升温，接近沸点

美国自2018年5月单方面宣布退出伊核协议后，启动对伊朗"最严厉制裁"，推行"极限施压"，并打造升级版的"反伊朗联盟"。可以说，围绕伊核问题的博弈，早已超出"核问题"范畴，逐渐演变为"伊朗问题"，加剧了海湾地区的紧张局势，催生了新一轮的海湾危机，即以美国与伊朗对抗

---

① 关于也门局势变化的详细分析，可参见 https：//www. criticalthreats. org/locations/yemen，https：//www. crisisgroup. org/middle－east－north－africa/gulf－and－arabian－peninsula/yemen。

为主的多层博弈的局面：美伊之间的极限博弈（即美国对伊朗的极限施压和伊朗的极限抵抗）；以色列、沙特及其地区盟友与伊朗之间的地区层面博弈；美国与欧盟、俄罗斯、中国之间围绕伊核协议存废的国际层面博弈。美伊矛盾的焦点迅速从伊核问题扩展为伊朗弹道导弹和伊朗地区影响力问题。美、以、沙的根本目的就是全面遏制伊朗的崛起。

一方面，美国步步紧逼，通过极限施压迫伊就范，逼其在核问题、导弹、恐怖主义和地区扩张等诸问题上让步，甚至希望能以压促变，煽动民众造反，颠覆伊朗现政权。2019 年 4 月美宣布将伊朗伊斯兰革命卫队列为"恐怖组织"，5 月对伊朗铁、钢、铝、铜产业进行制裁，6 月宣布制裁伊朗最高领袖哈梅内伊及革命卫队 8 名高级指挥官，7 月宣布商讨组建针对伊朗的海湾地区"护航联盟"。另一方面，伊朗以极限抵抗顽强应对美国的极限施压，开展了"有利、有理和有节"的抗美斗争。

美伊对抗不断加码，矛盾不断升级，接近沸点，并存在"破局"的可能。伴随着一系列突发事件，[①] 双方剑拔弩张，紧张局势频频出现。特别是 2020 年 1 月 3 日，美国总统特朗普突然下令空袭巴格达国际机场车队，公开袭杀了伊朗伊斯兰革命卫队"圣城旅"指挥官卡西姆·苏莱曼尼少将。苏莱曼尼将军遭杀事件立即激起伊朗全民怒火，对美同仇敌忾，誓言进行"严厉报复"，有数百万伊朗人自发参加其葬礼。伊朗官方迅速宣布将美军和五角大楼列为恐怖组织。2020 年 1 月 8 日，伊朗为报复美国袭杀行动，向位于伊拉克的两处美军基地发射数十枚导弹，美方以无人员伤亡为由未实施军事打击报复行动，从而避免了大规模军事冲突或战争。但是，美国继续增兵海湾地区，美伊双方爆发直接军事冲突的风险并不能排除。

美伊对抗全面升级，牵动整个中东，联通其他热点问题。海湾地区这个曾经较为稳定的"和平绿洲"正变得危机四伏，成为中东局势变化的焦点。中东局势也因此步入一个危险的新阶段。

---

① 2019 年 6 月 20 日美国价值 2 亿美元的"全球鹰"无人机被伊朗击落；海湾水域发生多起油轮遇袭；9 月 14 日沙特布盖格炼油厂和胡赖斯油田遭遇无人机袭击。

二　2019年中东大国角逐激烈，"美退俄进"态势明显

从大国与中东关系来看，2019年中东形势的一个明显特征是，大国竞争的格局正在发生趋势性变化。一方面，美国在中东战略性收缩，然而又不甘心其势力被挤出中东，对伊朗"极限施压"成为美国中东政策的核心；另一方面，俄罗斯对中东的影响正在大幅上升，其影响从中东北翼的叙利亚南下到波斯湾地区。俄罗斯与美国在中东的"一进一退"，表明中东地缘政治正在经历巨大的变化。面对俄罗斯和美国在中东的夹击，作为对中东具有重要影响的传统外部力量，欧盟一方面在经贸等领域维持对中东的传统影响，另一方面积极利用多边合作舞台，拓展对中东地区事务的影响。美国、俄罗斯、欧盟在中东的争夺态势变化，给中东地区国家带来复杂的影响。与此同时，以土耳其、伊朗、沙特阿拉伯、埃及、以色列为代表的中东地区强国，在大国竞争的夹缝中腾挪自己的地区战略目标，保护自己的地区战略利益，地区国家之间的争斗加剧。2020年伊始，由于美国暗杀苏莱曼尼，伊朗展开报复行动，给未来中东局势带来更多的不确定影响，大国在中东的博弈将进入新的阶段。

（一）美国战略收缩明显，应对危机捉襟见肘

近十年来，美国从中东战略收缩的主要原因是：首先，中东在美国全球战略中的地位下降。由于美国境内页岩油和页岩气产量的不断增加，美国对中东能源的依赖不断下降。其次，特朗普高举"美国优先"的大旗，在国际事务中奉行单边主义，不断从国际多边机构"退群"，也从传统的战略要地"减负"。最后，2014～2017年肆虐中东的极端势力"伊斯兰国"被击溃后，反恐不再是美国迫切选项。特朗普总统认为，中东远离美国，美国没必要在中东花费大量人力物力，应该让中东盟友负担自己的防卫和安全责任。[1] 人

---

[1]　牛新春：《美国的中东政策：延续与变化》，《当代世界》2018年第3期，第28页。

们注意到，2019年9月沙特石油设施遭袭后，美方未采取强硬措施，或许正是美国担心深陷中东冲突的某种表现。

第一，美国在巴以和平进程问题上愈加捉襟见肘。对特朗普总统来说，中东是其外交的起点，巴以问题本来是特朗普在中东最想推动解决的问题。2017年5月，特朗普"外交首秀"选择了中东地区的沙特阿拉伯、以色列、巴勒斯坦。但是，近3年来，特朗普在巴以问题上立场严重后退，不断推翻美国历届政府的传统立场，如承认耶路撒冷是以色列首都，将美国驻以色列大使馆从特拉维夫迁到耶路撒冷，关闭巴勒斯坦解放组织驻美国办事处，停止向联合国巴勒斯坦难民救济和工程处（UNRWA）拨款，支持以色列吞并约旦河西岸地区等，严重恶化了巴以关系。特朗普政府在巴以和谈问题上过度偏袒以色列，他授权其女婿库什纳在中东兜售的"世纪交易"却迟迟不露真容，还把美国出台"世纪交易"的时机与内塔尼亚胡在以色列大选中获胜挂钩；并推动沙特阿拉伯、阿联酋、埃及、约旦等阿拉伯国家建立"中东版北约"，至今应者寥寥，显示美国在中东的号召力已大不如前。

第二，美国在地区热点问题上愈发不愿承担责任。在近年中东的重大热点叙利亚问题上，美国更是急于"脱身"，不惜背弃盟友，使美国在中东的信誉严重受损。2019年10月7日，美国宣布从叙利亚东北部库尔德人控制区撤军，这一毫无征兆地抛弃库尔德盟友的做法，使得中东国家愈发意识到美国"靠不住"。事实上，特朗普总统2019年以来已几次宣布从叙利亚撤军，显示美国急于摆脱叙利亚这一累赘。在特朗普看来，美军留在叙利亚的成本和风险与其收获和成果严重不相配。美国抛弃叙利亚库尔德人武装力量的做法，再一次印证了美国会随时抛弃盟友。

第三，美国无力有效遏制伊朗在中东地区的崛起。近几年来，美国在中东面临的最大挑战还是伊朗问题。由于伊朗和美国关系的持续恶化，2019年中东形势的一个传统聚焦点——伊核问题朝着深渊滑落，2015年达成的《伊朗核问题全面协议》（JCPOA）岌岌可危。2018年5月，美国宣布单方面退出伊核协议，并逐步恢复对伊朗制裁。从2019年5月2日起，美国宣布不再给予部分国家和地区进口伊朗石油的制裁豁免，全面禁止伊朗石油出口。作为对美国单方面退出伊核协议的回应，自2019年5月起，伊朗已分五阶段陆续中止履行伊核协议条款。2019年7月1日，伊朗宣布浓缩铀存量突破300公斤，并宣布铀浓缩丰度突破伊核协议规定的3.67%的上限，9月6日，伊朗宣布放弃遵守核能研发方面的承诺，不再遵守协议中有关离心机的限制。11月5日，伊朗总统鲁哈尼发表讲话称，将重新启动位于福尔多铀浓缩厂的离心机，迈出中止履行伊核协议的"第四步"。2020年1月6日，在美国暗杀伊朗高级军事领导人苏莱曼尼3天后，伊朗政府宣布：中止履行伊核协议的第五阶段限制，即"离心机数量的限制"。因此，从理论上说，伊朗的核计划将不再受到任何限制（包括浓缩能力、浓缩百分比、浓缩物质的数量和研发），并且将继续推进。但伊朗也重申，伊朗与国际原子能机构的合作将像以前一样继续进行。从目前伊朗和美国关系螺旋式恶化的趋势分析，伊朗最终完全主动退出伊核协议的可能性增加，这将给中东地区局势以及全球防止大规模杀伤性武器扩散体系带来严重冲击。

美国在中东受挫的最新事例发生在伊拉克。自2003年美国发动伊拉克战争后，美国一直想把伊拉克打造成中东一个新的亲美国家，但事与愿违，美国的伊拉克政策可谓"种瓜得豆"。2011年美国从伊拉克大规模撤军后，伊拉克国内政治斗争愈演愈烈，教派争斗和库尔德人的分裂活动贯穿近几年的国内政治发展过程。2014年恐怖组织"伊斯兰国"首先在伊拉克兴起，随后扩张到叙利亚等国，使得伊拉克政府不得不同意美国出兵打击极端武装。2017年极端武装被击垮后，美国及其打击极端武装的国际联盟驻军问题在伊拉克国内引起激烈争论。自2019年10月以来，伊拉克多地发生了反政府和反美的示威和抗议活动。民众的抗议除了指责政府治理乱象外，主要指向美国军队长期滞留伊拉克，侵犯伊拉克主权。2019年12月29日，美国向伊拉克境内由伊朗支持的"人民动员部队"发动空袭，引起伊拉克民众的强烈抗议。2019年最后一天，伊拉克民众包围美国驻伊拉克大使馆，并烧毁了使馆内汽车等设施，美国不得不紧急宣布准备向伊拉克增兵。2020年1月3日，美国袭杀苏莱曼尼和穆汉迪斯之后，伊拉克朝野震惊，伊拉克议会迅速召开会议，全体代表一致通过要求美军撤出伊拉克的决议，代表们高呼"美国人滚回去"。美军在伊拉克的存在失去了法律上的合法性。

（二）俄罗斯加紧布局，施力中东格局演变

近年来，俄罗斯正强势回归中东，成为中东最显眼的玩家。2019 年是俄罗斯中东政策取得全方位进展的一年。

第一，利用传统军事优势，强势介入是俄罗斯中东战略的显著特点。冷战结束后，由于国力衰弱，俄罗斯在中东的影响一度大幅缩减。2011 年叙利亚危机爆发后，俄罗斯通过"化武换和平"谋略以及出兵援助叙利亚，帮助巴沙尔政府成功扭转了叙利亚战局。俄罗斯还通过建立叙利亚问题阿斯塔纳和谈机制，主导了叙利亚问题政治解决进程，并形成了俄罗斯—土耳其—伊朗三方准盟友关系，大大压制了美国和欧盟在中东的影响力。俄罗斯还凭借军事优势，成功说服伊朗和土耳其购买俄制 S - 300 和 S - 400 防空系统，并且游说沙特采购俄罗斯的防空系统武器。

第二，由传统关注的中东北翼向南翼进行渗透，是俄罗斯中东战略的新动向。如果说俄罗斯通过强势介入叙利亚以及通过俄—土—伊三方准盟友关系巩固了俄罗斯在中东北翼的阵线，那么，俄罗斯与海湾国家的政治、经济、军事、安全等领域的双边关系不断推进，则表明俄罗斯正试图将影响力扩张到中东南翼的波斯湾与红海地区。

在海湾地区，俄罗斯一方面重点发展与伊朗的战略关系；另一方面也在利用与阿拉伯国家的良好关系，积极斡旋伊朗与沙特阿拉伯的争端，同时，俄罗斯还积极调解沙特阿拉伯与卡塔尔的断交危机。稳固并提升与伊朗关系，仍是俄罗斯海湾政策的重中之重，俄伊的双边多领域合作关系达到了前所未有的程度。2019 年 5 月 27 日，俄罗斯外交部长拉夫罗夫针对伊朗外长扎里夫此前提出与周边国家签订《互不侵犯条约》的建议做出积极回应，认为伊朗的提议是"正确的"。

俄罗斯与海湾君主国的关系提升集中反映在普京总统 2019 年 10 月的"中东之行"，普京出访的是两个具有重要影响力的海湾国家沙特与阿联酋。

访问沙特期间，俄沙签署了价值 100 多亿美元的 20 项合作协议和谅解备忘录，内容涉及能源、通信、投资、民航、媒体、军事、税务和太空探索等领域。在普京总统的阿联酋之行中，俄罗斯也与阿联酋签订了总价约 14 亿美元的多份新合同，两国表示将加强经济与安全合作。俄罗斯、沙特和阿联酋都是世界上主要的产油国，在石油输出国组织（欧佩克）出现严重裂缝之际，俄罗斯加强与海湾产油国的政治、经济和能源合作，彰显了俄罗斯正全方位加强与中东的联系。

第三，提出"海湾地区集体安全构想"，是俄罗斯深度介入中东的重要标志。2019 年 7 月 23 日，在俄罗斯外交部召开的有阿拉伯国家、伊朗、土耳其、联合国安理会五个常任理事国、欧盟、阿拉伯联盟和金砖四国代表参加的会议上，俄罗斯外交部副部长兼总统中东问题特使米哈伊尔·波格丹诺夫公布了"海湾地区集体安全构想"。[①] 该构想的主要目标是为海湾地区"建立一个真正包容性的区域安全体系"。为了达到目的，俄罗斯试图调解已持续多年的沙特阿拉伯与伊朗的矛盾。2019 年 5 月以来，海湾地区发生了多起油轮遇袭事件，伊朗和沙特互相指责，海湾形势剑拔弩张。为了防止冲突升级，俄罗斯同时做双方的工作，呼吁双方在真相查明之前保持克制。

值得注意的是，在俄罗斯倡议建立"海湾地区集体安全构想"之际，美国也在拼凑"海湾护航国际联盟"，但目前只得到了沙特阿拉伯、以色列等少数国家的呼应。俄罗斯与美国几乎同时介入海湾航运和安全事务，表明美国和俄罗斯在中东"一进一退"的格局中依然暗中较劲。

不难看出，俄不断加大对中东的战略投入，重要的目的在于巩固与中东的全方位关系，利用中东在国际地缘政治和能源版图中的独特地位，在与美国及欧盟的谈判过程中增加战略筹码，牵制西方对俄罗斯的围堵，拓宽俄罗斯在国际社会的战略空间。2020 年 1 月 7 日，俄罗斯总统普京突访叙利亚首都大马士革，与叙利亚领导人巴沙尔讨论叙利亚及地区形势，显示俄罗斯

---

① "Presentation on Russia's Collective Security Concept for the Persian Gulf Region"，俄罗斯外交部网站，https://www.mid.ru/en/foreign _ policy/news/-/asset _ publisher/cKNonkJE02Bw/content/id/3733593。

对急剧升温的美国与伊朗对峙局势表示高度关注。

面对俄罗斯在中东的强势介入以及美国的战略退缩，中东地区国家不得不调整政策应付外部力量的巨大变化，中东地区国际关系正在经历新一轮的分化组合。应该看到，尽管俄罗斯眼下在中东势头正猛，但对中东全局的影响仍然逊于美国，俄罗斯要全面取代美国仍需时日，但中东国家显然认识到了大国格局趋势的变化。目前，以土耳其、伊朗、沙特阿拉伯、以色列、埃及为代表的中东国家，在大国博弈的过程中，有的主动出击，有的被动应对，有的抱团取暖，有的深陷政局动荡无力施展抱负，中东地区国际关系的分化组合不可避免。

（三）欧盟寻求机会，积极介入中东事务

欧盟是中东热点问题的重要参与方，近年来，欧盟积极参与解决中东热点问题。[①] 然而，由于欧盟整体实力有限，因此对中东诸多问题的影响不能高估。

第一，欧盟积极参与伊核问题，并在美国与伊朗之间进行斡旋。在2015年相关各方达成伊核协议中，英、法、德三个欧盟国家是重要的缔约方，也是伊核协议履行情况的监督方。2018年5月美国单方面退出伊核协议后，欧盟成为与伊朗磋商挽救伊核协议命运的重要力量。作为伊核协议的重要参与方，欧盟一方面在努力维持与伊朗的最低程度合作，另一方面面对美国对伊朗的极限施压，欧盟需要与俄罗斯、中国等协商，保持对伊朗的影响力。2019年，在美国威胁制裁的压力下，欧盟主要国家停止了从伊朗进口石油，基本停止了与伊朗在石油、金融、航空等领域的合作，但英、法、德三方仍在挽救伊核协议，与伊朗进行了多轮磋商。

2019年海湾紧张局势升级后，欧盟呼吁美国保持克制。目前，欧盟在伊核问题上面临进退两难的局面，一方面，欧盟希望维持伊核协议，继续维持其在伊朗的经贸和投资利益；另一方面，欧盟企业迫于美国方面的压力，

---

① 余国庆：《欧盟与中东关系》，社会科学文献出版社，2018，第83～88页。

不断减少与伊朗的经贸往来和投资，迟迟没有兑现伊核协议签订后对伊朗减少制裁的承诺。在伊核问题陷入僵局的情况下，欧盟正试图寻求包括用欧元代替美元进行结算、以物易物等特殊途径，规避美国的制裁，从而继续与伊朗的合作。2019年以来，欧盟主要国家一直在设法与伊朗谈判，努力建立一个旨在帮助伊朗规避美国制裁的贸易结算机制即"贸易往来支持工具"（INSTEX），但进展并不顺利。2019年1月，英、法、德三国外长曾发表联合声明，加快创立INSTEX机制及与伊朗的谈判，但此后不断遭到美国指责。2019年6月10日，德国外长海科·马斯访问德黑兰，表示欧盟相信伊核协议"值得挽回"，但与伊朗磋商建立INSTEX机制的谈判并不顺利。

2020年伊始，伊朗与美国关系再度进入紧张对峙状况。在苏莱曼尼被暗杀3天后，伊朗宣布中止执行伊核协议第五阶段承诺，引起欧洲领导人极大关注。德国总理默克尔、法国总统马克龙和英国首相约翰逊在2020年1月5日进行通话，三国领导人一致同意合作，为紧张局势降温，并敦促伊朗避免采取加剧地区不稳的军事行动。由于担心情势升温，英国政府派遣了两艘军舰赴波斯湾保护公民安全。欧盟国家普遍担忧，一旦伊核协议彻底破产，美国和伊朗可能爆发军事冲突，这将引起包括难民外流等的严重后果，因此，今后一段时间，欧盟将继续就伊核问题与伊朗、俄罗斯、中国等进行磋商，竭力挽救伊核协议。

第二，安全合作与军售在欧盟与中东国家关系中占有重要地位。欧盟不少国家加入了美国主导的国际联盟，打击"伊斯兰国"极端武装，但欧盟国家主要是在北约军事行动机制内参与在叙利亚和伊拉克的军事行动，主要是出动空军参战，目前只有英国、德国和法国在伊拉克部署少量地面军事人员。2020年初美国和伊朗在伊拉克的冲突升级后，德国已表示考虑从伊拉克撤出少量军事人员。

欧盟与海湾地区的安全合作十分瞩目。欧盟积极通过多边主义合作参与海湾安全事务。自1990年起，欧盟与海合会国家每年召开欧盟—海合会联合部长理事会会议，至2019年已经连续举行28届，主要讨论安全事宜。海湾地区出现卡塔尔断交危机以及伊朗和沙特关系恶化后，欧盟成为重要的外部调解者。2017年卡塔尔外交危机爆发后，法国外长勒德里昂在当年7月访问沙特、阿联酋和科威特，派出卡塔尔外交危机特使布尔特朗前往海湾地区调停。2019年5月以后，海湾地区出现多起油轮和石油设施遇袭情况，欧盟国家对此高度重视。法国积极参与对海湾地区事务的政治解决过程。2019年5月14日，阿联酋方面宣布法国、美国和挪威将对四艘商船在阿联酋水域遭袭事件进行联合调查。

在俄罗斯提出"海湾地区集体安全构想"，以及美国发起组建"海湾护航国际联盟"后，欧洲国家态度有所分化。正在"脱欧"途中的英国表示支持并愿意加入护航联盟，但法国和德国表示拒绝参加。欧盟不愿与俄罗斯及美国合作，希望以自己的力量加强与海湾国家合作，共同维护海湾航行安全。

法国还增加在海湾地区的军事存在，在科威特、卡塔尔和阿联酋都驻有军事基地和指挥中心。增加对海湾地区的军售也是包括法国在内的主要欧盟国家中东政策的目标之一。目前，欧盟国家军事装备出口最多的前五个目的国中有四个是海湾国家。法国在2018年与沙特达成新的国防合作战略协议，对沙特军售成为重要内容。法国还是卡塔尔的武器主要供应国之一，双方在2019年2月签署战略对话意向协议，启动全面合作机制。

第三，在巴以问题和中东和平谈判问题上，欧盟是积极的参与方。相对于美国对以色列的严重偏袒政策，欧盟在中东问题上的立场相对中立和客观。欧盟主要国家没有像美国那样把各国驻以色列大使馆迁往耶路撒冷。在美国停止向巴勒斯坦难民提供援助后，欧盟成为巴勒斯坦的主要外援方。2019年3月，美国正式承认以色列对戈兰高地的主权，但欧盟没有跟随美国的政策。时任欧盟外交与安全政策高级代表莫盖里尼发表声明，宣布联合国安理会中五个欧盟成员国英国、法国、德国、比利时和波兰在联合声明中表达了欧盟在这一问题上的共同立场：根据国际法和联合国安理会第242号和497号决议，欧盟不承认以色列对1967年6月以来占领的任何领土拥有主权，这也适用于戈兰高地。

2019年，在美国"世纪交易"受挫的情况下，以法国和德国为代表的欧盟国家也正努力召开新的多边中东和谈国际会议。在叙利亚、也门等中东地区热点问题上，欧盟在日内瓦会谈等国际多边场合积极参与地区热点问题的解决，显示欧盟在中东相关热点问题上仍然是一支不可或缺的力量。

（四）新兴国家加大关注中东力度

如果说 2019 年中东地区大国竞争和格局正经历新变局，除了老牌棋手美国、俄罗斯、欧盟在中东纷纷投棋布子外，以印度为代表的域外新兴国家也不断把眼光投向中东。印度是中东的近邻，中东是印度劳务最大的输出地和最大的侨汇来源地。近年来，随着经济的快速发展，印度成为仅次于中国的中东石油进口国。2016 年 5 月，印度总理莫迪出访伊朗，两国签署了 12 项合作协议，其中包括投资 5 亿美元帮助伊朗修建位于东南部的恰巴哈尔港。通过该港，印度将可以绕过巴基斯坦，借道伊朗和阿富汗，实现与中亚的联通。2019 年 2 月，沙特王储穆罕默德·本·萨勒曼先后对巴基斯坦和对印度展开访问。

（五）日本积极推动与中东国家关系

2019 年 6 月，日本首相安倍访问伊朗，这是日本首相时隔 41 年再次到访德黑兰。安倍首相也是 2018 年美国退出伊核协议后，第一个访问德黑兰的发达国家领导人。能源和经贸关系是日本与伊朗合作的重点，但安倍访问伊朗，也有缓解伊朗和美国紧张关系之意，但美国与伊朗关系结怨之深，显然非日本调解所能解决。2020 年 1 月初，美国和伊朗关系骤然紧张，安倍首相一度推迟原先宣布的对中东沙特阿拉伯、阿联酋、阿曼三国的访问，但1 月 10 日，安倍突然宣布重新启动对中东三国的访问，显示日本更加重视与中东国家的关系，并希望在中东大国竞争中发挥日本的作用。

三 2019年中东政局变动频繁，安全形势日趋恶化

在国际体系转型和世界大变局的背景下，2019 年中东政治和安全局势的新变化集中反映在政局变动频繁、民众抗议常态化以及安全形势恶化等方面。

（一）一些国家政局变动频繁，政治稳定面临严峻挑战

2019 年中东地区感受到"阿拉伯之春"的强烈余震。在民众抗议运动下，中东国家政局变动加快，一些国家如阿尔及利亚、苏丹出现政权更迭，另一些国家如黎巴嫩、伊拉克、科威特出现内阁更换。这些从整体上表明中东政治发展仍处在"中东大变局"的"长波"中，余震不断。① 即使是作为"中东民主样板"的以色列也频频上演选举后"政府难产"窘境，其政治发展面临挑战。

在苏丹，2018 年 12 月，政府试图通过大幅贬值货币来避免经济崩溃，导致物价飞涨和民众抗议。政府宣布紧急状态、逮捕反对派、关闭社交媒体、武力驱散示威者等，试图控制局势。2019 年 2 月，巴希尔总统通过更换总理、副总理等部分高官平息民众的不满情绪。然而，民众抗议并未被彻底平息。4 月 6 日，抗议活动达到高潮，苏丹职业人员协会号召 100 多万人举行游行示威。随着局势进一步发展，4 月 11 日，国防部长伊本·奥夫宣布推翻巴希尔政权，成立过渡军事委员会并担任主席，执掌国家事务。由于民众继续抗议反对建立军政府，在任仅一天的奥夫宣布辞职。军队总督察、陆军中尉阿卜杜勒·法塔赫·布尔汉接任军委会主席。7 月 17 日，过渡军事委员会与"自由与变革联盟"在喀土穆签署协议，同意组建过渡期治理机构联合主权委员会，授权"自由与变革联盟"提名国家过渡时期政府总理。8 月 20 日，组建由军方代表和平民代表共 11 名成员组成的联合主权委员会，由阿卜杜勒·法塔赫·布尔汉担任联合主权委员会主席。次日，哈姆杜克正式宣誓就任苏丹过渡政府总理。9 月 5 日，苏丹宣布组建过渡政府内阁。苏丹和平谈判进程仍在蹒跚前行，布尔汉强调，过渡时期的首要任务是实现和平。

在阿尔及利亚，2018 年 12 月，邻近首都的奥义德爆发民众抗议，反对

---

① 王林聪：《中东政治发展形势及其走向》，载李新烽主编《中东发展报告 2019：变动中的海湾格局》，社会科学文献出版社，2019，第 52 页。

总统布特弗利卡谋求第五任期。2019 年 2 月底，民众抗议扩展到整个国家，演变为巨大的政治危机。总统不得不采取措施，包括动用警察等强制力量、替换总理等政府高官、承诺不再寻求连任等方式，试图平息民众抗议。因民众抗议迟迟无法平息，2019 年 3 月底，军方的态度开始转变。4 月 2 日，布特弗利卡被迫辞职。参议院议长阿卜杜勒卡迪尔·本·萨利赫依据宪法担任过渡期的临时总统，阿尔及利亚进入政治过渡阶段。阿尔及利亚计划在 7 月 4 日举行大选。然而，民众有组织的抗议运动并未停止，其诉求提高到改变政治体制，不认可 7 月 4 日举行选举的正当性。宪法委员会只得宣布取消原计划进行的选举。9 月 15 日，临时总统宣布于 12 月 12 日举行总统选举。12 月 12 日总统大选如期举行，前政府高官阿卜杜勒－马吉德·特本以 58.15% 的得票率当选总统。许多民众要求彻底改变前政权，对大选持抵制态度，导致投票率低，仅为 39.88%，因此，阿未来发展仍充满不确定性。

在伊拉克，自 2019 年 10 月以来，民众抗议此起彼伏，其中以什叶派地区大规模民众示威运动最为突出，截至 12 月 1 日，约有 430 人身亡、19136 人受伤，政府既无法满足示威群众的要求，也难以平息抗议示威运动。在此背景下，11 月 29 日，阿卜杜勒－迈赫迪总理宣布辞职，向国民议会递交辞呈并获得批准。根据伊拉克宪法，议会批准后需要在辞职后的 15 天内投票选举一位新总理。伊拉克当前的政治危机反映了美国在伊拉克移植西方民主、建立族群—教派分权政治体制（什叶派人士担任政府总理，库尔德人出任国家总统，逊尼派代表担任议会议长）的严重后果，导致教派矛盾激增、腐败问题严重、治理乏力、民众不满情绪激增。

科威特面临日趋严峻的经济形势。2019 年 11 月 14 日科内阁为避免议会的不信任质询而决定集体辞职，首相谢赫·贾比尔·穆巴拉克递交辞呈，埃米尔最终批准了内阁辞职。12 月 17 日，新内阁产生并宣誓就职。但是，摆在科威特新政府面前的挑战并未有丝毫缓解。

在以色列，内塔尼亚胡虽然是以色列历史上任期最长的总理（1996 年至 1999 年任以色列总理，2009 年起再度出任，连任至今），但是不仅他寻求连任遭遇问题，以色列政治发展也面临困境。从 2019 年 4 月 9 日提前举行（原本于 2019 年 11 月举行）议会大选后，内塔尼亚胡领导的利库德集团赢得议会选举，但组阁失败，议会随后解散。9 月 17 日重新选举后，总统鲁文·里夫林先后授权内塔尼亚胡和蓝白党领导人、国防军前总参谋长本尼·甘茨组阁，均以失败告终。两次议会选举，两次未能完成组阁，直接导致"政府难产"，这在以色列建国以来是前所未有的，凸显了以色列政治发展的问题。以色列将在 2020 年 3 月第三次举行议会选举，究竟能否顺利组阁仍然不容乐观。

（二）民众抗议运动普遍化和常态化

民生问题再次成为引发政局变动和社会动荡的"灰犀牛"。中东剧变已接近十年，中东社会发展整体形势堪忧：政治和社会暴力更加严重，经济增长陷入停滞，社会不平等加剧，腐败猖獗，性别平等问题突出。联合国开发计划署（UNDP）和牛津大学贫困与人口发展倡议（OPHI）2018 年发布的报告显示，阿拉伯国家近 1/5 的人口（即 6500 万人）生活在极端贫困（世界银行认为每天收入低于 1.9 美元）中，另有 1/3 的人处于贫困或脆弱状态。① 因此，进入 2019 年以来，随着社会和经济状况的恶化，中东出现了新一轮抗议浪潮，从阿尔及利亚、苏丹、突尼斯、埃及，到伊拉克、黎巴嫩、伊朗，民众抗议运动此起彼伏，抗议运动呈现普遍化和常态化，凸显经济发展困境和社会问题尖锐程度。

究其原因，一方面是民众对于政府治理无力、变革缓慢以及腐败等问题的普遍不满，经过中东剧变洗礼之后，青年表现出更为强烈的斗争意愿，许多年轻人越来越诉诸街头抗议等方式表达其不满和改变现状的诉求。另一方面，在伊朗、黎巴嫩、伊拉克以及叙利亚等国的民众示威活动中，常有西方鼓动"颜色革命"进行干预的影子。例如，2019 年 11 月 15 日，当伊朗政府宣布提高汽油价格（油价上调 50% 以上），并实行配给制后，全国 100 多

---

① MahaYahya, "The Middle East's Lost Decades: Development, Dissent, and the Future of the Arab World", *Foreign Affairs*, Vol. 98, No. 6, Nov/Dec 2019, pp. 52 – 53.

个城市爆发抗议活动。与此同时，国内外各种势力推波助澜，或向伊朗政府施压，或借机煽动抗议活动。美国总统、国务卿等政客纷纷在推特上发文支持抗议者和暴乱分子，美国国会提交提案支持伊朗暴力骚乱，美国之音、明天电台、BBC波斯语网等西方媒体开通"伊朗抗议"专题，24小时滚动直播，谋求进一步打击和削弱伊政权。在抗议冲突最为严重的西部跨民族边境省区大不里士市、马赫沙赫勒市和胡泽斯坦省，都有着外部渗透等情况。西方干预和外部势力煽动抗议运动，考验着伊朗当局的治理能力和应对智慧。

（三）传统安全和非传统安全问题相互交织，形成了严重的安全困境

近年来，中东传统安全和非传统安全问题同时恶化，且相互激荡，相互转化，形成了极其复杂的"复合型"安全问题；安全威胁节节攀升，安全治理进展缓慢，出现了严重的安全困境。[①] 中东安全问题不仅危及地区国家，还波及周边和世界各国。

1. 中东传统安全威胁突出，且呈上升态势

近年来，中东地区国家间军事冲突增多，直接军事行动和军事威胁不断出现。例如，土耳其以打击所谓恐怖主义为名，三次军事入侵叙利亚，占领叙利亚阿夫林地区，遭到叙利亚巴沙尔政权的强烈反对；土耳其还多次对伊拉克境内的库尔德工人党武装实施军事打击行动。以色列经常对叙利亚境内的军事设施进行空中打击，对黎巴嫩境内真主党武力量进行打击，对巴勒斯坦领土上的反抗力量进行打击。2015年以来，沙特阿拉伯武装力量进入也门，与胡塞武装力量短兵相接。在军事威胁中，当前最突出的是美国、以色列和沙特等国与伊朗之间的对峙，美伊矛盾上升且以战争相威胁，美伊对抗呈现螺旋上升态势，战争风险在波斯湾地区不断积累，不排除军事冲突的可能性。

---

① 王林聪：《中东安全问题及其治理》，《世界经济与政治》2017年第12期，第4~25页。

伴随着这些军事行动和战争威胁，如何维护领土完整和国家安全仍是许多中东国家的首要任务。许多国家不断增加国防开支，强化军事能力，由此导致中东地区军备竞赛愈演愈烈。根据英国简氏防务（Jane's IHS Markit）发布的报告显示，2019 年中东国家国防开支超过 1000 亿美元，其中军费开支最高的国家是海湾地区的沙特和阿联酋。在全球人均国防开支最高的 10 个国家中，有 5 个位于中东，而人均国防开支最高的 15 个国家中，有 9 个位于中东。① 根据英国国际战略研究所（International Institute for Strategic Studies，IISS）2019 年的报告，西亚北非国家的总国防预算占总国内生产总值的比例超过 5%，远高于北美地区（3%）、欧亚大陆和亚洲其他地区（2.5%），以及欧洲、拉丁美洲和加勒比、撒哈拉以南非洲地区（这些地区为 1%～1.4%）。②

中东多数国家，尤其是海湾国家大量采购先进的武器装备并深陷军备竞赛之中。众所周知，海湾国家是美国武器公司（洛克希德·马丁、西科斯基和波音）和欧洲武器公司（如法国达索、意大利莱昂纳多和英国 BAE 系统）的重要客户。2011～2019 年，海湾合作委员会成员国仅购买战斗机和攻击机就花费 470 多亿美元。2019 年，该地区的军备竞赛展现出向核领域扩散的新动向。在特朗普 2018 年 5 月宣布单边退出伊核协议的刺激下，伊朗在逐步重启铀浓缩活动。2019 年 4 月，沙特首个实验性核反应堆开工，引起国际社会对沙特追求核武器的担忧。9 月 4 日，土耳其总统埃尔多安表示，"拥有核武器的国家禁止土耳其获得自己的核武器是不可接受的"，显示出土耳其追求核武的意愿。实际上，高昂的军费开支和军备竞赛不仅表明中东各国不安全感程度提高，而且加剧了该地区的安全困境。

2. 非传统安全问题尖锐复杂，持续恶化

一是恐怖主义威胁依然突出，地区安全形势严峻。恐怖组织"伊斯兰

---

① "Middle East Defence Spending Forecast to Hit ＄100bn in 2019", 13 Sep. 2019, https：// www. arabianbusiness. com/technology/426571 – mideast – defence – spending – set – to – hit – 100bn – in – 2019.

② IISS, *The Military Balance 2019*, New York：Routledge, 2019.

国"于2017年12月被击败，但伊拉克和叙利亚面临的恐怖主义威胁并没有解除。反恐行动在2019年再次取得进展。2019年3月，美国及其盟友"叙利亚民主军"夺取"伊斯兰国"在叙利亚的最后据点代尔祖尔省的巴古兹村，标志着作为"准国家"形态的"伊斯兰国"的覆灭。10月26日，美军出动8架直升机"突入"叙利亚伊德利卜，美特种部队突袭了"伊斯兰国"首领巴格达迪在叙利亚的藏身地，迫其自杀身亡。巴格达迪之死标志着曾经在叙利亚和伊拉克攻城略地的"伊斯兰国"恐怖组织遭受最为沉重的打击，进一步加速了该组织走向衰落。然而，巴格达迪之死并不意味着恐怖组织和恐怖行动的减弱，一方面，"伊斯兰国"恐怖组织早已化整为零，分散或扩散到中东各地，从中亚、南亚、东南亚到阿富汗、也门、埃及西奈半岛、北非利比亚等地都已经建立据点，继续"圣战"，进行暴力袭击活动；另一方面，巴格达迪之死可能导致当地恐怖势力重新分化组合，形形色色的恐怖组织借机兴起，利用中东地区和国家的安全短板和治理失序加紧渗透和破坏活动，从而给中东地区安全局势构成严峻威胁。例如，2019年12月10日，"伊斯兰国"在马里和尼日尔的分支机构对尼日尔一处军营发动恐怖袭击，造成71名士兵死亡。由此观之，反恐斗争仍然是中东各国极其艰巨的任务。

二是难民安全问题十分突出。根据联合国难民署的资料，全球6000万难民和流离失所者中有40%来自中东地区，主要是巴勒斯坦人和叙利亚人。截至2019年12月，叙利亚内战造成567万难民，其中在土耳其369万、在黎巴嫩92万、在约旦65万。也门内战造成400万人流离失所，2410万人需要人道主义援助。① 在全球层面，中东地区的难民危机凸显了国际社会在解决人的安全问题上的内在缺陷。从地区层面看，接收难民的前线国家在接收这些难民时往往面临巨大的经济、社会甚至安全压力。黎巴嫩、约旦和土耳其是目前接收难民最多的几个国家，大规模的难民涌入不仅消耗它们本就不宽裕的财政资源，而且恶化了这些国家本就不佳的就业形势，甚至危及这些

① https：//data2. unhcr. org/en/situations/syria；http：//reporting. unhcr. org/yemen.

国家脆弱的安全形势。对于难民本身来讲，他们的生活质量严重下降。妇女和儿童是社会中最脆弱的成员，他们也是难民中最脆弱的部分。在也门，内战导致妇女遭受性暴力攻击的比例增加了约 2/3。① 儿童的生存状况也急剧恶化，多数儿童难民缺乏教育机会意味着他们可能会沦为"失去的一代"，对于他们的未来造成恶劣影响。儿童也遭受各种形式的不公对待，包括童工、性暴力，甚至被迫加入武装组织。

三是环境安全问题逐渐凸显。虽然有研究已经注意到了环境因素对叙利亚战争爆发的影响，但是战争对于地区环境造成的影响仍未得到应有重视。以叙利亚战争为例，一方面，叙利亚战争中使用的爆炸性武器造成了大量污染。武器爆炸产生许多有毒的重金属、燃料、润滑剂、溶剂、高能材料和推进剂等物质，这些都会污染土壤和地下水。此外，这些污染还影响民众的健康，战争已经导致叙利亚青年罹患癌症的比例增大。另一方面，叙利亚战争造成了严重的生态破坏。叙利亚内战爆发以来，许多民众需要柴火维持基本生活，因此，叙利亚森林严重被砍伐，森林覆盖面积比 2010 年减少了约15%（18600 公顷）。而森林滥伐也破坏了生物多样性，在一些交战区域，如巴尔米拉和阿勒颇，一些鸟类已基本灭绝，而阿拉伯鸵鸟和叙利亚棕熊等物种也处在危险之中。②

3. 非国家武装力量的崛起和代理人战争引发一系列新的安全治理问题

中东变局以来，伴随着许多国家治理能力的弱化和战乱国家的增多，地区动荡和失序状态加剧，非国家武装力量乘势崛起。③ 特别是在处于内战之中的伊拉克、叙利亚、利比亚和也门，非国家武装行为体崛起并填补权力真空，除了"基地"组织和"伊斯兰国"等恐怖组织之外，黎巴嫩真主党、也门胡塞武装、伊拉克"大众动员力量"、叙利亚民主军是我们熟知的非国

---

① Delphine Valette, *Protection, Participation and Potential: Women and Girls in Yemen's War*, International Rescue Committee, 2019, p. 4.

② Jennifer Dathan, *Reverberating Effects of Explosive Weapons in Syria*, 2019, Action on Armed Violence, pp. 26 – 28.

③ Murat Yeşiltaş, Tuncay Kardaş, eds., *Non - State Armed Actors in the Middle East: Geopolitics, Ideology, and Strategy*, Palgrave Macmillan, 2017, p. 4.

家武装力量。中东地区非国家武装力量崛起，对地区安全治理产生了深远影响。一方面，对本国安全构成挑战。在也门，非国家武装力量胡塞武装和南方过渡委员会建立"政府"，与国际社会承认的哈迪政府形成三足鼎立之势。① 这些力量运用暴力手段竞争生存资源和国际合法性，使也门长期处于动乱之中。在叙利亚，土耳其越境打击库尔德武装"人民保卫军"，并最终实现了在叙利亚东北部的军事存在，破坏了叙利亚的主权完整。同时，在叙利亚西北部的伊德利卜，"黎凡特解放阵线"等恐怖组织负隅顽抗，导致叙利亚政府迟迟无法彻底收复全境。在伊拉克，一些在对抗"伊斯兰国"期间壮大的民兵组织组建政党并积极参政，但这些力量兼具国家和非国家性质的混合性特征无疑对国家安全治理构成了挑战。② 2018 年议会大选之后，民兵领袖阿米里与萨德尔建立了竞争性的政治集团，使伊拉克无法形成之前的最大政治集团联盟，政府脆弱性增大，并使伊拉克议会时常陷入混乱。另一方面，非国家武装力量扮演着代理人战争的主要角色，导致中东地区的代理人战争大有愈演愈烈的趋势。安德鲁·曼福德（Andrew Mumford）将代理人战争定义为：一国通过支持第三方的方式，间接参与冲突，并意图影响冲突结果的行为。③ 在中东地区，非国家武装力量是地区国家或域外大国的重要代理人，使得该地区的代理人战争现象十分显著。在也门，沙特利用其海军在红海的制海权，对也门西部港口进行封锁，令胡塞武装无法获得有用的战略物资。同时，沙特海军也参与了对也门关键港口的占领行动。此外，沙特利用其空军在也门的制空权，运用轰炸方式消灭胡塞武装的有生力量。然而，在地面战场上，沙特主要依赖代理人进行进攻和防御。而伊朗的代理人相对单一，即支持胡塞武装实现自身利益。2019 年 9 月，伊朗支持的胡塞武装向沙特油田发动无人机袭击，具有明显的代理人战争的性质。在伊拉

---

① 朱泉钢：《也门多重武装力量的崛起及其治理困境》，《阿拉伯世界研究》2019 年第 4 期，第 46 页。

② Michael Knights，"Iran's Expanding Militia Army in Iraq：The New Special Groups"，*CTC SENTINEL*，Vol. 12，No. 7，August 2019，p. 9.

③ Andrew Mumford，*Proxy Warfare*，Polity Press，2013，p. 1.

克，伊朗支持的民兵组织多次向美国驻伊拉克大使馆附近发射火箭弹，甚至直接冲击美国大使馆，这种代理人战争加剧了美国与伊朗之间的紧张关系，破坏了伊拉克的和平与稳定。

四　迈向2020年：中东形势展望

21世纪的前二十年，在西方大国的干预和介入下，中东地区经历了战争"洗礼"和剧变"风暴"，地区力量格局出现重大变动。迈向21世纪第三个十年，中东地区仍将处在秩序重构过程中，地缘政治竞争激烈，冲突频仍，危机四伏。

一方面，中东国家正经历深刻的政治、经济、社会转型，仍处在2010年以来"中东剧变"的长波之中，即这一过程很难在短期内结束；另一方面，地缘政治竞争已取代反恐合作，域内外各种力量成为塑造中东地区体系的不同变量，诸变量相互作用，中东地区体系正处在过渡期和重塑期，充满着不确定性。由此判断，现阶段中东地区的发展走向和趋势如下：

第一，中东地区关系进入全面调整期，大国干预和地缘政治竞争对中东局势产生深远影响。一方面，地缘政治博弈"阵营化"，"美退俄进"加速，新兴经济体进入中东地区的步伐加快，构成了中东地区关系的深刻变化。另一方面，围绕着伊核问题、叙利亚危机、利比亚问题等的博弈正在加剧，其中，美国和伊朗的矛盾上升为中东地区的主要矛盾，特别是考虑到美国和伊朗的极限边缘战略的巨大风险，美国和伊朗的对峙存在破局的可能性，那样势必推升海湾危机，引发严重的地区冲突。

第二，热点问题难以降温，新的热点不断涌现，其中，利比亚问题进一步国际化，围绕东地中海资源的争夺将成为新热点。近期，土耳其与利比亚民族团结政府签署新的安全协议《安全和军事合作谅解备忘录》和维护地中海能源开采权的协议《海洋管辖区限制谅解备忘录》，并准备向利比亚派军，此举引发希腊、塞浦路斯、埃及、以色列等东地中海国家的强烈不满，希腊、以色列和塞浦路斯签署了东地中海天然气管线项目协议，显然是对土耳其派军进入利比亚的回应。新的争端已经形成，各方围绕东地中海的权力竞争和经济利益争夺展开了激烈的博弈。

第三，中东国家转型复杂化，政治安全问题尖锐。当前中东大多数国家依旧面临严重的"发展赤字"、"治理赤字"和"安全赤字"，许多中东国家政局变动或政权更迭实际上展现了转型时期的政治变迁进程，是政治矛盾和政治问题集中爆发并尝试解决这些矛盾和问题的阶段，因此，具有长期性、曲折性和反复性。伴随着传统安全和非传统安全等威胁的上升，外部干涉、恐怖主义已经成为危及绝大多数中东国家政治安全的主要问题，如何防范政治安全问题，必将是各国从国家战略层面加以应对的首要任务。

第四，战乱国家重建长期化。中东是当今世界上战乱国家最集中的区域，但是，由于内外多种力量和多重因素的掣肘，无论是阿富汗，还是叙利亚、也门、利比亚，其政治重建进程复杂、曲折而漫长，这是中东政治发展中的"独特现象"。伴随着中东政治动荡，战乱国家很可能演变为中东地区新的动荡和纷争的策源地，加重解决中东政治问题的难度。

与此同时，在两大集团博弈渐成僵局、地区安全风险与日俱增的背景下，中东地区求和之风渐起，尝试探索推进地区的稳定、发展和安全。例如，新一轮的也门问题和谈出现转机，沙特政府与胡塞武装直接进行谈判，双方尝试达成全面停火协议。为了尽快摆脱战争泥潭，沙特阿拉伯很可能在未来从也门撤出军事力量。另外，伊朗和沙特两大集团之间的对峙也存在缓和的可能性。

值得关注的是，围绕中东局势的复杂变化，倡导温和、理性的声音也渐渐增多。其中，最为瞩目的是2019年2月艾兹哈尔大伊玛目艾哈迈德·塔伊卜和天主教教皇弗朗西斯在阿联酋阿布扎比举行的世纪会晤，签署了《人类皆为同胞宣言》，强调全体人类皆为兄弟，希望通过对话化解宗教分歧，寻求宗教理性与和平，反对极端主义，在宗教界引起巨大反响。另外，围绕中东问题先后举办的慕尼黑安全论坛和北京中东安全论坛产生了积极影响。特别是2019年11月27~28日在北京举行的首届中东安全论坛上，各方就中东地区避免地区陷入全面对抗乃至战争达成共识，中国明确提出了推进中东安全治理的"中国方案",中国国务委员兼外长王毅指出,打造共同、综合、合作、可持续的中东安全架构,中方有四点主张:一是要坚持政治解决的正确方向,二是要捍卫公平正义的基本原则,三是要发挥联合国的关键作用,四是要形成地区和国际社会的一致合力。[①]"中国方案"得到来自中东各国专家的普遍认可,这为动荡不宁的中东地区增加了一种积极的建设性因素。由此观之,这些反对极端主义、倡导和平与对话、探索中东地区发展和安全机制的尝试和努力,尽管其进展极为有限,但仍给迈向 21 世纪第三个十年的中东地区增添了一些希望。

课题组组长:王林聪

课题组成员:余国庆　朱泉钢[②]

---

① 《王毅阐释中东安全问题的中国方案》,2019 年 11 月 27 日,https://www.fmprc.gov.cn/web/wjbzhd/t1719429.shtml。
② 王林聪,中国社会科学院西亚非洲研究所副所长、研究员,中国中东学会副会长兼秘书长,中国社会科学院海湾研究中心副主任;余国庆,中国社会科学院西亚非洲研究所研究员;朱泉钢,中国社会科学院西亚非洲研究所助理研究员。

拉美地区形势分析与展望

摘　要： 拉丁美洲和加勒比地区经济在 2019 年表现低迷，大多数地区国家经济增速放缓；2020 年经济复苏动能不足，经济增长面对多重挑战。地区政治格局整体呈现"左""右"互有进退之势，右翼政府仍然占据优势地位。整体上，传统政党持续衰落，新兴政党不断崛起，暂时缺少能够凝聚共识、指引发展方向的主导性政治力量。拉美多国爆发大规模抗议活动，严重损害政治稳定。在社会发展领域，拉美面对的主要挑战是贫困人口数量的不断上升、失业规模的持续膨胀和收入不平等的改善速度放缓。地区各国的中等收入阶层正在面对经济下行带来的考验。拉美地区国际关系格局整体呈现分化重组之势，执政者的左右政治立场差异使拉美国家形成显著的外交立场分化，拉美左翼执政大潮时期倡导的政治 - 社会一体化主张让位于以贸易自由化为主要内容的地区多边合作。美国正在加强对拉美的介入，大国博弈在该地区呈现升级之势。2020 年，拉美国家的政治、经济形势仍将带有显著的脆弱性和不确定性。

关键词： 拉丁美洲　经济低迷　政治动荡　社会冲突　外交分化治理困局

2019 年，拉丁美洲和加勒比地区（以下简称"拉美"）仍处于 2008 ~ 2009 年国际金融危机之后的调整阶段，社会矛盾加剧、政治波动放大，拉美国家普遍出现动荡现象：民众不满情绪上升、民意分化加剧、政策调整受阻和社会抗议活动频发。在对外关系领域，拉美国家间关系因为执政者政治立场差异等原因而不断分化重组。美国正在加强对拉美的介入，大国博弈在该地区呈现升级之势。2019年爆发的多场社会冲突和政治危机表明，拉美各国政府面临极为复杂的治理环境，新旧矛盾交织，破解当前困境的过程可能将长期化。2020年，拉美国家的政治、经济形势仍将带有显著的脆弱性。

一　2019年拉美地区总体形势

拉美地区经济平均增速在2019年大幅下滑，总体表现低迷。地区政治格局整体呈现"左""右"互有进退之势，右翼政府仍然占据优势地位。拉美多国因为社会矛盾激化而发生大规模抗议活动，造成剧烈的政治社会动荡。持续的经济低迷使地区社会发展陷入停滞，贫困与不平等问题凸显。为提振经济增长，拉美主要国家的对外政策重视推动对外经贸合作和加强地区内部自由贸易。总体而言，2019年拉美经济增长低迷与政治社会动荡相互交织，对外政策有调整。

（一）地区经济增长表现低迷[①]

拉美经济在2019年总体表现低迷，大多数拉美国家经济增速放缓。联合国拉美经委会（ECLAC）报告中的预估数字显示，该地区2019年经济平均增长率仅为0.1%，这是在连续7年低速增长基础上的进一步明显下滑。[②]国际货币基金组织（IMF）的数据表明，该地区经济增速在全球主要地区之

---

① 除非特别说明，"地区经济增长表现低迷"部分的数据均来自ECLAC，"Preliminary Overview of the Economies of Latin America and the Caribbean"，December 2019，https：//repositorio. cepal. org/bitstream/handle/11362/45001/43/S1901096_ en. pdf，最后访问日期：2019年12月26日。

② 世界银行2020年1月的《全球经济展望》报告中对2019年拉美地区经济增长的预估数字略高，为0.8%。

中垫底，不仅低于其他新兴市场和发展中经济体，也低于发达经济体。①

该地区 33 国之中有 23 国出现经济增长放缓。阿根廷、厄瓜多尔、委内瑞拉、海地和尼加拉瓜陷入经济衰退。其中，委内瑞拉的衰退程度最为严重，2019 年经济增长率为 – 25.5%，已连续 6 年处于衰退之中。拉美三大经济体均处于低增长或衰退状态。其中，巴西经济连续 2 年低增长，其增速在 2019 年降至 1.0%；墨西哥经济在近年持续放缓，2019 年接近零增长，处于衰退边缘；阿根廷经济在 2018 年陷入衰退，并在 2019 年进一步恶化（增长率为 – 3.0%）。

拉美经济在 2019 年受到两类不利因素的影响。就外部环境而言，世界经济增长放缓、全球贸易萎缩、初级产品价格下跌和金融市场波动对地区各国的经济增长形成抑制。由于能源产品、工业矿物（铜、锌、锡和铅）以及一些农产品（咖啡、玉米、大豆和大豆产品）的出口价格下降，拉美的贸易条件未能延续此前 2 年的复苏势头，在 2019 年下降 1.4%。就自身情况而言，地区各国拉动经济增长国内需求的所有组成要素的作用都在下降：在投资领域，存货投资的下降最为严重，固定资本形成总额出现连续 3 个季度的下降；在消费领域，政府消费和私人消费都受到严重的冲击；从供给端看，地区各国的矿业、制造业、建筑业和商业呈现下降之势；与此同时，地区各国面对国内政局不稳与社会抗议活动加剧带来的压力，结构性改革延缓。

拉美国家的通胀压力有所缓解。该地区年化平均通胀率从 2018 年 10 月的 3.6% 降至 2019 年 10 月的 2.4%。② 从次区域看，南美洲的同期年化平均通胀率从 3.3% 降至 2.3%；中美洲和墨西哥从 4.2% 降至 2.7%；加勒比地区从 3% 降至 2.5%。从月度通胀率变化趋势看，地区通胀率下降趋势始于 2019 年 4 月。从通胀组成要素看，食品类的通胀率上升最高和变化最快，

① IMF, " World Economic Outlook 2019 ", https：//www. imf. org/ ~ /media/Files/Publications/ WEO/2019/October/English/text. ashx? la = en，最后访问日期：2019 年 12 月 25 日。
② 此处未计入阿根廷、委内瑞拉和海地的通胀率。这三国通胀率显著高于其他拉美国家，如果计入，地区通胀动因的典型特征可能被扭曲。

而服务业的通胀率下降最大。

拉美国家延续"双赤字"状况，同时债务比重依然较高。从经常账户看，2019 年拉美地区经常账户赤字占 GDP 的比重为 2%，与 2018 年水平相同。从财政账户看，鉴于利息支付较高，拉美地区总体财政赤字占 GDP 比重为 2.8%，仅比 2018 年下降 0.1 个百分点。约占 GDP 3% 的巨额赤字长期存在，刺激了对融资的巨大需求。因而，拉美国家的公共债务略有上升。截至 2019 年 6 月拉美国家中央政府公共债务总额占 GDP 比重平均为 43.2%，比 2018 年增加 1.3 个百分点。阿根廷和巴西是拉美国家中公共债务比重最高的，分别达到 80.7% 和 78.7%。"双赤字"会削弱投资者信心，而债务高企则潜藏偿债风险。

总体而言，拉美仍然处于"后危机时代"经济下行探底时期（2011~2020 年），这 10 年的年均经济增长率仅为 1.4%（见图 1）。

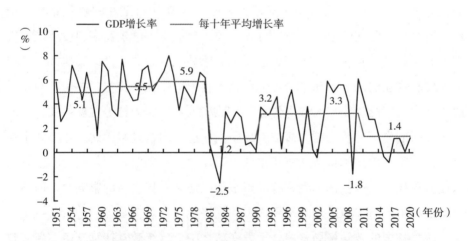

图 1　1951~2020 年拉美地区经济增长趋势

资料来源：联合国拉美经委会（ECLAC），https：//www.cepal.org/es。

（二）政治社会动荡加剧

拉美多国在 2019 年举行大选，政党轮替或政府更迭成为这些选举的基调。在阿根廷、玻利维亚、乌拉圭、巴拿马、萨尔瓦多和危地马拉，大选都以执政党的下台告终。在萨尔瓦多大选中，具有"局外人"色彩的纳伊布·布克尔（Nayib Bukele）成功当选总统；在阿根廷，以正义党（PJ）为主体的"全民阵线"（Frente de Todos）赢得总统选举；在乌拉圭，连续执政15年的执政联盟广泛阵线（FA）告负；危地马拉和巴拿马，同样出现政党轮替；玻利维亚出现严重的选举争议，最终以莫拉莱斯（Evo Morales）总统被迫辞职的方式实现政府更迭。上述6国大选与其他拉美国家在近期举行的多场大选共同构成一个"超级选举周期"①。由于经济表现低迷、经济调整带来社会冲击、腐败丑闻接连爆发和减贫工作停滞不前，这个选举周期形成导致选民投下"愤怒票"的整体环境。选民普遍反对在任者，偏好投票支持政治"局外人"或非传统人物，意在惩罚建制政党和政治精英、寻找能够改变现状的替代性政治力量。

拉美政治格局整体呈现"左""右"互有进退之势，但右翼政府仍然占据优势地位。2019年大选结果显示，阿根廷出现从右至左的政党轮替，中左立场的正义党在落败4年之后再度执政；乌拉圭、萨尔瓦多和玻利维亚出现从左至右的政党轮替或政府更迭；在危地马拉，右翼政党继续执政。乌拉圭和玻利维亚的局势变动带给拉美左翼不利影响：在乌拉圭，拉美温和左翼的代表力量广泛阵线在大选中告负；在玻利维亚，作为拉美左翼领袖人物的莫拉莱斯因为国内政治压力而被迫辞职。在这个超级选举周期，左翼和中左翼政党在委内瑞拉和哥斯达黎加实现连续执政，在墨西哥、阿根廷和巴拿马取代右翼执政。这些选举胜利有助于平衡该地区右翼政府的影响力，但不足以动摇右翼政府在地区政治格局之中的优势地位。

拉美各国的政党格局普遍处于大变动之中，传统政党持续衰落，新兴政党加速崛起。在萨尔瓦多，中右翼的民族团结大联盟（GANA）赢得总统选举，打破左翼的马蒂阵线（FMLN）和民族主义共和联盟（ARENA）在过

---

① "超级选举周期"在本报告主要指：2017年11月至2019年11月，14个拉美国家举行了大选或总统选举。其中，智利和洪都拉斯在2017年举行大选；哥斯达黎加、巴拉圭、委内瑞拉、哥伦比亚、墨西哥和巴西在2018年举行大选或总统选举；玻利维亚、阿根廷、乌拉圭、萨尔瓦多、巴拿马和危地马拉在2019年举行大选。加勒比国家选举不计入内。

去 30 年间轮流执政的政党格局;在危地马拉,6 个不同的政党在 2000 年以来相继执政,亚历杭德罗·贾马特(Alejandro Giammattei)当选总统意味着成立仅 2 年的前进党(VAMOS)一举成为执政党;在哥伦比亚,两大传统政党自由党和保守党在 2019 年 10 月地方选举中未有重大斩获,其衰落之势进一步加剧。这个选举周期的走势表明,哥伦比亚的传统政党格局完全解体;在智利、墨西哥、哥斯达黎加和乌拉圭,政党格局正在经历重组;巴西和秘鲁的政党格局仍然处于碎片化状态。

拉美国家的政府普遍处于弱势。这或是因为执政党在国会属于少数派(例如危地马拉和萨尔瓦多);或是因为总统选举获胜者的领先优势很小,乌拉圭当选总统路易斯·拉卡列·波乌(Luis Lacalle Pou)仅以 1% 的微弱优势获胜;或是因为执政联盟是包含左右政党的"彩色联盟"(例如墨西哥和乌拉圭),联盟内部政策协调难度很大。在巴西、秘鲁、哥伦比亚和哥斯达黎加,政府难以在国会得到稳定的多数支持。秘鲁的比斯卡拉政府为典型的弱势政府。一方面,马丁·阿尔韦托·比斯卡拉(Martín Alberto Vizcarra)在 2018 年接替辞职的佩德罗·巴勃罗·库琴斯基(Pedro Pablo Kuczynski)担任总统,在国会仅仅得到少数几名议员的支持;另一方面,人民力量党(FP)为首的政党联盟是该国国会在近 20 年以来最强大的反对党联盟。比斯卡拉总统在 2019 年多次提出政治体制改革法案,一再遭到国会否决,从而导致行政部门和立法部门之间的矛盾激化。随着比斯卡拉总统宣布解散国会,该国陷入 20 年来最严重的政治危机。

政治腐败问题在拉美政坛持续发酵。巴西总统雅伊尔·梅西亚斯·博索纳罗(Jair Messias Bolsonaro)在执政之初即被爆出腐败丑闻。他的长子、现任联邦参议员弗拉维奥·博索纳罗(Flávio Bolsonaro)被曝牵涉违规金融交易和犯罪集团活动,司法部门已经开始对博索纳罗的一位长期合作者展开涉腐调查。秘鲁在 2019 年加快涉腐案件办理,为此对前总统库琴斯基实行预防性监禁,向美国提出引渡同样涉腐的前总统亚历杭德罗·托莱多(Alejandro Toledo),另一位前总统阿兰·加西亚(Alan García)在行将被捕时自杀身亡。在危地马拉,联合国支持的危地马拉反有罪不罚委员会

（CICIG）正在调查吉米·莫拉莱斯（Jimmy Morales）总统在 2015 年总统竞选活动中违规使用资金问题；在洪都拉斯，胡安·奥兰多·埃尔南德斯（Juan Orlando Hernández）总统被美国检察官指控涉嫌贩毒，他的一位兄弟因为涉嫌贩毒而在美国被捕。

拉美多国爆发大规模抗议活动，严重影响政治稳定。在海地和洪都拉斯，民众掀起大规模示威活动，抗议政府的不作为或经济改革。2019 年 10 月以来，南美洲 3 国（厄瓜多尔、智利和哥伦比亚）相继爆发大规模社会抗议活动，由此形成的叠加放大效应震动全世界。厄瓜多尔民众在 10 月 3 日发起的抗议活动是该国 10 年来最大规模的抗议活动，迫使政府宣布全国进入紧急状态。智利民众在 10 月 18 日掀起 30 年来最大规模的一轮抗议活动，迫使皮涅拉政府宣布国家进入紧急状态。哥伦比亚的工会和学生团体在 11 月 21 日至 12 月初连续发起 3 次全国性大罢工和游行活动，抗议杜克政府可能采取的经济改革措施。

（三）贫困与不平等问题凸显①

贫困人口数量持续反弹。拉美在社会领域面对的突出问题是贫困人口数量的持续反弹。该地区贫困现象曾在 2002 年至 2014 年呈现下降趋势。2015 年以来，经济持续下行逆转了这一趋势，贫困率和极端贫困率都处于上升之中。2019 年，该地区贫困率为 30.8%，极端贫困率为 11.5%。这就意味着，1.91 亿拉美人生活在贫困之中，较 2014 年增加 2700 万人；其中，7200 万人生活在极端贫困之中，较 2014 年增加 2600 万人。

社会支出停滞不前。2000 年至 2017 年，拉美国家中央政府社会支出占 GDP 的比重从 8.5% 上升至 11.5%，社会支出占公共支出的比重从 46.5% 上升至 52.8%。2018 年，两项数值分别回落至 11.3% 和 52.5%。由于经济形势持续低迷，拉美国家中央政府社会支出占 GDP 的比重在 2019 年出现进

---

① 除非特别说明，"贫困与不平等问题凸显"部分的数据均来自 ECLAC，"Social Panorama of Latin America 2019"，2019，https：//repositorio. cepal. org/bitstream/handle/11362/44989/1/S1901132_ en. pdf，最后访问日期：2020 年 1 月 3 日。

一步的下降。

失业规模继续膨胀。地区失业率从 2018 年的 8.0% 上升至 2019 年的 8.2%，相当于新增 100 万名失业者，失业人口的规模上升至大约 2520 万人。① 这将是拉美地区 14 年以来的失业率最高值。② 青年失业问题尤为严重。该地区 15 岁至 24 岁青年失业率为 17.9%（2018 年），远远高于世界平均水平（11.8%）。③ 与此同时，拉美地区的就业质量正在下降，更多人不得不依靠非正规就业谋生。

收入不平等的改善速度不断放缓。拉美 15 国的基尼系数平均值从 2002 年的 0.538 降至 2018 年的 0.465。但是，下降速度在逐渐放慢：2002 年至 2014 年，年均降幅达到 1.0%；2014 年至 2018 年，年均降幅仅为 0.6%。2019 年，持续的经济低迷不利于贫困家庭提高收入。在 2019 年前三个季度，拉美国家平均实际工资的涨幅仅为 0.8%，与 2018 年持平。④ 这就意味着拉美国家平均实际工资连续 10 年上涨的格局宣告结束。这一因素与失业人数增多、就业质量下降、社会保障滞后等因素共同作用，意味着拉美的收入不平等状况难以在 2019 年得到改善。

中等收入阶层正在面对经济下行带来的考验。2002 年至 2017 年，拉美中等收入阶层占总人口的比重从 26.9% 升至 41.1%，也就是从 1.36 亿人增至 2.5 亿人。联合国拉美经委会指出，中等收入阶层的很大一部分成员具有显著的脆弱性。这种脆弱性首先表现为受教育程度低，52% 的 25 岁和 25 岁

---

① ECLAC, "Preliminary Overview of the Economies of Latin America and the Caribbean", December 2019, https://repositorio.cepal.org/bitstream/handle/11362/45001/43/S1901096 _ en.pdf, 最后访问日期：2019 年 12 月 26 日。

② International Labour Office, "World Employment and Social Outlook: Trends 2019", 2019, https://www.ilo.org/wcmsp5/groups/public/ - - - dgreports/ - - - dcomm/ - - - publ/ documents/publication/wcms_ 670542.pdf, 最后访问日期：2020 年 1 月 5 日。

③ ILO, "Youth Unemployment Rates: A Challenge for the Future of Work in Latin America and the Caribbean", August 13 2019, https://www.ilo.org/caribbean/newsroom/WCMS_ 715152/lang - - en/index.htm, 最后访问日期：2020 年 1 月 5 日。

④ ECLAC, "Preliminary Overview of the Economies of Latin America and the Caribbean", December 2019, https://repositorio.cepal.org/bitstream/handle/11362/45001/43/S1901096 _ en.pdf, 最后访问日期：2019 年 12 月 26 日。

以上的中等收入阶层成员未完成中等教育；其次，36.6% 的中等收入阶层成员从事各类具有非正规性和不稳定性的职业；最后，养老金体系对中等收入阶层的覆盖不足。许多中等收入阶层成员很可能因为失业、收入下降或某种突发因素（疾病或灾害）而返贫。

委内瑞拉和中美洲的大规模人口外流问题不断加剧。2015 年以来，委内瑞拉人口外流问题随着该国经济社会形势的恶化而逐步加剧。时至 2019 年，共有大约 470 万委内瑞拉人已经通过各种途径前往国外；到 2020 年底，该国外流人口规模可能将达到 650 万。[1] 这将是拉美历史上最大规模的人口外流潮之一。2019 年，大约 59 万中美洲人涌向美国的南部边界。[2] 其中大多数人来自中美洲"北部三角"国家——萨尔瓦多、危地马拉和洪都拉斯。

海地在 2019 年出现严重的粮食危机。物价上涨、货币贬值、农业歉收和近期的社会动荡使许多贫困家庭难以获得食物。目前，该国有 370 万人（相当于总人口的 1/3）需要紧急食品援助；其中，100 万人处于严重饥饿状态。

（四）对外政策有新调整

拉美国家现阶段对外政策普遍强调推动对外经贸合作、提振经济增长。在此过程中，拉美国家较多关注如何从传统合作伙伴（美国和欧盟）获得发展动能。巴西总统博索纳罗和哥伦比亚总统伊万·杜克·马克斯（Iván Duque Márquez）在 2019 年初专程参加世界经济论坛（WEF），试图提振本国对国际资本的吸引力。博索纳罗总统在 2019 年三度访问美国，推动两国启动贸易谈判，获得美国对巴西加入经济合作与发展组织（OECD）的支持。安第斯三国（哥伦比亚、厄瓜多尔和秘鲁）和英国在 5 月缔结贸易延

---

[1] OHCHR, " Venezuela: High Commissioner Bachelet Details Plans for New Human Rights Assistance", 18 December 2019, https: //www. ohchr. org/EN/NewsEvents/Pages/DisplayNews. aspx? NewsID = 25438&LangID = E#_ ftn2, 最后访问日期：2020 年 1 月 5 日。

[2] UNHCR, "UNHCR Appeals for Regional Talks on Central America Displacement", 12 June 2019, https: //www. unhcr. org/news/press/2019/6/5d0132624/unhcr – appeals – regional – talks – central – america – displacement. html，最后访问日期：2019 年 12 月 23 日。

续协定，以保障双方在英国"脱欧"之后的稳定贸易。厄瓜多尔向国际货币基金组织、美洲开发银行（IDB）、欧洲投资银行（EIB）等国际多边金融机构求助，在 2019 年与其签订总额 102 亿美元的贷款协定。

拉美左翼执政大潮时期倡导的政治—社会一体化主张让位于以贸易自由化为主要内容的地区多边合作。2019 年 6 月，南方共同市场（MERCOSUR，以下简称南共市）和欧盟就自由贸易协定草案达成一致意见，有望完成这项延续近 20 年的谈判。此外，南共市与太平洋联盟（AP）达成促进海关合作的协议，以推动两集团之间的贸易便利化。巴西希望推动南共市和新加坡、韩国在 2020 年达成自贸协定，与越南启动优惠贸易协定谈判。南美洲 8 国①共同推动成立南美进步论坛（PROSUR），谋求以灵活便捷的方式推动地区经济合作。

执政者的左右政治立场差异使拉美国家形成显著的外交立场分化。在 2019 年成立的中左立场政府（墨西哥奥夫拉多尔政府和阿根廷费尔南德斯政府）反对向委内瑞拉强行施压，强调"不干涉"政策的重要性；而萨尔瓦多布克尔政府和玻利维亚阿涅斯临时政府在成立之初就改变前政府的立场，宣布承认胡安·瓜伊多（Juan Gerardo Guaidó）为委内瑞拉"临时总统"。在玻利维亚问题上，左翼执政的墨西哥、委内瑞拉、尼加拉瓜和阿根廷都认为，迫使莫拉莱斯辞职的政治行动是非法的；而右翼执政的巴西、危地马拉和哥伦比亚迅速承认阿涅斯政府。由于奥夫拉多尔政府允许莫拉莱斯及其政治盟友前往墨西哥或墨西哥驻外机构避难，墨西哥和玻利维亚的关系急剧恶化。阿涅斯临时政府在 12 月底驱逐墨西哥驻该国大使。在地区多边合作方面，南美进步论坛成为一个由右翼/中右翼执政国家组成的地区集团，委内瑞拉被排斥在外。同样在 2019 年成立的普埃布拉集团（Puebla Group）是由拉美著名左翼政治人物组成，其中包括阿根廷总统阿尔韦托·费尔南德斯（Alberto Fernández）。这个非政府组织希望为拉美左翼的地区合作带来新的动力。

---

① 8 国分别为智利、阿根廷、巴西、巴拉圭、厄瓜多尔、哥伦比亚、秘鲁和圭亚那。

拉美地区大国巴西和阿根廷的双边关系面临重大挑战。巴西博索纳罗总统打破本国外交惯例，选择美国作为自己就任之后的首访国家，表明与阿根廷关系在巴西外交之中的地位下降。在阿根廷大选期间，博索纳罗和作为总统候选人的费尔南德斯产生公开矛盾：前者公开支持时任阿根廷总统毛里西奥·马克里（Mauricio Macri）竞选连任，后者呼吁巴西释放前总统路易斯·伊纳西奥·卢拉·达席尔瓦（Luiz Inácio Lula da Silva）。博索纳罗在最后时刻才改变主意，委派副总统汉密尔顿·莫朗（Hamilton Mourão）参加在12月10日举行的费尔南德斯就职典礼，维持了两国关系形式上的友好。但是，两国总统的意识形态和经济政策分歧已经使双边关系变冷。

大国对拉关系在2019年有所推进。欧盟和南共市就自由贸易协定草案达成一致。这项协定被视为"欧盟缔结的最大贸易协定"。① 在美国频频向古巴和委内瑞拉施压的背景下，欧盟试图保持独立的立场。第二届古巴—欧盟联合委员会会议在哈瓦那举行，成为欧盟加强对古关系的重大举措。在委内瑞拉问题上，欧盟对马杜罗政府进行制裁，发起成立旨在促进各方对话的国际联络小组，但坚决反对军事干预。俄罗斯继续保持与古巴的紧密关系，随后俄罗斯总理梅德韦杰夫和古巴国家主席迪亚斯－卡内尔（Miguel Díaz-Canel Bermúdez）在10月实现互访。在委内瑞拉问题上，俄罗斯坚持承认马杜罗总统的合法性，并在9月接待他的访问。印度在近年着力推动对拉美的经贸合作，正在与秘鲁就缔结优惠贸易协定进行谈判。在委内瑞拉问题上，印度坚持承认马杜罗为合法总统。俄罗斯总统普京和印度总理莫迪都前往巴西参加了金砖国家领导人会议，与博索纳罗政府保持了较为平稳的关系。

美国继续加强对拉美的外交介入，提振其对地区事务的影响力。美国国务卿蓬佩奥在2019年1月（巴西和哥伦比亚）、4月（智利、巴拉圭、秘鲁、哥伦比亚）和7月（阿根廷、厄瓜多尔、墨西哥、萨尔瓦多）三次访问拉美，意在推动拉美国家在对华关系、对委关系以及其他重大事务上追随

---

① EU, "EU and Mercosur Reach Agreement on Trade", 28 June 2019, https://ec.europa.eu/commission/presscorner/detail/en/IP_19_3396, 最后访问日期：2020年1月5日。

美国立场。"美墨加协定"（USMCA）进入参院审议阶段，正式批准实施可期。美国在12月正式推出扩大版的"美洲增长"（América Crece）倡议，推动私营部门对拉美基础设施的投资。到目前为止，美国已经与阿根廷、智利、哥伦比亚、牙买加和巴拿马就参与该倡议签署谅解备忘录，并正在与秘鲁、巴西和萨尔瓦多进行谈判。美国在2019年进一步加大对古巴、委内瑞拉和尼加拉瓜的制裁，依靠高压手段迫使墨西哥和中美洲国家在非法移民问题上做出响应。

二 2019年拉美地区热点问题分析

拉美是2019年全球抗议浪潮之中最受关注的区域之一，出现社会冲突和政治危机双重震荡，治理困局难解。从年初到岁尾，多个拉美国家爆发重大抗议活动，社会冲突和政治危机呈现相互交织的态势，形成地区范围的持续动荡。年初，委内瑞拉国内政治对抗加剧，反对派领导人瓜伊多自立为"临时总统"，并得到数十个国家的承认。此后，海地、洪都拉斯等国相继爆发大规模社会抗议活动。10月以来，多个南美洲国家陷入持续动荡：厄瓜多尔、智利、哥伦比亚相继爆发大规模社会抗议活动；秘鲁因总统解散国会而陷入政治危机；玻利维亚则因为选举争议而引发激烈的抗议活动，莫拉莱斯总统被迫辞职和流亡海外。

（一）拉美多国出现大规模抗议和政治社会动荡

2019年拉美多国发生大规模社会抗议活动，但起因和性质不尽一致。一部分拉美国家如厄瓜多尔、智利、哥伦比亚和洪都拉斯是因为经济调整措施激化社会矛盾，引发剧烈的抗议活动，一部分拉美国家如秘鲁和玻利维亚是因为重大政治事件而陷入政治危机，委内瑞拉和海地则形成政治危机和社会危机相互交织、持续发作的复杂态势。

在厄瓜多尔、智利、哥伦比亚和洪都拉斯，国内抗议活动是政府推出经济调整措施、社会矛盾出现激化的直接产物。经济下行压力迫使这些国家实行经济紧缩，由此导致的福利水平下降和失业上升加剧民众的受挫感；再加上长期存在的不平等问题，以及一系列腐败丑闻爆发，民众对现状的不满情绪最终因为经济调整措施的出台而激化。在洪都拉斯，教师和医疗工作人员率先发起抗议，反对政府推动医疗和教育私有化的改革。2009年军事政变十周年纪念日的到来，埃尔南德斯总统充满争议的当选，都成为抗议活动迅速升级的诱因。抗议者的诉求从反对经济改革转变为直接要求埃尔南德斯下台。在厄瓜多尔，国际石油价格下跌使该国经济遭受重创。莫雷诺政府迫切希望解决沉重的债务压力，因而在2019年初与国际货币基金组织达成42亿美元的贷款协议。为满足贷款要求，政府在10月1日颁布883号法令，取消存在40年之久的燃油补贴，由此导致的汽柴油大涨价成为点燃大规模抗议活动的"火星"。在智利，地铁票价的小幅上涨引发民众的不满情绪。青年学生在10月中旬率先发起抗议活动，社会各阶层纷纷加入。抗议者纵火和抢劫，对全国各地的市政设施造成了广泛破坏。不同于厄瓜多尔和智利，哥伦比亚实际上没有一个突发公共事件作为引发抗议活动的"燃爆点"。抗议活动的直接诱因是传言之中的税收、劳工和养老金改革。这种状况意味着，这个"燃爆点"实际上是民众对现状的强烈不满情绪。

秘鲁和玻利维亚的动荡局势源于重大政治冲突的催化。对秘鲁而言，政治冲突表现为行政部门和立法部门之间的尖锐对立；对玻利维亚而言，政治冲突则表现为执政党和反对派的激烈斗争。

秘鲁比斯卡拉总统因连续两任总理被罢免、政治改革法案一再受阻，在2019年9月30日突然宣布解散国会。这场行政部门和立法部门之间的冲突使该国陷入20年来最严重的政治危机。部分国会议员进行对抗，声称总统的决定违宪，并任命副总统梅赛德斯·罗萨尔瓦·阿劳斯（Mercedes Rosalba Aráoz）为临时总统。但是，比斯卡拉总统的决定得到多数民众和军方的支持。阿劳斯很快辞职，国会被解散。秘鲁宣布将在2020年1月举行国会选举后，局势有所缓解。以比森特·塞瓦略斯（Vicente Zeballos）为首的新内阁在10月3日正式就职，该国基本恢复政治秩序。

玻利维亚2019年大选从一开始就危机四伏。莫拉莱斯不顾2016年全民公投结果，执意谋求获得第 4 个总统任期，反对派拒不接受这一做法的合法性。因此，此次大选尚未举行就充满争议。总统选举在 10 月 20 日举行，莫拉莱斯再次当选总统，但选举结果引发强烈争议，反对派掀起声势浩大的抗议活动。他被迫在 11 月 10 日辞职，并流亡墨西哥。

在委内瑞拉和海地，国内政治动荡呈现长期化特征，并伴有社会形势的持续恶化。海地在 1990 年产生首位民选总统以来，长期处于政治不稳定和经济混乱状态。2018 年 2 月，该国与国际货币基金组织签署贷款协议。为满足贷款条件，海地在同年 7 月宣布停止燃油补贴，汽油价格随即飙升，民众开始进行示威抗议，时任总理雅克·居伊·拉丰唐（Jack Guy Lafontant）被迫辞职。2019 年，该国经济陷入衰退。民众在 2 月再次发起大规模抗议，要求政府平抑物价、保障食物和燃料供应。时任总理让－亨利·塞昂（Jean-Henry Céant）因应对不力而被国会罢免。此后，总理人选一直难产。燃料短缺导致的大规模抗议在 9 月再起，至 12 月初才平息下来。抗议者指责若弗内尔·莫伊兹（Jovenel Moïse）总统腐败无能，要求他辞职下台。原定在 2019 年 10 月举行的国会选举和地方选举至今未能如期举行。

委内瑞拉政治经济和社会危机进一步加剧。1999 年乌戈·查韦斯（Hugo Chavez）就任总统，成为拉美左翼崛起的先声。查韦斯政府大力推动委内瑞拉实现政治、经济和社会的全面转型，成为最激进的拉美左翼政权。随着内外形势的变动，委内瑞拉在近年陷入困境。该国经济陷入连续 6 年（2014 年至 2019 年）负增长，通胀压力不断加剧，原油产量降至 20 世纪 90 年代以来的最低水平。2015 年以来，随着拉美地区政治格局"向右转"，委内瑞拉在本地区面对越来越大的外交孤立。由于 2018 年总统选举受到大多数反对党抵制，美国、欧盟和多数拉美国家不承认这场选举的合法性。2019 年 1 月 23 日，反对党领袖、国会主席瓜伊多自任"临时总统"，并迅速得到包括美国在内的数十个国家的外交承认。这一状况使委内瑞拉国内政治矛盾进一步激化。瓜伊多及其支持者在国内不断煽动示威抗议活动，鼓动军人哗变；在国外派员接收多个委内瑞拉驻外机构和一批重要的海外资产。2019 年 4 月 30 日，瓜伊多在首都加拉加斯一个空军基地附近现身，号召军人支持自己和民众进行街头抗议。这一行动被视为瓜伊多夺权行动的高潮，但响应者规模有限，并未成功。由于经济恶化、政治动荡、食品药品短缺和治安状况恶劣，委内瑞拉的社会状况日益恶化，该国人口呈现大规模外流状态。至 2019 年，已有大约 470 万委内瑞拉人通过各种途径前往国外。

（二）拉美国家政治和社会动荡的效应不断外溢

2019 年拉美各国抗议活动规模巨大、持续时间长和烈度高，充分折射了这些国家社会矛盾的尖锐程度，也震惊了世界。在厄瓜多尔，土著人组织、学生和工会在 10 月 3 日掀起大规模抗议活动，迫使莫雷诺政府宣布全国进入紧急状态。由于暴力活动加剧，中央政府一度迁至瓜亚基尔办公。政府与土著人代表在 10 月 13 日达成协议之后，抗议活动才逐渐缓和下来。由于抗议者袭击石油生产设施并导致关键输油管道的关闭，该国经济将蒙受重大损失。智利的抗议活动是该国自 1989 年恢复民主体制以来最大规模的抗议活动。它在 10 月 18 日爆发，延续至 12 月下旬才逐渐平息。10 月 25 日的抗议活动达到上百万人的规模。皮涅拉政府宣布多地进入紧急状态，调动安全部队维护秩序。这一轮抗议活动导致至少 26 人死亡，造成大约 150 亿美元的财产损失。[①] 在哥伦比亚，工会和学生团体从 11 月 21 日至 12 月初，连续发起 3 次全国大罢工和抗议活动。当局估计多达 25 万人参加了首次大罢工，后两次罢工也达到数万人规模。在玻利维亚，莫拉莱斯在总统选举中胜出的结果引发巨大争议。选举计票结果在 10 月 21 日发布，反对党拒不接受。抗议活动随即在多个城市爆发，并演变为莫拉莱斯支持者和反对党支持者之间的暴力冲突。美洲人权委员会（IACHR）的数据显示，从抗议活动

---

① Reuters, "Chileans Get on Their Bikes as Protests Hobble Public Transport", December 06, 2019, https: //www. reuters. com/article/us – chile – protests – bikes/chileans – get – on – their – bikes – as – protests – hobble – public – transport – idUSKBN1Y922T，最后访问日期：2020 年 1 月 3 日。

爆发至 11 月 27 日，该国至少有 36 人丧生。①

　　智利在 2019 年沦为抗议浪潮的重灾区，意味着拉美需要寻找新的发展"排头兵"。智利长期是最富裕的拉美国家之一，也是西式民主体制最为巩固的拉美国家之一。该国经济增长表现长期良好，但其新自由主义经济模式在解决社会发展方面投入不足而广受争议。不少分析人士认为，过去数十年来，智利政治的显著特点是温和化：政治精英达成广泛的妥协，共同支持市场化发展道路，竭力避免不平等问题的政治化以及由此引发的社会对立情绪。中左翼联盟和中右翼联盟②形成两大阵营、轮流执政，致力于保持现行政治—经济模式的稳定运行。

　　在经历长达 30 年的等待之后，智利的中下层民众不再保持沉默。他们不仅呼吁降低收入差距，还要求获得高质量的公共服务，享受平等的经济、社会和文化权利。在过去 10 年间，智利多次发生大规模社会抗议活动，标志着不平等问题日益政治化。但是，旨在维持现状的制度框架与不平等问题的政治化产生了冲突。这就意味着，民众要想使自己的诉求得到满足，就不得不寻找体制外途径。因此，政府小幅调高地铁票价的决定就引发一场震惊世界的社会抗议活动。教育和医疗是智利不平等问题政治化的焦点领域。智利现行宪法是在军政府时期颁布的，没有确立国家提供教育与医疗保健的义务。因此，制定新宪法越来越成为抗议者的基本诉求。在此次抗议活动的压力之下，皮涅拉政府宣布将在 2020 年 4 月举行公民投票，以决定是否制定新宪法。届时，民众需要就是否同意制定新宪法以及通过何种形式制定新宪法进行投票。

---

① IACHR, "The IACHR Presents Its Preliminary Observations Following Its Visit to Bolivia and Requests an Urgent International Investigation Take Place into the Serious Human Rights Violations that Have Occurred in the Country since the October 2019 Elections", December 10, 2019, http：//www.oas.org/en/iachr/media_ center/PReleases/2019/321. asp，最后访问日期：2020 年 1 月 5 日。

② 智利中左翼政党联盟原名争取民主联盟（La Concertación），2013 年改组并更名为新多数联盟（Nueva Mayoría）。中右翼政党联盟原名为争取变革联盟（Coalición por el Cambio），后在 2015 年改组为智利前进（Chile Vamos）。

委内瑞拉问题在 2019 年进一步国际化，从地区热点问题转变为全球热点问题，成为大国力量博弈的又一个重要场域。2014 年，委内瑞拉因为通胀压力巨大、商品短缺严重、治安状况恶劣等经济社会问题和尖锐的国内政治矛盾而爆发 10 年来最大规模的社会抗议活动。此后，委内瑞拉国内问题开始外部化。南美国家联盟（UNASUR）和美洲国家组织（OAS）进行了长期的角力。前者试图把委内瑞拉问题限定为南美洲区域问题，依靠地区各国自行解决；后者竭力谋求在西半球范围讨论该问题，而美国可以借助该组织向委内瑞拉施加压力。由于南美国家联盟陷入内部僵局，委内瑞拉问题在 2017 年开始西半球化：美洲国家组织试图就委内瑞拉局势发表谴责声明，马杜罗政府断然宣布退出该组织；与此同时，11 个拉美国家①和加拿大组成利马集团（Grupo de Lima），集体向马杜罗政府施加压力。2019 年，委内瑞拉问题因为瓜伊多自封为"临时总统"而成为一个全球热点问题。世界各国对于谁是委内瑞拉合法总统做出不同的选择，俄罗斯、古巴、土耳其、印度、南非等国坚持承认马杜罗总统的合法地位，美国、巴西等国认可瓜伊多为委内瑞拉的"临时总统"。美洲国家组织在 2019 年 4 月承认瓜伊多的地位，而作为该组织专门机构的美洲开发银行是第一个承认瓜伊多地位的国际性金融机构。对委内瑞拉问题的讨论已经达到联合国安理会层面。2019 年 2 月，美国和俄罗斯各自起草的委内瑞拉问题决议草案在安理会付诸表决，均未获通过。未来，委内瑞拉问题带来的影响将会更加深入地波及世界事务的各个领域，针对该问题的大国博弈也会持续进行。

（三）拉美国家面临越来越难以应对的治理难题

2019 年此起彼伏的社会冲突和政治危机折射拉美国家面临越来越难以应对的治理难题，突出表现在如下三个方面。

1. 拉美各国政府面对极为复杂的治理困境

一方面，实行经济调整势在必行；另一方面，实施经济调整的政治代价

---

① 具体为：阿根廷、巴西、智利、哥伦比亚、哥斯达黎加、危地马拉、洪都拉斯、墨西哥、巴拿马、巴拉圭和秘鲁。

极为巨大，市场化的改革议程和削减财政支出往往损害政府的社会基础。智利财政部长费利佩·拉腊因曾这样评论："经济改革极为艰难，你能够赢得论战，却会输掉选举。"①

厄瓜多尔的大规模抗议活动迫使莫雷诺政府取消883号法令，经济改革方案则在11月17日被国会否决。智利皮涅拉政府在抗议活动爆发之后大规模改组内阁，放弃交通和电力涨价方案，推出总额55亿美元的经济恢复计划，宣布将在2020年举行是否制定新宪法的公民投票。哥伦比亚杜克政府同意与抗议者组成的谈判委员会进行对话。该委员会提出13点要求，其中包括不提高领取退休金的年龄和不削减针对年轻人的最低工资，但杜克政府一直没有接受。杜克政府一直有意实施税收、劳工和养老金改革，但这一轮抗议活动意味着此类改革难以在近期启动。

在拉美各国政府做出一系列政策回应之后，民众的不满情绪仍然强烈。皮涅拉总统的2019年12月民意支持率仅为13%，甚至低于爆发抗议活动的10月（14%）。② 这是智利在恢复民主体制以来出现的最低总统支持率。截至2019年12月，哥伦比亚总统杜克的支持率降至23%，这是他在2018年8月就任以来的最低点。

2. 拉美国家依然面临如何消除现有政治体制弊端的难题

20世纪70年代末起，拉美迎来历史上最长的政治民主化周期。在民主化浪潮的冲击下，绝大多数拉美国家相继确立现行的代议制民主体制，并在此后40年间延续这一政治框架。但是，拉美经历的这一轮民主化进程具有浓厚的保守色彩，许多拉美国家的民主转型是以自上而下的方式进行，政治精英发挥主导作用，形成一种"通过交易达成的转型"。这就使各国民主体制保留大量旧体制的残余，具有相当程度的"先天不足"。因此，尽管政治

① Juan Pablo Spinetto, "Political Risk Is Revived in Latin America as Protests Spread", October 21 2019, https://www.bloomberg.com/news/articles/2019-10-20/political-risk-revived-in-latin-america-as-protests-spread, 最后访问日期：2019年12月29日。

② Tele13, "Encuesta Cadem: Aprobación al Presidente Sebastián Piñera Es del 13% Comparte Esta Nota", 6 Diciembre 2019, https://www.t13.cl/noticia/nacional/cadem-pinera-aprobacion-16-12-2019, 最后访问日期：2020年1月2日。

统治的方式发生显著转变（从威权到民主），拉美国家社会—政治的总体模式尚未发生实质转变。①

在拉美左翼看来，以往在拉美占据主导地位的民主体制有着固有的弊病，也就是始终无法减少贫困和不平等。因此，大众需要政治体制的替代方案。② 新千年以来，拉美的激进左翼主张根据激进民主原则构建和发展民主体制，应当优先关注集体主义、合作主义、基层民众的参与、长期受排斥群体的社会融入。在具体实践上，以委内瑞拉查韦斯政府、玻利维亚莫拉莱斯政府和厄瓜多尔科雷亚政府为代表的激进左翼强调依靠强总统的强势地位打破存在数个世纪之久的社会排斥和不平等。

随强总统制而来的是放宽总统任期限制的争议。查韦斯政府在 2009 年以公民投票方式修改宪法，包括总统在内的民选官员可以无限期连选连任。拉斐尔·科雷亚（Rafael Correa）在总统任上采取了相同的做法，推动修改有关任期限制的宪法条款。2015 年，厄瓜多尔国会批准了修宪提案，允许包括总统在内的民选官员无限期连选连任（科雷亚没有再次参选）。莫拉莱斯希望能够放松对总统任期的限制，因而提议把总统和副总统连选连任限制由 1 次改为 2 次。这一提案在 2016 年全民公投中遭到否决。但是，玻利维亚宪法法院在 2017 年做出的宪法解释使他有权再次参加总统选举。莫拉莱斯第 4 次参选总统并再次当选的结果引发强烈的抗议行动，他不得不辞职流亡。拉美温和左翼的代表人物、巴西前总统卢拉认为，莫拉莱斯寻求获得第 4 个总统任期的做法是错误的。③ 未来，随着取消总统任期限制的国家（如尼加拉瓜）迎来大选，或某支激进左翼力量的崛起，有关总统任期限制的

---

① James David Bowen, "The Right in 'New Left' Latin America", *Journal of Politics in Latin America*, Vol. 3, No. 1, 2011, pp. 99 – 124.

② Javier Couso, "Radical Democracy and the 'New Latin American Constitutionalism'", May 16 2013, http：//www. law. yale. edu/documents/pdf/sela/SELA13 _ Couso _ CV _ Eng _ 20130516. pdf, 最后访问日期：2020 年 1 月 2 日。

③ Sam Cowie, "Exclusive：Bolsonaro Is Turning back the Clock on Brazil, says Lula", 22 Nov., 2019, https：//www. theguardian. com/world/2019/nov/22/exclusive – bolsonaro – is – turning – back – the – clock – on – brazil – says – lula – da – silva, 最后访问日期：2020 年 1 月 5 日。

争议以及如何修补拉美国家政治体制的弊端，仍是拉美地区政治的矛盾焦点之一。

3. 拉美国家根深蒂固的社会分裂对政治稳定构成长期挑战

在哥伦比亚，社会分裂表现为左右之间的对立。右翼的杜克政府对于落实《和平协定》态度消极。截至 2019 年 2 月，该协议的 578 条规定中有将近 1/3 根本没有执行，而另外 1/3 的执行才刚刚开始。① 杜克政府持强硬立场，拒绝与该国最后一支游击队组织民族解放军（ELN）进行和谈。2016 年和平协定带来的和平进程面临十分黯淡的前景。

在玻利维亚，分裂表现为族群之间的对立。该国是土著人口比重最高的拉美国家之一，41% 的居民被认定为土著人。② 莫拉莱斯则是该国独立以来的第一位印第安人总统。莫拉莱斯政府在消除贫困、保护土著人权益方面取得巨大的成就。即便莫拉莱斯已经流亡国外，大多数土著人仍然对他报以政治支持。珍妮娜·阿涅斯（Jeanine Áñez Chávez）在就任临时总统之初，组成一个没有任何土著人担任部长职务的过渡政府，后来吸收一位土著人女性担任旅游文化部长。因此，批评者认为阿涅斯政府有强烈的反土著人色彩。在这种情况下，玻利维亚的族群冲突呈现再度放大之势。

厄瓜多尔的社会分裂带有相当的族群对立色彩。该国也是土著人口比重最高的拉美国家之一。20 世纪 90 年代以来，土著人的自主政治动员不断增强。他们组织发起多次大规模抗议活动，迫使政府做出退让。2005 年，时任总统卢西奥·古铁雷斯（Lucio Gutiérrez）在土著人的抗议压力下辞职流亡。莫雷诺政府的燃料价格调整最直接的受害者就是广大土著人群体。他们务农谋生，燃料价格上涨使他们的种植和运输成本出现飞涨。因此，众多土

---

① Megan Janetsky, "How to Keep the Colombian Peace Deal Alive", September 8 2019, https://foreignpolicy. com/2019/09/08/how－to－keep－the－colombian－peace－deal－alive－farc－duque－uribe－colombia/，最后访问日期：2020 年 1 月 3 日。

② The World Bank, "Indigenous Latin America in the Twenty－First Century（The First Decade）", 2015, p. 25, http://documents. worldbank. org/curated/en/1458914679919745540/pdf/98544－REVISED－WP－P148348－Box394854B－PUBLIC－Indigenous－Latin－America. pdf，最后访问日期：2019 年 12 月 28 日。

著人不惜长途跋涉，前往基多投入抗议活动。土著人抗议者还封锁多处油田，造成跨安第斯山脉的石油管道中断输油。至 2019 年 10 月 14 日，莫雷诺政府与厄瓜多尔土著民族联合会（CONAIE）达成和解，引发社会动荡的883 号法令被撤销。

三 2020年拉美地区总体趋势展望

拉美在 2020 年面对经济增长疲弱、社会动荡反复发作、政治不稳定性、地区合作格局松散化、对国际事务影响力弱化的趋势，其经济增长、社会发展难题待解，地区合作和对外政策将持续调整。

（一）2020年经济复苏动能不足，经济增长面临多重挑战

由于全球经济仍将以增长低迷、贸易冲突、国际市场波动为主要特征，拉美地区难以在 2020 年实现明显的经济复苏。联合国拉美经委会的预测显示，该地区 2020 年 GDP 增长率有望小幅反弹至 1.3%，仅能实现比较微弱的经济复苏。在地区各主要经济体之中，巴西和墨西哥有望在来年实现小幅反弹，阿根廷将继续处于经济衰退之中。

总体而言，拉美仍处于繁荣之后的萧条周期，难以在短期内摆脱经济低迷状态；拉美在新千年之初经历一轮大宗商品价格高涨带来的繁荣，实现强劲而持续的经济增长。1980 年至 2002 年，该地区 GDP 年平均增长率不足2.5%；2003 年至 2011 年，这一增长率则超过 4%。[①] 此后，拉美进入"后危机时代"经济下行时期，最近十年的年均经济增长率下降到 1.4%。经济低迷和财政压力迫使拉美各国实行不受欢迎的紧缩性政策，破坏了民众在繁荣时期建立的美好生活预期，微小的经济政策调整就会引发强烈的不满情绪。国际贸易紧张局势在 2018 年集中爆发，标志着世界经济已经进入新一

---

① Bertrand Gruss, "After the Boom - Commodity Prices and Economic Growth in Latin America and the Caribbean", August 2014, https：//www.imf.org/external/pubs/ft/wp/2014/wp14154.pdf，最后访问日期：2019 年 12 月 28 日。

轮深度调整与变革的时代。拉美要想摆脱长期的经济低迷，就必须实施促进内生增长动力的结构性改革。

经济增长内生动力缺乏是拉美各国要面对的长期挑战。长期以来拉美国家经济增长过度依赖出口，因而极易受到外部市场需求波动的冲击。对它们而言，出口增长依赖于国际贸易条件的改善；但是，国际贸易条件的改善在短期之内并不现实。此外，拉美的出口结构单一，过多依赖资源类产品的出口，而这一类产品的价格也在下降。联合国拉美经委会指出，只要全球总需求不足，拉美就很难在中短期内恢复 2002 年至 2008 年周期依靠出口拉动的经济增长。① 为实现可持续的增长，拉美国家需要实施涉及经济、政治和社会诸领域的全面改革。

（二）社会发展难题难以消除，社会矛盾可能再度激化

拉美国家将承受经济持续低迷带来的社会压力，面对失业率上升、贫困人口数量增加和收入不平等的加剧。

对拉美国家而言，经济低迷和债务压力意味着进行重大政策调整的必要性始终存在，而相关政策的出台很可能成为大规模抗议活动的诱因。在拉美历史上，基本服务或基础商品的价格上涨往往引发剧烈的社会动荡。拉美在 2013 年已经出现过一轮波及巴西、智利、哥伦比亚等国的地区范围抗议浪潮。当时，公交车、地铁和火车票价的小幅上涨导致巴西出现上百万人规模的抗议活动。导致 2019 年部分拉美国家爆发大规模社会冲突和政治危机的政治—社会矛盾并未得到真正解决，矛盾再度激化的可能性仍然较大。在抗议活动的压力下，厄瓜多尔莫雷诺政府被迫收回经济调整方案。但是，这只是延迟了经济调整的到来。厄瓜多尔目前经济衰退，且背负沉重债务，仍然面临进行经济调整的紧迫性。在哥伦比亚，抗议者提出的 13 点要求既包括经济诉求（不提高领取退休金的年龄），也包含政治主张（例如保护人权活

---

① ECLAC, "Economic Survey of Latin America and the Caribbean", 2017, p. 145, http：//repositorio. cepal. org/bitstream/handle/11362/42002/150/S1700699_ en. pdf，最后访问日期：2019 年 12 月 20 日。

动者的人身安全和妥善安置重返社会的游击队员）。杜克政府的消极立场意味着，引发2019年全国大罢工的民怨依然未消，并可能再度引发冲突。

（三）民众对体制的不信任感上升，政治变局的风险较大

拉美国家面临着所谓的"制度陷阱"。政府难以满足中下社会阶层对公共服务、公共机构质量提出的越来越高的要求，民众对制度和公共机构的信任度、满意度不断下降，社会疏离情绪不断加剧。拉美国家中下层民众的受挫感和不满情绪仍然强烈，他们拒绝延续现状，急切寻求实现改变，不惜为此进行非政党的、体制外的政治参与。"拉美晴雨计"调查结果显示，仅有不到30%的拉美民众表示信任国会、政府、司法机构和选举机构，对民主体制的满意度已经降至有调查记录以来的最低点，对政党的信任度降至2000年以来的最低值（图2）。

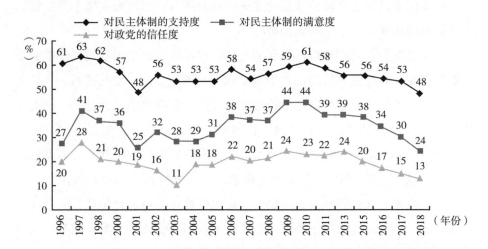

图2　1996～2018年拉美民众对民主体制的支持度和满意度以及对政党的信任度

资料来源：拉美晴雨计（Latinobarometro），http：//www. latinobarometro. org/lat. jsp。

重大选举活动将给多个拉美国家的政局带来考验。按照选举日程安排，委内瑞拉将在2020年举行国会选举。对反对党而言，再次赢得国会选举可以形成对马杜罗政府的持续施压态势；马杜罗政府则需要一场国会选举胜

利，使自身的执政地位更具有合法性。因此，国会选举将是 2020 年委内瑞拉朝野斗争的焦点。秘鲁已在 2020 年 1 月 26 日举行国会选举。一旦新国会就位，比斯卡拉总统以反腐败为主要内容的政治改革方案将再度付诸表决，府院关系将再度面对考验。玻利维亚计划在 2020 年 5 月举行大选。该国出现的左右党派对立和族群对立将使此次大选面对不稳定的整体环境。莫拉莱斯的下台可能意味着玻利维亚一段比较长时间的政治稳定期宣告结束。

2020 年阿根廷面临较大的不确定性。费尔南德斯政府面对极为困难的抉择：一方面是连续 3 年（2018 年至 2020 年）的经济衰退、金融市场的动荡和重新谈判救助贷款条件的困难前景，另一方面是兑现选举承诺（增加就业、扩大社会福利）的巨大困难。由此产生的矛盾加大了阿根廷形势的脆弱性。

在现阶段，拉美国家尚未形成能够凝聚共识、指引发展方向的主导性政治力量。传统政党呈现衰落之势，而新兴政党的巩固尚待时日。目前，许多拉美国家的执政党是新兴政党。它们善于营造选举优势，但缺少牢固的社会基础。新老政党都没有改变当前困境的明确纲领和对策。总体而言，各派政治力量也缺少实施重大政治经济改革的基本共识。在这种背景下，民粹主义者在拉美政坛能够获得更大的崛起空间。2019 年爆发的大规模抗议活动将带来难以预料的政治后果。许多人把巴西在 2013 年爆发的大规模抗议活动视为博索纳罗当选总统的社会基础。智利将在 2020 年 10 月举行中期选举。届时，人们将会看到哪一支政治力量能够从这场抗议活动中受益。

（四）地区合作将处于松散化状态，一体化进程难以取得实质性突破

巴西、哥伦比亚、巴拉圭等国的右翼政府和阿根廷、墨西哥等国的左翼政府有着尖锐矛盾。巴西和阿根廷的立场分歧使南共市以及南共市—欧盟自由贸易协定的前景面临极大的不确定性。

拉美各国之间的尖锐分歧导致地区合作格局处于松散化的状态，暂时难以恢复 21 世纪初地区各国联手合作的势头。拉美国家的左右对立和立场分化损害了外交政策的延续性，削弱了它们合作应对地区范围挑战的能力。就地

区合作进程而言，拉美国家在过去15年间取得的最具实质意义的成果是南美国家联盟。联盟在其运转期间（2008年至2018年），能够对成员国政治危机和成员国之间的边界争端发挥危机管控作用。联盟的解体使南美洲国家失去了在区域层面应对政治—安全事务的唯一"抓手"，美洲国家组织趁机掌握了解决南美洲地区事务的主导权，极大地便利了美国向该地区传导其影响力。

成立于2011年的拉美和加勒比国家共同体（CELAC，简称"拉共体"）面临极为不确定的前景。由于现任轮值主席国玻利维亚和候任轮值主席国墨西哥的双边关系恶化，该组织的内部团结受到威胁。2019年12月23日，玻利维亚外交部发布声明，声称正在考虑退出该组织。2020年1月15日，巴西政府宣布将退出拉共体，其理由是"在地区危机局面下，拉共体已不具备行动条件"。巴西此举再次暴露出拉美国家间内部矛盾上升，它不仅使拉美一体化面临严重倒退，为美国强化在拉美的主导权提供了更大空间，而且将对以中国—拉共体论坛为平台的中拉整体合作机制构成潜在挑战。

南美进步论坛是拉美国家在地区多边合作领域的最新尝试，但它的前景难以令人看好。相较于南美国家联盟，论坛的成员覆盖性严重不足（委内瑞拉、玻利维亚、乌拉圭和苏里南未加入）；缺乏地区大国（巴西）的领导；浓厚的右翼意识形态色彩使它面临与南美国家联盟相似的脆弱性，难以经受成员国政府左右政党轮替带来的冲击。

（五）拉美国家对外政策将更多地关注本地区事务，对全球事务关注度下降

不利的经济社会形势使拉美地区大国在现阶段表现出一定程度的内向化。巴西是拉美第一大国，但其政治经济实力仍然存在严重的欠缺，不能持续稳定地对地区事务发挥领导作用。2015年以来，巴西经济长期停滞，腐败丑闻迭爆，迪尔玛·罗塞夫（Dilma Rousseff）总统被弹劾下台导致剧烈的国内政治震荡。这种状况不可避免地波及巴西的国际战略和外交政策。从第二届罗塞夫政府（2015年至2016年）到特梅尔政府（2016年至2018年），再到博索纳罗政府（2019年至今），巴西对全球事务的关注度明显下降，甚至撤回承办第 25 届联合国气候变化大会（COP 25）的申请。在地区事务方面，巴西的缺位是南美国家联盟解体的重要成因之一。此外，巴西也没有为南美进步论坛的成立和运行发挥领导作用。博索纳罗政府在外交领域较多强调经济合作和双边合作，带有明显的亲美色彩，与卢拉执政时期的巴西外交形成明显的反差。

安德烈斯·曼努埃尔·洛佩斯·奥夫拉多尔（Andrés Manuel López Obrador）治下的墨西哥高度关注国内事务。他在就任总统的第一年没有任何出访。他谢绝参加在 2019 年 6 月举行的二十国集团（G20）峰会。这是墨西哥总统第一次缺席这一重要会议。在地区事务上，墨西哥发挥了较为有限的作用，主要表现为对委内瑞拉问题的独立立场和接受莫拉莱斯的政治避难。另一方面，奥夫拉多尔总统没有加入左翼人物组成的普埃布拉集团，同意在南部边界部署军队、阻止中美洲移民涌入，意在避免与美国出现直接对抗。2020 年 1 月起墨西哥担任拉美和加勒比国家共同体（CELAC）轮值主席。奥夫拉多尔总统表示，墨西哥将为拉美和加勒比地区各国人民的发展和合作而工作，并提出了 2020 年该组织的活动计划。

（六）美国将加大对拉美事务介入力度，极力维持自己在该地区的霸主地位

美国利用拉美国家内部虚弱、地区合作松散化之机，在近年持续加强对拉美事务的干预。2019 年，美国对委内瑞拉进行"极限施压"，对古巴进行制裁，对玻利维亚大选暗中破坏。在卢拉看来，美国对拉美的干涉十分明显[1]；科雷亚指出，美国在进行一场针对拉美左翼的战争。[2] 与此同时，美

---

① Erick Gimenes, "Lula Exalta 'Verdadeiros Heróis' do País: 'Precisamos Recontar a História do Brasil'", 20 de Novembro de 2019, https://www.brasildefato.com.br/2019/11/20/lula - exalta - verdadeiros - herois - do - pais - precisamos - recontar - a - historia - do - brasil/, 最后访问日期：2019 年 12 月 29 日。

② Nicolas Allen, "The War on Latin America's Left: An Interview with Rafael Correa", November 17 2019, https://tribunemag.co.uk/2019/11/the - war - on - latin - americas - left, 最后访问日期：2019 年 12 月 30 日。

国对于一些拉美政府进行了拉拢和扶持。例如，美国同意支持巴西加入经合组织，授予巴西"非北约主要盟国"地位，意在向博索纳罗这位"巴西现代史上的最亲美总统"① 示好。历史上，拉美国家往往在力量相对衰落时选择加强对美妥协与合作，却又因此陷入新的困局。阿根廷在 20 世纪 90 年代高度亲美，却未能在 2001 年经济危机爆发时得到美国的援助。这一事例足以表明拉美国家单向依附美国的严重后果。时至今日，美国和拉美国家的一系列结构性矛盾依然存在。在政治上，美国出于对霸权地位的维护，反对拉美国家加强对外合作的多元化；在贸易问题上，美国表现出浓厚的保护主义倾向；在非法移民问题上，美国对墨西哥和中美洲国家采取高压政策。在拉美国家高度关切的发展问题上，美国没有做出实质性行动。巴西同意在世贸谈判中放弃特殊和差别待遇，但美国并未在农产品问题上做出实质让步。特朗普总统在 2019 年 12 月 2 日突然宣布对来自巴西的钢铝产品征收关税，更是给博索纳罗政府的外交政策带来沉重打击。

小　结

拉美国家在短期内难以摆脱不利的经济发展态势。地区经济平均增速在 2019 年大幅下滑，主要经济体表现低迷；2020 年经济复苏动能不足，经济增长面对多重挑战。从长期看，拉美国家必须实施重大结构性改革，以便释放内生增长动力、实现经济的可持续发展。

拉美国家正处于社会矛盾加剧、政治波动放大的阶段。由于反建制情绪持续发酵，政党轮替或政府更迭成为地区各国选举的基调。各国政府处于相对弱势状态，民众对政治体制的信任感较低，许多国家出现尖锐的左右政治对立情绪。传统政党持续衰落，新兴政党加速崛起，各国暂时缺少能够凝聚共识、指引发展方向的主导性政治力量。拉美多国在 2019 年爆发大规模抗

---

① Oliver Stuenkel, "U. S. Tariffs on Brazil Would Push Bolsonaro toward China", December 6, 2019, https://foreignpolicy.com/2019/12/06/bolsonaro – losing – bet – trump – brazil – tariffs/, 最后访问日期：2019 年 12 月 28 日。

议活动，严重影响政治稳定。

持续低迷的经济形势损害了拉美在过去十几年间取得的社会发展成果。贫困人口数量在近年不断上升；失业规模持续膨胀，15 岁至 24 岁青年的失业问题尤为严重；收入不平等的改善速度日渐放缓；中等收入阶层正在面临经济下行带来的考验，该阶层的许多成员可能因为失业、收入下降或突发因素而返贫。这些因素都是社会不满情绪在近期加剧的"温床"。

拉美地区国际关系格局整体呈现分化重组之势。为提振经济增长，拉美主要国家高度重视推动对外经贸合作。拉美左翼执政大潮时期倡导的政治—社会一体化主张让位以贸易自由化为主要内容的地区多边合作。地区各国执政者的左右政治立场差异使拉美国家形成显著的外交立场分化，由此产生的"离心力"使南美国家联盟解体，使拉美和加勒比国家共同体面临严重的内部团结问题，也使拉美地区大国巴西和阿根廷的双边关系面临重大挑战。

不利的经济形势和内部政治社会压力使拉美国家的短期和中期走势都存在巨大的不确定性。巴西和智利接连放弃承办联合国气候变化大会和亚太经合组织（APEC）领导人非正式会议，以及巴西拖欠联合国巨额会费（它是仅次于美国的第二大会费拖欠国），折射出它们的内部困境。就短期而言，拉美很难恢复 21 世纪初左翼政府联手合作、对世界事务投射自身影响力的上升势头。

拉美国家的形势和拉美地区格局处于急剧变动之中，但中拉关系整体提升的态势没有改变。2019 年是中拉关系稳步向前的又一年。习近平主席前往巴西利亚参加金砖国家领导人会议，是他自 2013 年以来第 5 次出访拉美，体现了中国领导人对中拉关系的高度重视。巴西总统博索纳罗、哥伦比亚总统杜克、萨尔瓦多总统布克尔等拉美国家领导人实现访华，18 个拉美国家派团参加了第二届中国国际进口博览会。这些事例展现了拉美国家对中国的浓厚兴趣和发展对华关系的核心关切。事实表明，发展对华关系符合拉美国家实现独立自主发展的长期趋势；中国的发展成果和发展经验对拉美各国具有重要参考意义，能够为拉美国家突破发展困境带来启发和借鉴。目前，

"一带一路"与拉美的对接正进入落地生根、持久发展的新阶段，中拉双方在"一带一路"框架下开展的广泛合作必将为拉美注入新的发展动力。

课 题 组 组 长：王荣军

课 题 组 副 组 长：袁东振　刘维广

课 题 组 成 员：王　鹏　张　凡　贺双荣　岳云霞　杨建民

郭存海　谌园庭　杨志敏

执 　 笔 　 人：王　鹏①

① 王荣军，中国社会科学院拉丁美洲研究所副所长、研究员；袁东振，中国社会科学院拉丁美洲研究所副所长、研究员；刘维广，中国社会科学院拉丁美洲研究所编审；王鹏，中国社会科学院拉丁美洲研究所副研究员；张凡，中国社会科学院拉丁美洲研究所研究员；贺双荣，中国社会科学院拉丁美洲研究所研究员；岳云霞，中国社会科学院拉丁美洲研究所研究员；杨建民，中国社会科学院拉丁美洲研究所研究员；郭存海，中国社会科学院拉丁美洲研究所副研究员；谌园庭，中国社会科学院拉丁美洲研究所副研究员；杨志敏，中国社会科学院拉丁美洲研究所研究员。

亚太地区形势分析与展望

摘　要： 2019 年的亚太地区热点纷呈，彰显该地区旧有的体系和结构处于失序与不稳定状态中。以中美为首的地区大国之间的协调性下降；逆全球化、民粹主义等思潮泛起，撕裂地区社会的同时，进一步冲击处于胶着状态的旧区域合作治理机制，而被广泛认同的新地区机制暂未形成和发挥实质作用；亚太地区经济虽颇具潜力，但受贸易摩擦、区域经济合作机制失效等因素影响，增速放缓且增长乏力；在地区结构变迁进程中，中国凭借积极的周边外交，在一定程度上改善了与多数地区国家的关系，中国周边环境并未因美国因素而出现恶化。未来美国对中国施压的着力点仍将集中在亚太地区，美国将以拆解方式对冲中国在周边的建设；但中国自身的发展及其经济外交布局，对于塑造亚太地区未来的政治安全、经济与国际环境将具有更多主动性。

关键词： 亚太地区　亚太热点　失序与重建　中国外交

亚太地区①具有以下特殊性：一是中国为该区域内大国，其自身行为是该地区形势的主要影响因素之一；二是超级大国美国亦被视为该区域内国家，该地区为中美互动的主要地带；三是该地区所属次区域大多为中国周边地区，为中国的主要地缘依托带。因此，本文将突出中国因素的主动性和中美大国互动与该地区形势及其走向的关系。

---

① 本报告所指亚太地区由四个次区域组成，分别是东南亚、东北亚、南亚、南太平洋。

一　2019年亚太地区形势

本节对 2019 年亚太地区形势的分析主要从四个方面入手：政治安全、经济、社会文化思潮和地区国际关系。总体看，亚太地区旧有的体系和结构处于失序和不确定状态。在中美博弈背景下，政治安全领域正处于新旧秩序交替的脆弱阶段。地区经济发展受中美贸易摩擦等影响，虽潜力巨大但现阶段增长乏力。逆全球化、民粹主义等保守化社会思潮进一步在地区蔓延，加剧地区不稳定的同时也带来新的机遇。地区国际关系整体可控，中国灵活多样的外交策略降低了美国破坏性因素的负面影响，使美国的施压对多数国家对华政策的影响有限，中国与大多数地区国家关系稳中向好。亚太地区各个领域正在酝酿重建的过程，主要影响要素是中美两国及其互动关系，其中中国积极主动的外交塑造起到至关重要的作用。

（一）亚太地区政治安全领域处于失序与碎片化的状态

进入 2019 年，亚太地区政治安全局势不确定性增强。这既是地区结构矛盾使然，同时也是各主要行为体协调性不断下降的结果。在此过程中，区域治理机制的弱化进一步增强了这种不确定性。国际或地区局势的变化往往体现在结构、行为体和制度三个层面上。结构层面主要关注整体格局；行为体层面主要分析参与博弈的主体，通常为主权国家行为；制度层面主要涉及机制与规则的安排。上述层面相互联动，且任一层面的变化都可能带来其他层面甚至整个地区局势的变迁。我们将从这三个层面研判亚太地区政治安全局势的变化。

1. 结构层面：地区稳定性下降，脆弱性增强

结构层面主要分析那些能引发整个地区结构变化的因素。在政治安全领域，主要体现为中美两个地区主要大国的互动以及主导国美国的联盟体系对地区秩序的影响。结构层面的地区形势主要体现在如下方面。

（1）中美大国协调在该地区安全领域的作用下降，竞争性增强。2017

年美国发布的《国家安全报告》中明确将中国视为主要竞争对手，中美两国在地区安全领域的大国协调意愿与效力下降。通过中美大国协调以稳定地区局势的原有机制已难有所作为，这突出表现在朝鲜半岛问题上。在以往朝鲜问题的处理中，中美两国的协调能够发挥切实作用，至少对议题和进程有较大影响。但如今中美两国更多选择各行其是，在东北亚地区安全领域各自发挥相互制衡作用。究其原因在于，中美战略诉求的差异使得两国在地区安全领域的竞争性明显增强，中美越来越难以达成通过大国协调稳定地区安全的路径共识。

（2）美国推行"亚太"向"印太战略"板块的转型，地区处于战略重组时期。美国战略重点从"亚太"到"印太"的转变主要表现在官方表述和具体议题的实践上。特朗普政府明确"印太"概念之后，美国官方表述中的"亚太"被"印太"取代，并且在多个公开场合明确印太概念的内涵和区域。[①] 在具体实践中，2018 年 5 月，美国太平洋司令部更名为"印度洋—太平洋司令部"；2018 年 7 月，时任国务卿蓬佩奥出席了美国工商会组织的印太工商论坛，强调美国将在未来一段时间内加大对印太地区的经济投资；2019 年 3 月，美国又举办了印太地区宗教自由论坛等活动[②]。美国的"印太战略"从理念逐渐变为现实，其涵盖的议题也不断增多。美国强调"印太"取代"亚太"的意图在于，通过拉拢印度入盟，并推动其与美国亚太最重要的两个军事盟友——日本与澳大利亚之间的多边安全网络，重构地区结构，维持自身在地区的主导地位。美国地区战略板块的重组必然带动其盟友及地区其他行为体相应策略的变动，增加了地区安全的不稳定性。

（3）美国主导的亚太盟友体系的波动，主要表现在日韩关系和美菲关系上。2018 年 10 月 30 日，韩国最高法院做出判决，要求日本公司对二战

---

① Alex N. Wong, *Briefing on the Indo – Pacific Strategy*, https：//www. state. gov/r/pa/prs/ps/2018/04/280134. htm，最后访问日期：2018 年 8 月 18 日。

② "2019 Regional Religious Freedom Forum：A Civil Society Dialogue on Securing Religious Freedom in the Indo – Pacific Region", https：//www. state. gov/2019 – regional – religious – freedom – forum – a – civil – society – dialogue – on – securing – religious – freedom – in – the – indo – pacific – region/，最后访问日期：2019 年 12 月 13 日。

期间对韩国民众的强迫劳动予以赔偿，由此引发日韩两国新一轮的纠纷。随着两国矛盾不断升级，2019 年 7 月 1 日，日本经济产业省宣布对部分出口韩国的产品实行更加严格的出口管制，之后将韩国从贸易"白名单"中剔除。韩国方面也进行了反制，在 8 月 22 日宣布不会延长与日本签署的《军事信息安全总协议》。① 除美国亚太盟国之间的纷争之外，菲律宾杜特尔特政府对美国近期的亚太政策表示不满。作为美国在亚太地区的传统盟国，菲律宾现任政府配合美国战略诉求针对中国的意愿明显下降。2019 年 7 月 5 日杜特尔特在演讲中认为美国是在利用菲律宾作为美国对华施压的"诱饵"；8 月 3 日，美国国防部长在美国退出《中导条约》之后表示希望在亚洲部署导弹，杜特尔特在 6 日明确表示不会允许美国在菲律宾部署导弹。② 尽管同盟体系依旧是美国在亚太安全领域保持优势的基础，但由于各方战略诉求差异，美国主导的亚太同盟体系开始出现松动迹象。

2. 行为体层面：国家之间合作性下降

行为体层面主要分析地区重要国家之间在政治安全领域的互动，主要讨论正在影响地区安全形势的中美、印巴和日朝韩这三组国家行为体之间的互动状态。

（1）中美两国在贸易、南海以及台海领域的分歧增加。在贸易问题上，中美谈判磋商与加征关税成为双方关系阶段性特征的重要表现。在南海问题上，美国军舰非法闯入我南海岛礁 12 海里范围内次数明显增多。此外，美国还干涉台海、香港、新疆等中国内政问题，其中包括：国会通过各种"立法"强化与中国台湾地区的关系，加强对台军售；煽动香港的暴力活动；妄议中国在新疆的治理；等等。

（2）印巴冲突升级，南亚地区的不稳定性增加。2019 年印巴两国在克

---

① "Timeline of Japan – South Korea Relations", https：//japankorea. csis. org/，最后访问日期：2019 年 12 月 12 日。

② "Philippine President Says Never Allow U. S. to Deploy Missiles in his Country", August 8, 2019, http：//www. xinhuanet. com/english/2019 – 08/08/c_ 138292925. htm，最后访问日期：2020 年 2 月 6 日。

什米尔的冲突明显升温，印巴实控线附近的冲突烈度、密度都明显上升。仅在 2019 年 8 月，印巴两国在实控线就爆发了 5 次规模不等的军事冲突，而后印方还使用大炮等杀伤性武器轰击巴方控制地区。① 印巴冲突是影响南亚地区安全秩序最重要的变量，未来两国关系的走向和南亚地区安全秩序因此存在较大不确定性。

（3）东北亚作为亚太地区安全领域的不稳定区域，除了存在大国博弈之外，日本、韩国、朝鲜相互之间处于不合作状态。由于韩国国内民众大规模抵制日货，日韩两国之间的合作动力和前景并不乐观。韩国与朝鲜在 2019 年高开低走，由于彼此缺乏互信，2018 年签署的《板门店宣言》的成果并未得到有效落实，特别是在 2019 年 7 月中旬韩国方面再次向美国购买了两架 F35A，引发朝鲜方面的强烈反应。此后，朝鲜方面进行多轮导弹试射对韩国的行为予以反制。② 日本追随美国对朝鲜实行严厉经济制裁，使得朝日两国的对抗性短时间内难以消弭。

（4）中国影响力逐渐跨出传统东亚地区，次区域主导国对中国影响力增强怀有戒备心理。除了中国在南亚地区与印度存在传统矛盾和摩擦外，近两年来中国在南太平洋地区的正常经济、政治活动也引发澳大利亚和新西兰的担忧和抵触。澳大利亚国内反华和污蔑、抹黑中国企业、留学生的事件频发。新西兰近期的对华政策也出现明显波动。2018 年 7 月，时任新西兰国防部长罗恩·马克（Ron Mark）在 6 日发布的一份战略性国防政策声明中罕见批评中国在南海的活动。11 月，新西兰通信安全局（GCSB）以安全为由禁止国内电信运营商 Spark 使用华为的 5G 技术设备。③

---

① "Ceasefire Violations by India on 6 September 2019", http：//www. mofa. gov. pk/pr - details. php，最后访问日期：2019 年 12 月 5 日。

② "Spokesperson for Ministry of Foreign Affairs of DPRK Issues Press Statement"，August 6，2019，http：//www. mfa. gov. kp/en/spokesperson - for - ministry - of - foreign - affairs - of - dprk - issues - press - statement/，最后访问日期：2020 年 2 月 6 日。

③ "GCSB Statement"，November 28，2018，https：//www. gcsb. govt. nz/news/gcsb - statement/，最后访问日期：2020 年 2 月 6 日。

3. 制度层面：地区安全机制的失效与重建

亚太地区旧有的安全合作机制陷入胶着状态，而新的区域合作机制尚未得到地区各国的广泛认同，这导致亚太地区的安全治理呈现迟滞状态。

（1）美国"退群"导致其主导的亚太地区安全合作机制有效性下降。在传统安全领域，美国的双边同盟体系一直是其亚太安全支柱。"印太"概念重新启动之后，美国试图以美、日、澳、印为核心，吸纳更多地区国家参与其中。但美国在安全领域的重点不是发挥建设性作用，无法解决地区普遍关注的安全问题，特别是非传统安全领域的关切，例如反恐、打击毒品、跨国犯罪等。美国在地区传统安全领域加强政治集团化，制造地区紧张局面；而在非传统安全治理方面则受"退群"影响而不作为。此外，美国提出的阿富汗问题的谈判磋商机制也进展有限。在2019年9月陷入停滞后，尽管12月特朗普宣布与塔利班重启谈判，但这一机制是否能具有成效仍是未知。

（2）中国推动的现有区域安全合作治理机制的被接受程度和效力有限。中国大力推动"北京香山论坛"作为探讨亚太地区安全议题的重要渠道，2019年10月举办了第九届"北京香山论坛"，就亚太地区安全风险管控等问题进行对话交流，为亚太区域安全治理提供了新的交流途径。[①] 但目前"北京香山论坛"在地区成员国参与度和解决区域安全治理的时效方面仍不足。中俄共同主导的上海合作组织未能有效协调成员国印巴之间的冲突。2017年印度、巴基斯坦分别被上海合作组织接收为正式成员国，但两国之间关系并未因加入这一机制而明显改善，实控线附近的冲突依旧频发。

（3）以往东盟主导的区域机制无力，小马难以拉动大车。具体表现在东亚峰会和"香格里拉对话"总体处于新旧交接的磨合期。东盟长期处于亚太区域合作的"驾驶员"位置，亚太区域合作形成了"小马拉大车"的状态。随着大国竞争的加剧，东盟这匹"小马"对区域合作的拉动能力在不断下降。区域内其他大国，特别是美国，对东盟主导的区域合作机制表现

---

① http：//www. xiangshanforum. org. cn/cnForum_ CN？ sessions = ％ E7％ AC％ AC％ E4％ B9％ 9D％ E5％ B1％ 8A％ E5％ 8C％ 97％ E4％ BA％ AC％ E9％ A6％ 99％ E5％ B1％ B1％ E8％ AE％ BA％ E5％ 9D％ 9B&firflag＝t，最后访问日期：2020年1月12日。

"冷落"。除了特朗普自2017年之后不再出席东盟领导人峰会，美国出席东盟领导人峰会的级别也在不断下调。① 东盟主导的东亚峰会相较于"香格里拉对话"的影响力在不断下降。由于美方的积极参与和推动，各界对"香格里拉对话"的关注明显增强，它成为美国宣示对亚太地区政策的重要平台。② 在中美战略博弈和地区大国竞争背景下，东盟国家成为被拉拢的对象，其主导区域合作的意愿虽然依旧强烈，但自身实力和外部环境已经使"小马"难以拉动"大车"。

结构、行为体和机制三个层面的分析揭示了亚太地区在政治安全领域所处的失序状态。面对地区政治安全结构性变动，现有的区域安全治理机制又难以做出有效协调。亚太地区旧有的政治安全秩序难以持续，新的秩序尚未形成，在新旧之间的变动中区域内各国以自身国家利益为衡量标准制定对外政策，协调性的丧失凸显出区域整体的碎片化状态。

（二）亚太地区经济增长与合作推进乏力，但仍是世界经济增速最快最有活力的区域

根据国际货币基金组织（IMF）的预测，亚太地区经济增速再次下滑，但整体来看依旧是全球增长最快的地区。亚太地区各主要经济体经济发展速度下降导致整体增速放缓，而经济合作机制也正在经历转型，影响地区经济的协调发展。我们仍然从结构、行为体和制度三个层面分析2019年亚太地区的经济形势。

1. 结构层面：亚太经济活力优势明显，但整体增长乏力

2019年，亚太地区经济整体增速放缓，且随着时间的推进，经济低迷

---

① 《特朗普缺席东盟峰会，美国对亚太地区致力程度遭质疑》，November 16, 2018, http://www.mofcom.gov.cn/article/i/jyjl/m/201811/20181102807377.shtml，最后访问日期：2019年12月13日。

② "Remarks by Secretary Mattis at Plenary Session of the 2018 Shangri-La Dialogue", June 2, 2018, https://www.defense.gov/Newsroom/Transcripts/Transcript/Article/1538599/remarks-by-secretary-mattis-at-plenary-session-of-the-2018-shangri-la-dialogue/，最后访问日期：2019年12月13日。

程度加重。2019 年 1 月，IMF 预测 2019 年亚太新兴经济体的增长速度为6.3%，到了 10 月增速预期下调为 5.9%；亚太地区整体经济增长速度从2018 年的 5.5% 降为 5.0%。相比世界其他地区，亚太地区依旧是世界上经济增长速度最快的地区。① 但是，亚太经济一方面受到全球经济增长乏力的波及和美欧主导的国际分工链条的影响，另一方面自身也缺乏有效的增长点和创新支持，普遍面临产业结构升级和区域内竞争加剧等问题。

在贸易领域，区域内贸易摩擦不断。亚太地区主要经济体的发展路径为出口导向，贸易发展和持续与国家间关系密切相关。自 2017 年中美新一轮贸易摩擦以来，两国之间的贸易出口都明显减少。中美两国的贸易摩擦虽然可能在短期内促进地区其他国家出口和投资的增长，但不利于地区整体经济发展。日韩之间的历史、政治冲突蔓延到贸易领域，双方的贸易摩擦也不断发生。根据 IMF 统计，2019 年上半年，全球贸易量仅比一年前高出 1%，是2012 年以来的最慢增速，其中亚太地区较为明显。② 主要经济体的贸易摩擦也影响了技术合作与创新。各方关于 5G 技术的竞争日益激烈，美国将中国5G 技术"政治化"不利于地区技术创新和新的产业升级。日本也限制高科技产品出口韩国，同样限制了技术在地区经济增长中的推进作用。在金融领域，新兴经济体的发展更加依赖外部借款，有增加国家债务的风险，同时企业债务风险增加。随着各国对金融宽松政策的实施，潜在金融风险增加了地区金融体系的脆弱性。③

2. 行为体层面：主要经济体整体增速放缓

特朗普政府以"美国优先"为口号掀起的贸易协定重构，增加了世界不同地区的贸易摩擦，影响了世界经济的增长信心，特别是在快速发展的亚太地区。IMF 2019 年发布的数据显示，随着主要经济体增速放缓，亚太地

---

① 国际货币基金组织在统计中用"亚洲"这一概念，但其成员涵盖亚太地区国家，本文改为亚太。参见国际货币基金组织《世界经济展望：全球制造业低迷，贸易壁垒增加》2019 年10 月，第 58 页。

② 国际货币基金组织：《世界经济展望：全球制造业低迷，贸易壁垒增加》2019 年 10 月，第2 页。

③ 参见国际货币基金组织《全球金融稳定报告》2019 年 10 月。

区整体增长下行。从数据来看，亚太地区的增速从 2017 年的 5.7% 下降到 2019 年的 4.8%；美国、中国、东盟、印度、澳大利亚等地区主要经济体经济增长都表现下行，尤其澳大利亚可能会下降 1 个百分点（详见表1）。

表1　2016~2019 年亚太地区及主要经济体经济增速

国　家＼年　份	2016	2017	2018	2019（预测）
美国	1.6	2.4	2.9	2.4
中国	6.7	6.8	6.6	6.1
日本	0.6	1.9	0.8	0.9
印度	8.2	7.2	6.8	6.1
东盟	4.8	5.3	5.2	4.6
澳大利亚	2.8	2.4	2.7	1.7
亚太地区	5.4	5.7	5.3	4.8

资料来源：IMF, *Real GDP Growth*, 2019, https://www.imf.org/external/datamapper/NGDP_RPCH@WEO/AUS，最后访问日期：2019 年 12 月 17 日。

除了结构性因素之外，亚太地区主要经济体内部的经济改革调整也影响了增长速度。中国经济增长除了受到来自美国的压力之外，同时也受到自身国内经济结构改革的影响。安倍再次当选后，其推行的"安倍经济学"虽然在短时间内取得一定成效，但对日本经济的整体拉动有限，日本经济速度并未有明显起色。莫迪政府力图进一步统一国内政治、经济市场，破除经济发展的国内制度制约，但此举也引发印度国内的强烈抵制，短时间内对经济难有实质性促进作用。东盟国家的"资源民族主义"情绪进一步上升，关税壁垒在不同领域出现，影响外资进入和国家间贸易发展。亚太地区个别国家虽然保持较高增长，如孟加拉国连续三年增速保持在 7.5% 以上，但依旧难以扭转整体态势。

3. 制度层面：区域多边一体化进程艰难，次区域和双边合作有效推进

2019 年亚太地区经济合作机制发展的显著特点是：新的多边一体化区域合作机制继续处于瘫痪状态，或难以发挥实质作用；与此同时，中国在推进次区域、小多边及双边的合作机制方面成果初显。

亚太自由贸易区（FTAAP）自 2014 年启动以来，至今未进入实质性磋商阶段。2019 年 12 月 7 日在新加坡举行的 APEC 最后一次高官会上，各方虽然强调推进 FTAAP 的重要意义，但并未设定具体磋商议程。① 中日韩自由贸易协定自 2002 年提出并启动谈判以来进展有限，如今处于停摆状态。

亚太地区唯一在形式上有所推进的多边合作机制是《区域全面经济伙伴关系协定》（RCEP），自 2012 年宣布启动谈判进程以来，最终在 2019 年 11 月结束全部文本谈判，争取于 2020 年签署。② 但印度方面宣布退出这一协定，导致 RCEP 的涵盖范围缺少了南亚地区重要市场。此后，日本也声明不会考虑在没有印度的情况下签署 RCEP。③ 因此，目前东盟主导的 RCEP 是"小马拉大车"且残缺不全的多边经济合作机制。与此类似的还有日本牵头的缩小版"TPP"——《全面与进步跨太平洋伙伴关系协定》（CPTPP）。CPTPP 在 2018 年 3 月达成最终文本协定，但截至 2019 年末，原 TPP 的 11 个成员国中只有 7 国正式得到国内批准，其最终发挥作用的时间也难以确定。

与上述区域多边合作机制相比，中国提出的"一带一路"倡议，以及在此框架下推进的次区域及双边合作机制成效初显，为亚太地区经济发展提供了务实平台。随着"一带一路"倡议的不断推进，中国在次区域经济合作方面仍有不俗表现，例如澜湄合作机制。2019 年，中国兑现了承诺，泰国、缅甸、老挝、柬埔寨等国家相继获得专项发展资金。④ 各方合作的深入

---

① "Consensus Fosters Sustainable and Inclusive Growth: APEC Senior Officials", December 7, 2019, https://www.apec.org/Press/News - Releases/2019/1207_ CSOMMR，最后访问日期：2020 年 2 月 6 日。

② "RCEP Leaders Agree to Sign Trade Pact in 2020", November 7, 2019, https://asean.org/rcep - leaders - agree - sign - trade - pact - 2020/? highlight = RCEP，最后访问日期：2020 年 2 月 6 日。

③ 《日本高官：没有印度就不签 RCEP》, November 30, 2019, https://world. huanqiu. com/ article/9CaKrnKo4pW，最后访问日期：2019 年 12 月 16 日。

④ 详细内容参见 http://www.lmcchina.org/sbhz/。

使得澜湄合作领域进一步拓展，诸多澜湄项目和对话机制在 2019 年展开。①
在双边层面，中国与老挝除了构建中老经济走廊之外，还在 2019 年 5 月正
式签署构建中老人类命运共同体的协定。中缅经济走廊建设稳步推进，在工
业园区、边境通商口岸建设等方面进展顺利，2019 年 2 月 22 日，中缅经济
走廊第二次联合会议在昆明成功举办，② 为双边经贸关系发展提供了有效的
协商平台。

（三）亚太地区社会和文化思潮领域呈现保守化和极端化征象

保守化、极端化是近年来亚太地区社会思潮的重要表征，生活水平的两
极化和不稳定因素增多强化了民众抵制外来竞争、改变以往国内政治逻辑的
意愿。在选举政治的催动下，部分政治决策精英更倾向于提出符合民粹意愿
的口号，以谋求政治选票。民众情绪和部分政治精英的煽动相互强化，形成
亚太地区极端保守化的社会思潮，主要表现在逆全球化、民粹主义和极端主
义三个方面。

1. 逆全球化思潮蔓延

受经济不景气和全球保守化思潮的影响及联动效应，亚太地区逆全球化
思潮不断涌现，一些国家贸易壁垒和贸易保护主义抬头，并获得社会层面的
支持。例如，2019 年 7 月，马来西亚当局对从印度尼西亚进口的纤维增强
水泥平板和模板展开反倾销调查；随后又对从中国、日本、韩国和越南进口
的若干冷轧卷材征收临时反倾销税。③ 根据全球贸易预警组织（Global Trade
Alert）公布的数据，马来西亚政府在自由贸易方面的举措明显下降，资源

---

① 《中国 – 东盟中心代表出席 2019 澜湄合作博览会暨澜湄合作滇池论坛》，http：//www. asean
　– china – center. org/2019 – 11/22/c_ 1210365016. htm，最后访问日期：2019 年 12 月 16 日。
② 《中缅经济走廊联合委员会第二次会议及第二届中缅经济走廊论坛在昆明召开》，https：//
　www. mhwmm. com/Ch/NewsView. asp？ ID = 36766，最后访问日期：2019 年 12 月 8 日。
③ "Malaysia：Provisional Antidumping Duty on Imports of Cellulose Fibre Reinforced Cement Flat and
　Pattern Sheet from Indonesia"；"Malaysia：Provisional Antidumping Duty on Imports of Certain
　Cold-Rolled Coils from China, Japan, the Republic of Korea and Viet Nam"，https：//
　www. globaltradealert. org/country/123/period – from_ 20090101/period – to_ 20201218，最后访
　问日期：2019 年 12 月 18 日。

民族主义排名则显著上升。

根据全球风险咨询公司 Verisk Maplecroft 的报告，亚太地区的资源民族主义风险平均较高。① 以印度尼西亚为例，随着国家经济的不断发展，印度尼西亚渴望在地区和全球层面的经济定位得到世界认可，摆脱产业价值链低端的位置，因此寻求国家对资源的掌控。印度尼西亚资源民族主义得到社会广泛支持，而佐科在选举中再次表现出资源民族主义倾向。在他的任期内，政府从美国矿业巨头 Freeport McMoran 手中收购了 PT Freeport Indonesia 的多数股权。② 在为期 6 个月的竞选活动中，佐科明确支持恢复铝土矿出口禁令，并支持印度尼西亚进一步发展其下游加工业。③ 印度尼西亚全国基本被资源民族主义笼罩，政治精英采取资源民族主义的竞选口号能够获得更多民众支持。佐科再次当选之后践行了其竞选口号，规定从 2020 年 1 月 1 日起全面禁止原镍矿石的出口。④

印度尼西亚资源民族主义的举措在亚太地区并非个案，印度、泰国、越南、马来西亚、巴布亚新几内亚等国家的资源民族主义排名均在 30 名以内。亚太地区较高的资源民族主义增加了投资风险，不利于区域经济合作的推进。资源民族主义的上升很大程度上与国内泛起的民粹主义密切相关。

2. 民粹主义情绪上升

民粹情绪形成"我们"与"他们"的对立，造成社会割裂。

---

① 全球风险咨询公司 Verisk Maplecroft，https：//www. maplecroft. com/insights/analysis/resource – nationalism – rises – 30 – countries/#embedform，最后访问日期：2019 年 12 月 18 日。

② "Jokowi's Ideological Shift has not Gone Unnoticed"，*The Jakarta Post*，https：//www. thejakartapost. com/academia/2019/04/10/jokowis – ideological – shift – has – not – gone – unnoticed. html，最后访问日期：2019 年 12 月 18 日。

③ "Will Indonesia Abandon its Plan to Ban Bauxite Exports?"，https：//www. mining – journal. com/ partners/partner – content/1360806/will – indonesia – abandon – its – plan – to – ban – bauxite – exports，最后访问日期：2019 年 12 月 18 日。

④ "Indonesia's Nickel Ban Shows Resource Nationalism on the March"，https：// www. bloomberg. com/news/articles/2019 – 09 – 02/resource – nationalism – on – the – march – as – indonesia – tightens – curbs，最后访问日期：2019 年 12 月 18 日。

（1）印度民粹主义持续高涨。2019 年 5 月，莫迪再次当选印度总理，带有宗教色彩的民粹主义继续主导印度国内思潮。莫迪政府的民粹主义可被视为"文化民粹主义"，在政治活动中对宗教的祈求是其重要表征。① 莫迪这种通过动员底层民众瓦解传统政治精英的政治逻辑在政治上效果明显。2019 年 8 月，莫迪再次以"人民的名义"通过了改变克什米尔地区现状的法案，获得印度教徒的支持，但同时激发国内穆斯林的反对，造成两个宗教群体之间的对立。同年 12 月，莫迪领导下的印度国会通过"公民身份修正案"，进一步发挥宗教民粹主义，将穆斯林排除在外，引发国内穆斯林示威不断升级。莫迪在日常社交软件上对普通民众权利的赞颂和提升社会经济发展的口号与国内蔓延的民粹情绪相互强化，影响着印度的外交决策。

（2）澳大利亚恐华、疑华、排华的非理性思潮兴起。2019 年澳大利亚新一轮恐华、疑华思潮再次泛起，其中一方面是受政客煽动，另一方面得到了白人社会种族主义的明显支持，它甚至影响了投票和政治进程。堪培拉的华人社区称，新的"恐华症"和对澳大利亚华人毫无根据的恐惧正在加剧。② 这种现象主要基于澳大利亚国内白人社会的种族主义狭隘臆想。2019 年 7 月，澳大利亚外交部长佩恩（Marise Payne）向居住在澳大利亚的外国外交代表发出警告，称澳大利亚不会容忍对言论自由的干涉。佩恩的此次表态是针对中国外交官对爱国学生反对"港独"分子言论的支持。③ 而澳大利亚牵强地将此解读为中国对其所谓言论自由的干预，说明反华已经在一定程度上成为澳大利亚"政治正确"的重要组成部分。澳大利亚前总理基廷（Paul Keating）警告称，澳大利亚对中国的态度已被

① Cristóbal Rovira Kaltwasser, Paul Taggart, Paulina Ochoa Espejo, Pierre Ostiguy, *The Oxford Handbook of Populism*, Oxford University Press, 2017.

② Kirsten Lawson, "Anti - Chinese Views Creating Fear and Tension, Says Canberra's Chinese Community", *The Canberra Times*, https://www.canberratimes.com.au/story/6430431/anti - chinese - sentiment - creating - fear/，最后访问日期：2019 年 12 月 18 日。

③ "Statement on Protests in Hong Kong", https://www.foreignminister.gov.au/minister/marise - payne/media - release/statement - protests - hong - kong，最后访问日期：2020 年 2 月 6 日。

安全机构的恐惧和"虔诚""行善"记者的歇斯底里所取代。[1]

3. 极端主义行为增加

综合全球恐怖主义数据库（GTD）的数据，亚太地区整体遭受恐怖袭击次数呈现上升态势。[2] 阿富汗、斯里兰卡、巴基斯坦等传统冲突地区极端主义行为数量不断增加，在目标选取方面更具有针对性，破坏程度也有所扩大。2019 年 4 月 21 日复活节当天，斯里兰卡宗教聚集场所发生 9 起连环恐怖袭击事件，造成超过 300 人伤亡，在警方搜捕嫌疑人的过程中，斯里兰卡发生了更多的暴力事件。[3]

阿富汗错综复杂的局面使该国极端主义暴力袭击频繁发生。阿富汗境内极端主义暴力袭击次数居高不下并产生外溢效应，影响到与其接壤的巴基斯坦境内的极端活动。其中，影响较大的是 2019 年 5 月 11 日在巴基斯坦瓜达尔港自由区附近明珠洲际酒店的恐怖袭击。[4]

亚太地区社会思潮的保守化趋势是历史遗留问题的政治化和大国政治博弈共同作用的结果。在此过程中，宗教、族群和经济发展不平衡等问题进一步激化了业已存在的矛盾。逆全球化、民粹主义、极端主义等思潮从根本上是对过去发展方式和所谓"政治正确性"的不满和宣泄，其蔓延增加了地区内冲突与对立，造成地区社会的分裂和动荡。

① Christopher Knaus，"Paul Keating Lambasts Australia's Security Agencies and 'Pious' Media for Anti – China Rhetoric"，*The Guardian*，https：//www. theguardian. com/australia – news/2019/ nov/18/paul – keating – lambasts – australias – security – agencies – and – pious – media – for – anti – china – rhetoric，最后访问日期：2019 年 12 月 18 日。

② 全球恐怖主义数据库（GTD），*Data on Terrorist Attacks between 1970 – 2018*，https：// gtd. terrorismdata. com/files/，最后访问日期：2019 年 12 月 17 日。

③ "Sri Lanka PM：Terrorists may have Expected Second Wave of Bombings"，https：//www. theguardian. com/world/2019/apr/26/sri – lanka – pm – wickremesinghe – bombings，最后访问日期：2019 年 12 月 18 日。

④ "Firdous Strongly Condemns Gwadar Terrorist Attack"，May 12，2019，*Associated Press of Pakistan*，https：//www. app. com. pk/firdous – strongly – condemns – gwadar – terrorist – attack/，最后访问日期：2019 年 12 月 18 日。

（四）地区国际关系和外交热点纷呈

2019 年亚太地区的国际关系与外交领域的主要特点为：一方面，中美关系继续下滑；另一方面，尽管美国有意拉拢地区其他国家，但由于中国积极主动的外交行为，中国与地区大多数国家的关系稳中向好；与此同时，地区其他国际关系稳中有变，存在不确定性。

1. 中国在亚太地区的外交塑造能力增强

纵观 2019 年，中国外交发挥了主动意识，对亚太地区国际关系的稳定起到了积极作用，主要表现在两个方面。

第一，中国发挥了大国外交手段的灵活性和多样性，体现在稳定中美关系、中印达成金奈共识和中日关系回暖上。2019 年 12 月，中美两国经过 13 轮磋商谈判，最终达成第一阶段经贸协议文本。[①] 在此过程中，中国外交进行了有理、有力的立场说明，以开放的姿态灵活应对美方的压力，一定程度上稳定了中美双边关系。在美国主动采取预防性战略导致中美关系趋冷的情况下，中国外交主动改善和增进与地区其他大国的关系。在中国外交的积极推动下，2019 年 10 月，中印两国领导人举行了金奈会晤，就两国关注的议题进行深入的讨论，强调对分歧的管控和合作的拓展。[②] 中日关系复苏，2019 年 6 月，习近平主席在出席 G20 大阪峰会期间会见日本首相安倍晋三，就两国未来关系发展达成"十点共识"，安倍邀请习近平 2020 年春天对日本进行访问。8 月 10 日，中日两国重启中断 7 年的"中日战略对话"，落实双方领导人共识，增进互信，扩大合作。[③] 中国外交积极主动稳定中印关系

---

① "President Donald J. Trump Has Secured a Historic Phase One Trade Agreement with China", December 13, 2019, https：//www. whitehouse. gov/briefings－statements/president－donald－j－trump－secured－historic－phase－one－trade－agreement－china/，最后访问日期：2020 年 2 月 6 日。

② 《习近平同印度总理莫迪在金奈继续举行会晤》，2019 年 10 月 12 日，https：//www. fmprc. gov. cn/web/wjdt_ 674879/gjldrdh_ 674881/t1707413. shtml，最后访问日期：2020 年 2 月 6 日。

③ "G20 Osaka Summit－Related Events：Second Day", June 27, 2019, https：//japan. kantei. go. jp/98_ abe/actions/201906/_ 00063. html，最后访问日期：2020 年 2 月 6 日。

和改善中日关系，对于美国通过推进"印太战略"孤立中国的效力起到一定对冲作用。

第二，中国通过主场外交，对议题和议程的设置和引导能力提升。2019年4月27日，中方成功举办第二届"一带一路"国际合作高峰论坛，40位国家和国际组织领导人参会，150个国家、92个国际组织达成了283项重要成果，"一带一路"合作文件总数升至199份，并在会后发表了联合公报。这也是"一带一路"倡议逐渐形成机制化的标志之一。2019年11月，中国成功举办第二届进口博览会，3800多家企业与会参展，超过50万名境内外采购商在这一平台上实现了710多亿美元的成交额，较去年增长23%。① 此外，中国还在地区热点问题方面注入和平力量，在助推地区稳定方面发挥积极作用。

2. 亚太地区大国关系：美国加大力度拉拢区域内其他大国，中国与其他区域大国关系总体改善

2019年，中国与除美国之外的地区大国关系均有所改善和推进；与此同时，美国通过主导"印太战略"也在加强与域内大国的战略密切度。

（1）中美关系降温。2019年美国在经贸领域实行单边主义，多次挑起贸易摩擦；在南海和台海多次进行军事骚扰；加大对"台独"当局的政治支持力度，背后干涉香港事务，在新疆治理问题上抹黑和施压；制造"孟晚舟事件"，打击中国华为公司；出台限制中国留学生的政策和以"安全"为由阻碍中美两国正常民间交流；等等。尽管中方通过努力使中美大国关系得以稳定，但中美关系仍出现滑坡趋势。

（2）中国与亚太地区其他大国关系整体缓和，中印关系保持稳定，中日关系不断改善。中国采取的积极主动的亚太地区大国外交策略初见成效。2017年至2018年中印两国因边界问题关系一度陷入紧张状态，但两国借助二十国集团峰会（G20）和金砖国家峰会等机制缓和了双方关系。特别是莫

---

① 中国外交部：《王毅出席2019年国际形势与中国外交研讨会》，2019年12月13日，http://new.fmprc.gov.cn/web/wjbzhd/t1724253.shtml，最后访问日期：2019年12月19日。

迪连任后，中印两国元首在金奈举行会晤，在一定程度上修复和改善了双边关系。中日两国关系之前因钓鱼岛争端跌入长达数年的冰冻期，2019年，随着亚太局势的变化，中日双方均调整了对彼此的外交政策，为两国关系改善提供了契机。以G20大阪峰会为起点，中日领导人会晤为双边关系回暖奠定了基调。

（3）美国继续加强对亚太地区大国印度的外交拉拢，同时推动印日两国合作关系加深。在美国的主导下，美国、日本、印度和澳大利亚四国的高级官员于2019年5月31日在曼谷举行会议，就共同努力推进一个自由、开放和包容的"印太"地区进行磋商。① 2019年9月26日，美、日、印、澳四国外长在纽约参加联合国大会会议期间举行会议，这是"四国机制"首次进行部长级别的磋商。② 美国在"印太"框架下试图通过拉拢其他三国实现孤立和打压中国的目的。除了"印太"这一小多边框架，美国还推动印日两国的双边合作不断向前推进。2019年11月29日，为进一步深化双边安全和防务合作，印、日外长和防务部长"2+2"对话首次会议在新德里举行。③

3. 亚太地区的其他国际关系

（1）2019年，中国与亚太地区其他多数国家的合作关系稳步向前推进，中国周边地区并没有出现追随美国孤立中国的局面。在东南亚地区，中国与东盟及成员国的合作稳步推进，《中国—东盟自贸区升级议定书》全面生效；涉及南海问题的"行为准则"案文第一轮审读提前完成，准则磋商全

① Office of the Spokesperson, "U. S. – Australia – India – Japan Consultations ('The Quad')", May 31, 2019, https://www.state.gov/u – s – australia – india – japan – consultations – the – quad/, 最后访问日期: 2019年12月19日。

② Department of Foreign Affairs and Trade, "Australia – India – Japan – United States 'Quad' Consultations", November 4, 2019, https://dfat.gov.au/news/media/Pages/australia – india – japan – united – states – quad – consultations.aspx, 最后访问日期: 2019年12月19日。

③ Ministry of External Affairs, Government of India, "India – Japan Foreign and Defence Ministerial Dialogue (2+2)", November 29, 2019, https://www.mea.gov.in/incoming – visit – detail.htm?32125/IndiaJapan + Foreign + and + Defence + Ministerial + Dialogue + 2432, 最后访问日期: 2019年12月19日。

面推进；中国积极支持东盟主导的 RCEP 合作倡议，中国—东盟关系进入全方位发展阶段。在东南亚国家中，中国除了继续稳固和推进与柬埔寨、老挝的传统友好关系之外，中缅关系推进步伐迅速；由于中国与菲律宾杜特尔特政府互动良好，在南海问题上中菲和中越致力于和平协商，各方关系继续保持稳定。在东北亚地区，中国与韩国、朝鲜、日本关系均整体改善。在南亚地区，中国与巴基斯坦的"全天候伙伴关系"进一步深化，同时拓展了与尼泊尔、斯里兰卡、孟加拉国等国家的合作。在南太平洋地区，中国与基里巴斯、所罗门群岛等岛国建立或复建外交关系，这些国家同时宣布与台湾"断交"。

（2）美国在战略上拉拢亚太地区大国的同时，对发展与地区中小国家关系方面并未投入过多关注。2019 年，特朗普政府在亚太地区中小国家中，关切的焦点之一是美韩关系，采取表面强硬、暗里争取的策略，但实际效果不佳。特朗普政府不断施压要求重新签订贸易协定，并在驻军费用等问题上与韩国龃龉不断。美缅关系因美国在罗兴亚人问题上对缅甸的施压和内政干预，近年来一直趋冷。特朗普政府对于建设性经营与亚太地区大多数中小国家关系显然不感兴趣，而把更多侧重点放在推动这些国家对中国的不满和对立情绪上，比如在资源问题、环境保护、基础设施建设投入中的所谓"债务陷阱"等议题上针对中国频频发难。特朗普政府在处理与亚太地区中小国家关系时，重于施压的同时轻于关注和经营，这降低了美国在亚太地区中小国家中的威望。美国的亚太盟国菲律宾和泰国政府表现出在中美之间的中立立场。美国在退出《中导条约》后，欲在韩国、澳大利亚和菲律宾等盟国部署中程弹道导弹防御体系遭拒。新加坡也表达出对美国当前在亚太地区扮演的角色的不满，并表示不愿在大国之间选边站队。

（3）亚太地区各次区域内部国家间关系总体稳中有变。东南亚地区稳步推进东盟一体化，内部合作机制不断完善。东北亚地区大国竞争与朝韩关系问题并存，尽管美朝和中朝关系同时升温，朝韩关系也出现积极的迹象，但传统地缘政治、历史遗留问题和朝核问题仍阻碍着该地区由传统安全议题向区域合作议题的转向。南亚地区内印巴冲突不断发生，有升级之势，成为亚太地区国际关系的不稳定因素。除印度外，南亚其他国家对发展与中国的关系和参与"一带一路"倡议怀有更多期待。中国"一带一路"建设在一定程度上提升了南太平洋岛国自主多元外交的意识，但南太平洋地区仍是澳大利亚和新西兰主导下的秩序框架。

4. 区域外大国对亚太地区的外交介入度或参与度加强

2019年，欧洲主要国家和俄罗斯对亚太地区的介入程度加深，其介入的议题和途径方面存在明显区别。前者主要致力于通过干预亚太地区事务，配合美国打压中国；而后者更注重对亚太地区事务的参与度，主要是在中俄全面战略协作伙伴关系框架下对中国予以支持。

欧洲主要国家对亚太地区事务的介入，主要体现在英、法、德三国对南海问题的插手和英国对香港问题的干涉上。2019年，欧洲主要国家在南海议题上的态度发生明显变化，开始实质性涉足。2019年1月，英国皇家海军护卫舰"阿盖尔号"加入美国"麦克坎贝尔号"导弹驱逐舰的行列，在南海进行了6天军事演习。① 2019年4月，法国派遣"葡月号"护卫舰前往台湾海峡，法国武装部队部长帕利（Florence parley）在"香格里拉对话"上强调未来将保持对南海地区至少两次的常态航行。② 2019年8月，作为南海问题非利益攸关方，英国、法国和德国发布关于南海问题的联合声明，③是寻求插手亚太地区事务的抓手。此外，英国多次对中国香港问题进行干预，导致香港问题更加复杂化。

俄罗斯对亚太地区事务的关注更多体现在参与度和提高话语权上，有利

① Richard Javad Heydarian, "Coalition of the Willing Builds in South China Sea", June 19, 2019, https://www.asiatimes.com/2019/06/article/coalition – of – the – willing – builds – in – south – china – sea/，最后访问日期：2019年12月19日。

② Emanuele Scimia, "To Gauge France's South China Sea Intentions, Look at What It Does, Not What It does not Say", https://www.scmp.com/comment/opinion/article/3036790/gauge – frances – south – china – sea – intentions – look – what – it – does – not – what，最后访问日期：2019年12月19日。

③ "E3 Joint Statement on the Situation in the South China Sea", August 29, 2019, https://www.gov.uk/government/news/e3 – joint – statement – on – the – situation – in – the – south – china – sea，最后访问日期：2020年2月6日。

于增进中俄全面战略协作伙伴关系在亚太地区的合作。2019 年 4 月 29 日至 5 月 4 日，中俄两国举行为期六天的"海上联合——2019"军事演习；7 月 23 日，两国又在日本海、东海有关空域按既定航线进行了联合巡航，① 这也是中俄两国的首次战略巡航，深化了两国在亚太地区安全合作领域的互信与协调配合能力。中俄两国在朝鲜问题上的合作也有所加强。2019 年 12 月 17 日，中俄两国共同提议联合国安理会解除朝鲜出口雕塑、海鲜和纺织品的禁令。② 在阿富汗问题上，俄罗斯提出了"莫斯科进程"，以期发挥更大作用。作为域外大国，俄罗斯对亚太地区事务的参与，是其"东向"政策的一部分，其主要考量在于提高其在亚太地区，特别是与俄罗斯利益相关的事务的参与度和话语权。

综上，2019 年亚太地区国际关系的演进是域内外各行为主体互动的结果。一方面，中国通过积极主动的外交塑造，务实、灵活地处理与地区大国和中小国的关系，总体营造了有利于中国长期发展的周边环境。另一方面，美国及其部分西方盟友通过拉拢地区国家对中国施加压力。与此同时，俄罗斯和欧洲主要国家对亚太地区的关注度也在不断增强。在中美互动的背景下，亚太地区其他国家在处理与中国和美国的双边关系时，并未采取选边站，而是同时试图与中美维持稳定的双边关系。

二 2019年亚太地区热点问题

2019 年亚太地区热点问题既有传统热点问题的延续，也有在大变局下爆发的新问题，折射出亚太地区逐渐失序的状态和区域国家之间协调性的下降。中美贸易摩擦经过多轮博弈最终达成第一阶段协议，相比之下朝鲜半岛

---

① 中国国防部：《中俄首次联合战略巡航提升两军战略协作水平》，2019 年 8 月 29 日，http：//www. mod. gov. cn/info/2019 – 08/29/content_ 4849376. htm，最后访问日期：2019 年 12 月 19 日。

② "China, Russia Propose Easing North Korea Sanctions"，December 17，2019，https：//www. pna. gov. ph/articles/1088928，最后访问日期：2020 年 2 月 6 日。

问题、印巴冲突、罗兴亚人危机及阿富汗等问题依旧陷于困局，未能取得实质性突破。美国在南海问题、中国香港和台湾问题上加大了介入力度。这些地区热点问题与地区结构变化之间相互影响，体现了亚太地区不稳定的态势。

（一）中美贸易摩擦反复

2019 年，中美两国贸易问题经历多轮关税加征和谈判磋商之后，最终达成第一阶段贸易协议。在中美谈判磋商进程中，美国除了多次威胁、实施对华出口商品加征关税外，美国财政部还将中国列为"汇率操纵国"。① 面对美方的贸易单边主义，中国发布了《关于中美经贸磋商的中方立场》白皮书。在白皮书中，中方阐述了所秉持的平等、互利、诚信的磋商立场。② 在双方关税加征过程中，谈判磋商路径并未封闭，经过 13 轮谈判，中美两国暂时达成了第一阶段贸易协议。

中美贸易摩擦不但影响了中国经济发展的外部环境，而且冲击了原本增长乏力的亚太地区经济形势。几经波折的谈判进程折射出中美两国的竞争性增强，这也影响了亚太地区形势的稳定。一方面，美国对中国出口产品加征关税的举措冲击了中国部分产品的对美出口，影响了外资对中国市场的信心；另一方面，美国将贸易问题上升到安全高度，力图通过贸易和政治手段，给其盟国欧洲和日本施加压力，试图与其联手限制中国高新科技领域的发展空间和中国产业结构升级的步伐。此外，中美之间的贸易摩擦影响了地区经济发展，虽然会对部分国家的制造业带来短期红利，但不利于亚太地区整体经济的稳定和外资流动，也影响着亚太地区金融市场的稳定。

未来，贸易摩擦仍是影响两国关系和地区稳定的重要变量。鉴于美国国内已经形成对中国较为一致的认知，美国在贸易问题上的对华政策延续性较

---

① "Treasury Designates China as a Currency Manipulator", August 5, 2019, https：//home. treasury. gov/news/press – releases/sm751，最后访问日期：2019 年 12 月 10 日。

② 《国新办举行〈关于中美经贸磋商的中方立场〉白皮书发布会》，2019 年 6 月 2 日，http：//www. scio. gov. cn/xwfbh/xwbfbh/wqfbh/39595/40576/index. htm，最后访问日期：2019 年 12 月 10 日。

强。尤为值得关注的是，特朗普暂时的和缓态度与其谋求第二任期有关，如果特朗普连任，在其第二任期在贸易领域对中国的打压会更严厉。中国应做好充分战略准备应对美方在经贸领域的打压。目前中美达成的文本协议只是暂时缓解了两国间的部分贸易问题，美国对 2500 亿美元中国产品加征 25% 的关税依旧存在，并且最终能否落实协议内容也面临变数。鉴于中美两国的体量和影响力，整个亚太地区经济形势也将在中美贸易摩擦的反复中起伏波动。

（二）朝鲜半岛局势复杂多变

2019 年，朝鲜半岛局势"高开低走"，年初朝鲜和美韩在军事和外交上延续了 2018 年相对和缓的局势，但之后走向低迷。2019 年 1 月 15 日，韩国最新国防白皮书中删除了自 2015 年沿用的将朝鲜政府和军队视为敌人的表述；2 月 27 日至 28 日，美朝两国在河内举行第二次领导人会晤。但年初缓和的局面并未持续太长时间，河内会谈的提前结束成为半岛局势转变的重要标识。历史遗产和现实政治博弈使得朝鲜半岛局势呈现波动与不确定，而在此过程中朝鲜半岛局势呈现两面性：一方面是朝鲜与美韩两国关系的反复；另一方面是朝鲜与中俄两国关系的回暖与稳步推进。

朝鲜半岛问题各方利益诉求分歧较大，国家之间的交叉博弈使得东北亚局势复杂多变。首先，韩朝关系回暖进程受阻，未来不确定性增强。2019 年初，韩国不再将朝鲜政府及其军队描述为国家的敌人，释放出有利于双边关系发展的信号，但 3 月美国《2019 财年生化防御计划预算评估》中增加在韩"朱庇特计划"预算，以及 7 月韩国购买两架 F35A 战机，引发朝方激烈反对和随后的军事反制。[①] 其次，朝美关系河内峰会之后呈现政治博弈的反复性。美朝河内峰会最终不欢而散，无共同协定的河内峰会给朝美双方关系的走向蒙上了阴影。美国多边制裁、双边接触的对朝政策难以实现双方关

---

① "Spokesperson for Ministry of Foreign Affairs of DPRK Issues Press Statement", August 6, 2019, http：//www. mfa. gov. kp/en/spokesperson - for - ministry - of - foreign - affairs - of - dprk - issues - press - statement/，最后访问日期：2020 年 2 月 6 日。

系的根本转圜。

朝鲜和中俄两国的关系有了新的进展。2019 年 1 月 7 日至 8 日，朝鲜国务委员会委员长金正恩访问中国，是中朝建交 70 周年朝鲜方面的重要外交举措；6 月 20 日至 21 日，习近平主席应邀首次对朝鲜进行国事访问，为两国未来关系的走向奠定了基调。① 中朝两国各领域往来的明显上升为新时期中朝友好关系添加了新的内涵，也助推两国关系稳步向前。与此同时，朝俄两国关系也处于升温状态。2019 年 4 月 24 日至 25 日，应俄罗斯总统普京邀请，朝鲜国务委员会委员长金正恩首次访问俄罗斯。2019 年 12 月联合国大会上，中俄联合提出的缓和对朝鲜制裁，这既是中朝和俄朝继续回归传统友好关系的表现，同时也是中俄两国在朝鲜半岛问题上战略协作的体现。

朝鲜半岛问题涉及大国博弈和朝韩两国关系，相关国家之间的利益分歧使得未来各方在这一地区的博弈仍将持续，而朝鲜的政策选择将成为影响走向的重要组成部分。

（三）印度和巴基斯坦冲突频发

印巴独立后双方围绕克什米尔地区主权问题的纷争持续不断。2019 年印度单方面改变印控克什米尔法律地位，激化现有矛盾，双方在实控线附近冲突加剧，两国关系进一步恶化。受民粹主义影响，印度对巴基斯坦表现强硬，不但对巴基斯坦采取经济制裁，其空军还越过两国实控线，对巴基斯坦一方进行轰炸。巴基斯坦方面做出激烈回应，予以回击。② 2019 年 8 月 5 日，印度废除宪法 370 条及 35A 附则，单方面宣布取消克什米尔的自治地位，成立"查谟—克什米尔中央直辖区"和"拉达克中央直辖区"。印度这一举动实质上改变了印控克什米尔的法律地位和性质。巴基斯坦方面对印度单方面改变克什米尔争议地区的做法表示极大不满，并做出强烈外交回应。除了实控线附近的冲突，两国也在国际社会展开外交博弈。印巴两国的边界

---

① 《王毅访问朝鲜》，《人民日报》2019 年 9 月 5 日。

② "Return of Indian POW, Wing Commander Abhinandan Varthaman"，http：//www. mofa. gov. pk/ pr - details. php，最后访问日期：2019 年 12 月 5 日。

冲突与外交博弈使得本就失和的两国关系陷入谷底，南亚地区安全局势趋紧。

印巴关系紧张加剧了南亚地区的不稳定和极端主义的蔓延，阻碍地区经济、政治合作。印巴在实控线的频繁冲突刺激了极端主义在该地区的蔓延，也为该地区本就举步维艰的地区合作蒙上新的阴影。

印巴之间围绕克什米尔地区的对峙状态在短时间内难以消弭，但两国的紧张局面将会有所缓和。巴基斯坦方面虽不承认印度单方面对现状做出的改动，但同样也并未采取更进一步的反制举措。鉴于印巴两国整体实力差距在不断拉大，除非印度进一步做出改变现状的举动，印巴双边关系会相对缓和，热度也会有所下降。不过，印度在新成立的两个直辖区的任何政治举动都将牵动巴基斯坦的敏感神经，一旦印度方面在上述地区有所行动，双方关系将会反复进入紧张状态。

（四）南海问题主要博弈方变迁

2019 年南海问题的主要博弈方和演进逻辑发生变化。美国开始取代东南亚声索国，更多采取单边主义方式，以所谓"航行自由"干涉南海事务。相较于 2018 年，美国在 2019 年闯入我南海岛礁 12 海里范围的次数增加了近一倍。中国与东南亚声索国和东盟进行了富有成效的磋商和谈判，稳定了南海局势。2019 年 5 月 18 日、10 月 16 日，中国与东盟国家分别在中国杭州和越南大叻举行第 17、18 次"落实《南海各方行为宣言》高官会"，并就"南海行为准则"磋商进行深度沟通和交流。[①] 在双边层面，2019 年中国—菲律宾南海问题双边磋商机制进行了第四、五轮磋商，双方还就建立有关互访交流机制进行了建设性讨论；中越两国举行了第 13 轮关于海上合作的磋商会议，双方赞成管控分歧，和平解决南海争端。[②]

---

① 《落实〈南海各方行为宣言〉第 18 次高官会在越南举行》，2019 年 10 月 16 日，http：//www.xinhuanet.com/2019－10/16/c_1125112267.htm，最后访问日期：2019 年 12 月 8 日。

② "The 13th Round of Negotiations Between Viet Nam and China on Maritime Cooperation in Less Sensitive Areas"，November 19－20，2019，http：//www.mofa.gov.vn/en/nr040807104143/nr040807105001/ns191121102237.

美国等域外国家在南海问题上采取的单边主义行为不能获得区域内多数国家的认同，但客观上却增加当事国之间解决南海问题的难度。美西方国家无法延续以往支持东南亚相关声索国的间接干预方式，不得不以所谓"航行自由""飞越自由"为由多次非法进入南海，试图影响中国与东南亚国家在南海问题上的和平磋商进程。与此同时，美国向菲律宾保证中国与菲律宾南海的争端符合美菲同盟条款，① 还与东盟举行了首次联合军演"东盟—美国海上演习"（AUMX），通过强调美国在这一地区的军事存在，鼓励当事国和东盟国家在南海问题上更多发声。特朗普政府对菲律宾和东盟的拉拢与施压，并未获得相应的支持与追随。

随着中国与东盟及东南亚声索国关系的改善，未来美国将继续强化在南海地区的单边主义行为。美国在南海地区的非法航行将进一步常态化，争取后杜特尔特时代菲律宾等国家再次转变南海政策。南海问题的热度仍将持续。

（五）阿富汗问题陷入僵局

2019 年，阿富汗问题在国内、双边和多边维度都未取得实质性突破。塔利班组织与阿富汗政府之间依旧难以达成一致，塔利班一直不承认阿富汗存在合法政府并拒绝与其进行谈判。美国与塔利班的双边谈判时断时续，波折反复。2019 年上半年，美国与塔利班的双边谈判实现了一定程度的突破②，在经历 9 月份的暂停之后，双方在 12 月又正式恢复谈判，但依旧未能达成实质性协定，并且阿富汗政府对美国单独与塔利班进行谈判表示不满。与此同时，中国、俄罗斯等周边国家构建的多边磋商机制成果有限。俄

---

① "Attack in SCS to Trigger PH – US Defense Pact Obligation：Pompeo", March 1, 2019, https：//www. pna. gov. ph/articles/1063320，最后访问日期：2020 年 2 月 6 日。

② "Special Representative for Afghanistan Reconciliation Zalmay Khalilzad Travels to Afghanistan, India, Pakistan, Qatar, Russia, and the United Kingdom", April 22, 2019, https：//www. state. gov/special – representative – for – afghanistan – reconciliation – zalmay – khalilzad – travels – to – afghanistan – india – pakistan – qatar – russia – and – the – united – kingdom/，最后访问日期：2020 年 2 月 6 日。

罗斯主导的"莫斯科进程"由于缺少美国的参与而难以实现根本突破；中美俄三方磋商机制和中俄美巴四国会议因缺少阿富汗政府和塔利班组织两个主要攸关方，无法实质推进阿富汗问题的解决。[①] 以上多个维度进展迟滞，阿富汗问题陷入僵局。

鉴于阿富汗特殊的地缘位置，阿富汗政治进程的稳定与否影响大国与周边国家的战略利益。美国希望阿富汗的政治进程能够解决军事介入难以实现的战略目的，同时又担心主导权旁落，防止阿富汗问题的解决走入其他大国设定的议程。对于巴基斯坦而言，阿富汗的极端主义对巴基斯坦的持续渗透，导致巴基斯坦国内恐怖袭击和极端暴力事件不断上升，威胁巴基斯坦国内政治稳定。在俄罗斯的地缘战略中，阿富汗是其进入南亚和中东地区以及阻挡极端分子进入中亚的重要枢纽。阿富汗是中国"丝绸之路经济带"的重要节点国家，因此阿富汗问题的妥善解决有利于稳定中国周边的安全环境和"一带一路"倡议的推进。

国内政治冲突不断和外部大国角力博弈折射出阿富汗问题的复杂性和重要性，其未来仍将是持续影响地区形势的关注对象。在阿富汗政治进程中，美国、阿富汗政府与阿富汗塔利班组织构成一个不平等的三角，进一步加剧了阿富汗僵局。中国、俄罗斯、巴基斯坦等将继续在多边和双边层面保持接触，积极斡旋，为地区和平注入动力。在多边渠道，目前已有的机制路径各有所长，大国间将可能会在议程设定方面展开竞争。

（六）缅甸罗兴亚人危机持续发酵

2019 年，冈比亚就罗兴亚人问题向国际法庭控告缅甸政府，推动罗兴亚人危机进一步国际化，但其背后的大国博弈迹象明显。罗兴亚人危机属于缅甸内政，是其国内宗教、族群冲突等因素长期互动的结果。但美西方国家以罗兴亚人为借口干预缅甸内政，指责缅甸政府的罗兴亚人政策，2019 年 7

---

① 《中俄美巴四方阿富汗问题联合声明》，2019 年 7 月 11 日，https://www.fmprc.gov.cn/web/ziliao_674904/1179_674909/t1680467.shtml，最后访问日期：2020 年 2 月 6 日。

月 17 日，美国将缅甸军方四名高官列入制裁名单，以惩罚他们对罗兴亚人人权的侵犯。① 中国则尊重缅甸主权，在罗兴亚人问题上支持缅甸政府，并积极斡旋寻求和平解决路径。

美西方国家通过国际舆论质疑缅甸政府对罗兴亚人的政策，借此向缅甸政府施压。此举一方面是试图以压促变，引导若开地区罗兴亚人对缅甸政府的不满情绪，进一步干预缅甸国内政局；另一方面则是为中缅经济走廊的推进制造阻力。人字形中缅经济走廊一部分穿过若开地区，该地区的皎漂港还是中缅油气管道的起点。持续动荡的若开局势和罗兴亚人危机将恶化中缅经济走廊的投资空间及中缅油气管道的运行环境。

罗兴亚人危机引发的难民问题也为地区治理带来难题。由于罗兴亚难民大量逃往邻国孟加拉国，还有部分被安置于中国云南省的中缅边境地区，罗兴亚难民治理问题对两国形成困扰。特别是在如何安置罗兴亚难民问题上，孟加拉国与缅甸两国之间分歧不断，在双边和多边层面的相互指责时有发生。虽然两国就遣送难民问题达成部分协议，但协定最终难以落实，导致在罗兴亚难民具体遣回和安置机制、程序方面近乎陷入停滞，造成一系列治理难题。

缅甸国内的罗兴亚人问题将继续成为各方关注对象。在可预见的未来，美国仍会以罗兴亚人危机为切入点干预缅甸事务，影响中缅经济走廊的推进环境。但与此同时，中国对缅甸政府采取支持立场，在联合国多次否决美西方国家针对缅甸的相关指控和制裁。

（七）外部势力助推下中国香港和台湾地区风波迭起

香港特别行政区一直被视为"一国两制"的实践样本，台湾地区则是中国领土不可分割的一部分。香港和台湾问题是美国在亚太地区的关注点。因此，香港问题可能从短期风波演变为长期性、反复性的难题，而台湾问题

---

① "Public Designation, Due to Gross Violations of Human Rights, of Burmese Military Officials", July 16, 2019, https：//www. state. gov/public – designation – due – to – gross – violations – of – human – rights – of – burmese – military – officials/，最后访问日期：2020 年 2 月 6 日。

则是美国长期牵制中国的重要抓手。

2019年6月香港"修例"风波得到美国等西方国家在背后的支持。在台湾问题上，美国除了进行军售为民进党2020年大选站台之外，还通过了"台湾旅行法"并书面化"六项保障"，助推台湾当局"去中国化"的政策。

美国干预中国香港和台湾事务主要通过三个途径："立法"、官方施压和通过"非政府组织"进行渗透和支援。2019年，美国国会通过了多个涉台法案，11月27日特朗普分别签署了S1270和S1838两个有关中国香港的法案。[①] 在台湾问题上，美方更多是在公开场合以官方名义对台湾进行声援，[②] 并辅助军售和军事行为。在香港问题上，除了官方的政治表态，更借助非政府组织在背后组织和资助。[③]

三　亚太地区未来发展趋势

2019年亚太地区局势波谲云诡、复杂多变。地区政治安全秩序处于变革状态，经济增长乏力，大国关系波动起伏，区域合作也在艰难负重前行。在亚太新旧结构的转型和磨合过程中，中国推进了积极主动的周边外交，发挥了"一带一路"的建设性作用，营造了于人于己有利的地区合作氛围。未来美国着力点可能更加集中在中国周边的亚太地区，未来中国塑造和重新修复亚太周边地区秩序的主动性和能力建设将决定该地区的走向。

---

① "Statement from the President on S. 1838 and S. 2710", November 27, 2019, https：//www. whitehouse. gov/briefings－statements/statement－president－s－1838－s－2710/，最后访问日期：2019年12月9日。

② "Remarks by Secretary Mattis at Plenary Session of the 2018 Shangri－La Dialogue", June 2, 2018, https：//www. defense. gov/Newsroom/Transcripts/Transcript/Article/1538599/remarks－by－secretary－mattis－at－plenary－session－of－the－2018－shangri－la－dialogue/，最后访问日期：2020年2月6日。

③ 仅2018年，"美国国家民主基金会"向香港方面的资助额不少于100万元人民币。参见https：//www. ned. org/region/asia/hong－kong－china－2018/，最后访问日期：2019年12月9日。

（一）未来美国的战略着力点将主要集中在亚太地区

中美两国虽然在贸易领域达成第一阶段成果，但未来美国仍将中国视为竞争对手，2019 年 6 月美国国防部发布的《印太战略报告》中将中国界定为"修正主义国家"。美国国防部长埃斯珀 2019 年 12 月 8 日出席在加利福尼亚州举行的防务论坛时提出，未来一段时间他将把美军重心转移到与中、俄的竞争上。[①] 无论安全、政治、经济、社会领域，中国未来长期发展的依托带仍然在中国周边地区。因此，未来美国的战略着力点仍将继续集中该地区，其议题或将围绕"印太战略"、南海问题、朝半岛问题、中国台湾和香港问题，甚至可能重回类似《跨太平洋伙伴关系协定》（TPP），等等。

美国在"印太战略"上投入不断增加，机制方面的构建也不断拓展成熟。尽管美、日、印、澳对"印太"具体内涵和外延的界定存在分歧，但四国已经举行了部长级首次对话。美国推动"印太战略"的过程中，日本、印度、澳大利亚之间的利益分歧弱化，四国合作的空间依旧存在。多年来美国想在亚太地区整合其联盟体系，一直没有达到将双边同盟上升为多边同盟的预期效果，因为美国在亚太地区的其他盟国都没有很强的动力推动"亚洲版北约"。澳大利亚是西方发达国家中与中国经济联系最密切和对中国经济依赖度最大的国家，在联美反华问题上，澳大利亚一般都是"雷声大，雨点小"。印度对于美国主导的"印太战略"更是顾虑重重，尤其警惕美国乘机介入印度洋，削弱自身独立性和在南亚地区的霸主地位，所以更多是以机会主义的心态审视美国的"印太战略"。因此，美、日、澳、印四国目前只能限于建立对话机制和造势阶段，难以突破美日双边同盟的大框架，形成实质性的多边合作。

在南海议题上，美国将更多发挥单边及其域外同盟体系的作用，同时等待后杜特尔特时期继续争取菲律宾。美国介入南海事务的传统途径，一是拉

---

① 《美国拟将军事重心从中东移至亚太制衡中俄》，《联合早报》，2019 年 12 月 9 日，http：//www.zaobao.com/news/world/story20191209 - 1011748，最后访问日期：2019 年 12 月 20 日。

拢东盟共同发声，对中国形成孤立之势；二是推动东南亚声索国在相关议题上对中国进行战略蚕食，牵制中国的周边建设步伐。目前老挝、柬埔寨、缅甸等国与中国关系稳步推进，不大可能参与美国主导的在南海问题上共同针对中国的"1＋10"模式。与此同时，中国与东盟之间达成的"南海行为准则"，进一步降低了美国拉拢东盟在南海问题上共同制华的可能性。未来继续通过单边军事行为干扰中国与南海各方的磋商谈判，将是美国的主要选项。与此同时，中国也要做好东盟各国政府换届后南海政策出现转向的预案。另外，继续将南海问题国际化，鼓励西方盟国介入南海事务，是美国在南海的新动向。2019年英、法、德等欧洲大国对南海的介入可见端倪。对于美国联合欧洲主要大国以及澳大利亚、加拿大等国，组成域外干涉南海事务的政治联盟这一动向，需要中国进一步关注。

在朝鲜半岛问题上，无论朝核问题还是朝鲜国内问题，并非美国在亚太地区的主要针对目标。因此，美国目前对待朝鲜是多边极限施压与双边接触谋求缓和相结合，一方面通过联合国等途径继续维持对朝鲜的经济制裁，另一方面继续保持与朝鲜的双边接触，在"一推一拉"中试图将朝鲜政局和朝半岛局势引导向美方设定的路线图。朝鲜会将重点关注放在解除经济制裁和国内发展方面，也希望与美国及其东北亚盟国缓和关系。因此，未来朝半岛问题上中国的关切和立足点，一是如何巩固和推进与朝鲜的双边关系，帮助朝鲜走出经济困境；二是在朝半岛问题上如何与俄罗斯战略协作，稳定地区安全秩序，帮助朝鲜融入东北亚经济圈。

中国台湾和香港问题将是美国的重要关切点。美国一边通过国会"立法"和政治暗示鼓励台湾当局，另一方面在台海频繁进行军事干扰，在中美战略博弈中进行要价。未来台湾无疑仍是美国的重要"棋子"，美国将继续维持和推进与台湾当局的政治关系和战略密切度，在内涵和形式上也会进一步拓展，并将强化对台军售。美国希望借助台湾问题，施压中国在中美竞争的其他领域对美做出让步。香港发生的"修例"风波背后有美国和"台独"势力影子，所谓的"香港法案"出台后，未来美国将会利用这一法案在香港问题上继续干预中国内政，力图让香港问题演变为长期性和常态化牵制中国的政治因素。

在地区多边机制层面，美国可能在日本牵头的 CPTPP 基础上，重新主导类似 TPP 的变形版多边贸易协定，与"单挑"模式双管齐下，通过机制和规则限制中国的长期发展。中国通过"一带一路"建设为亚太中国周边国家的发展带来新的机遇，逐渐机制化的"一带一路"倡议将成为亚太地区合作的重要治理平台。而美国放弃 TPP 之后，并没有能够整合亚太地区的区域经济合作机制。尽管特朗普政府与建制派特别是民主党相比，更倾向于单挑而非走多边机制途径与中国竞争，但在美国官方的表述中，重新主导俱乐部式亚太多边机制的可能性依旧存在。而且本质上，美国制造与中国的经贸摩擦，试图通过在国有企业、知识产权、环保、劳工标准等领域提高中国企业的生产成本，阻止中国进一步产业升级，这些目标与之前 TPP 的目标是一致的。而类似 TPP 协议的多边贸易机制，尽管可能会让其成员国在一定程度上搭便车，却比"单挑"模式更能对中国经济形成压力。因此，美国一方面将继续干扰中国"一带一路"建设，另一方面以"印太"框架为基础，构建类似 TPP 的排他性区域经济合作机制，限制中国的长期发展和在亚太地区影响力的扩展，仍不失为其未来选项。

（二）美国在亚太地区的影响力和对地区态势的干扰能力呈下降趋势

面对一个破碎化与失衡的地区结构，美国已逐渐丧失重构亚太地区秩序的意愿和能力。这意味着，美国在未来将更多扮演搅局者而非建设者的角色。随着地区影响力的下降，美国对地区形势的干扰能力有限。

首先，美国在亚太地区治理领域不愿再承担领导者提供公共产品的责任，同时又倾向于以"单边"方式追求美国利益至上，这势必将冲击美国在地区的影响力。特朗普政府近年来从"全球主义"向"孤立主义"的保守回归，体现在其一系列"退群"行为上。作为全球治理领域的昔日领导者，在奥巴马政府时期，美国在全球治理领域就口惠而实不至，如今特朗普政府的消极态度更加明显，已经没有意愿再在全球和地区治理领域扮演领导者角色。客观上，在相对实力下滑的过程中，美国未来为亚太地区提供公共产品的能力也随之下降。但与此同时，受"美国至上"政策理念的影响，美国不但制造与中国的贸易摩擦，而且向亚太多个国家提出要求重谈贸易协定。日趋保守的贸易政策和拒绝承担地区主导国"开放的市场"的责任，将最终导致美国威望的丧失和美元影响力的下降。美国无视亟待解决的地区治理困境，经济上却又要薅各国羊毛的行为，将削弱美国领导亚太地区事务的合法性和地位。

其次，美国在亚太地区将更多扮演干扰者而非建设者的角色，这种角色定位难以得到地区多数国家的认同。中国长期发展需要一个稳定的、地区协同发展的周边环境，因此通过"一带一路"倡议努力经营周边地区。"一带一路"倡议是为谋求中国与途经国家的共同发展，在平等互利基础上构建中国周边命运共同体，实现地区繁荣。美国无意通过建设的方式与中国良性竞争，而是希望中国国内和周边出现乱局，以此牵制中国发展。因此，美国未来在地区事务中将更多扮演干扰性角色，在中国周边地区不断制造矛盾和助推事端，为美国干预地区事务提供机会，影响中国在周边的"一带一路"建设。如何突破经济发展瓶颈、提高人民生活水平的发展目标是亚太地区的首要关切，是地区绝大多数国家的共同诉求。面对中国的建设性和美国的破坏性，谁能更好更有效地解决地区治理问题，帮助各国实现发展目标，谁才是人心所向。因此，美国在亚太地区的角色定位无法得到多数国家认同，包括美国的多数盟国。

最后，亚太地区中国周边国家普遍不希望也不愿意选边站队，这使得美国试图打造的地区集团化政治生态在亚太地区缺乏土壤。美国的地区政策具有基督教一元论的非此即彼的色彩，热衷于通过建立排他性的组织密切与地区国家的战略联系度和对美国的政治捆绑，并使其成为配合美国战略的地缘政治工具，其实质是推动政治集团之间的相互对立。而中国的地区政策对于不同种族、信仰和文化背景的国家，则追求包容性共生，不干涉地区国家内政和发展路径，不拉帮结派搞军事集团，与既有地区机制和组织和谐共存。与此同时，中国给予周边国家的援助和贷款不附带任何政治条件，充分尊重合作国家的内部政治制度和经济发展方式。与美国日趋保守的单边主义或

"俱乐部式"合作相比，中国的地区政策具有高度开放性，既不排除特定对象国，也不像美国那样令这些国家处于选边站队的境地，因此更代表亚太地区的主流国际规范和中国周边多数国家的利益诉求。

（三）尽管亚太地区多边合作陷入僵局，但另辟蹊径的务实合作空间很大

亚太地区虽然存在逆全球化和逆地区一体化的现象，但这对于中国发展也存在机遇。首先，美国和西方发达国家主导的全球化进程受挫，可以为中国道路和多元发展模式的生存与发展提升空间，中国参与全球和地区治理、发挥大国作用的合法性与机会也将增加。国际社会的话语权和发展模式将不再是西方道路独大，这为中国等新兴大国打破原有束缚，按照自身发展模式选择自己的发展道路，并影响周边国家提供了空间。而地区多边一体化的受挫，也为中国构造创新性的地区合作模式提供了可能性。其次，美国逆全球化的趋势，在某种程度上有助于中国缓解对美国主导的经济体系的过度依赖，并将更多注意力和经营重点集中在能够发挥自身优势的周边地区。再次，"美国至上"的孤立主义单边主义回潮有助于加强中国与本地区的合作，提升影响力。最后，逆全球化还带来了西方阵营内部的冲突与矛盾，这将缓解中国发展的外部困境。全球化进程受挫和西方对外政策的内部掣肘，将降低美国主导的西方体系对中国的压力，提高中国的国际话语权。

逆全球化冲击下的旧有多边合作机制陷入胶着状态难有作为，但与此同时，新的合作机制，如"一带一路"倡议可以为地区发展与合作带来新的机遇和平台。"一带一路"倡议强调的"发展导向"原则更加契合亚太地区的发展需求，其秉持共享、开放理念为区域合作提供了务实平台。在第二届"一带一路"国际合作高峰论坛中，参与国家达成了283项成果，签订了640多亿美元的合作协议，凸显了该倡议作为新的区域合作机制的吸引力。以高峰论坛为引领、各领域多双边合作为支撑，在共商共建原则下，中国利用庞大的市场和成熟的技术为亚太地区国家在基础设施建设、可持续发展、人文交流等方面激发了新的活力，为地区经济增长注入了新动力，为地区协

同发展开辟了新空间。基于双边关系和较为成熟的次区域，"一带一路"框架下的中缅、中老、中巴等经济走廊有序推进，相关国家基础设施明显改善，双边贸易额不断攀升。随着合作领域的拓展和机制的不断完善，"一带一路"倡议将会为区域国家发展提供更多机遇，不但亚太地区参与国家将获得实实在在的益处，而且整个地区在共建协同发展模式下突破经济增长瓶颈方面也会获得新的机会。

中国周边国家有突破现有增长瓶颈的共同需求，这与中国目前的探索存在共识和交集。中国和周边国家或者正在探寻自身发展道路，或者在经济不景气中寻找新的增长点，都立足于努力提高国民生活水平和福利。亚太地区部分国家出现的资源民族主义等问题，根本上是想通过摆脱在产业中的低端位置，实现更高质量的长远发展和突破，各国寻求合作以突破经济危机以来发展低迷状态的需求越来越大。虽然东盟主导的RCEP谈判因印、日立场转变而残缺不全，日本主导的CPTPP所有成员国批准尚需时日，但相关国家积极参与谈判磋商表明，亚太地区国家在继续寻求区域合作路径以推进国家经济增长，只是旧有机制难以适应新的外部环境而不得不在负重中前行。鉴于亚太国家在产业结构、市场地位等方面存在较大互补性，在亚太地区推进新区域合作的可行性和必要性明显。中国作为亚太地区大国和第二大经济体，积极主动破解地区发展难题，推进区域可持续发展和增长既是自身发展所需，也是彰显大国责任与担当的机遇。目前，中国提出的双边和次区域合作机制受到地区国家普遍欢迎，新近提出的澜湄合作机制的不俗表现也再次证明区域内新的合作空间依旧存在。

（四）继续发挥中国的主动性和塑造力，亚太地区整体形势可得以稳定和重建

美国的战略着力点虽然集中在亚太地区，但美国对区域内国家的影响并不必然带来亚太地区形势的恶化和对中国的不利局面，其中中国外交的主动性和塑造能力可以起到关键作用。目前，美国在亚太地区的破坏性大于建设性，其主导地区事务的能力与合法性下降；与此同时，中国的建设性作用不

断凸显，具备让亚太地区发展态势向好发展的能力。

第一，在政治安全领域，中国未来需要更多关注区域国家的关切，通过稳定战略支点国家和积极构建地区非传统安全治理机制，在地区安全领域扮演更加重要的角色。中国不但要处理好与地区国家的关系，更要有针对性地发展双边关系。亚太地区部分国家由于历史和现实因素的影响，安全领域的外部需求与中国寻求地区稳定之间存在共识。中国可以在综合历史、经济、政治、文化等要素后，重点发展与这些国家的关系。中国除了在经济领域提供必要的支持和加强双边合作之外，更应利用自身的大国地位，在政治领域给予对方有力支持，在国际和地区层面关切和照顾对方安全诉求。同时，在非传统安全领域，特别是在地区防止核扩散、反恐、缉毒、打击暴力犯罪等各国普遍关注的议题上，中国要承担大国责任，扮演好地区安全稳定剂的角色。

第二，对于地区经济增长乏力的现状，中国未来发挥自身市场优势和经济外交作用的空间很大。2019 年中国经济在面临中美贸易摩擦和诸多压力下依旧保持高质量发展，凸显中国经济韧性。中国越来越多地成为地区国家最大的贸易伙伴国。未来中国可利用这一机遇，通过开发国内庞大市场，提升为地区国家提供终端产品市场的能力。一方面，中国周边国家大多意识到，美国相对实力的衰落逐渐不能带给它们更多发展的增量需求，而亚太地区国家贸易中的增量由中国的经济崛起所填补。另一方面，中国作为大国需要对冲对美国主导的国际体系的不对称依赖性。亚太周边地区作为中国地缘经济、政治和安全的依托地带，对中国崛起的意义尤其重大。特别是"一带一路"建设已进入深水区，如何提升中国经略周边的质量是中国能否成功崛起的关键。因此，中国既有意愿也有能力成为地区新的增长引擎。探索如何与地区国家共同发展的模式和如何建立更加健康、自主的地区经济结构，是未来中国在区域经济层面的努力方向。未来中国应挖掘国内庞大的市场和消费能力，为地区国家提供更大份额的最终消费品市场，进而带动地区经济结构朝向更加合理的方向转型。随着美西方国家等逆全球化思潮兴起，中国在区域合作层面对经济的拉动作用将不断提升，"一带一路"的机制化建设将继续为地区国家经济发展提供务实平台。

第三，对于当前地区碎片化的治理现状，中国可发挥更大作用，提供更多区域公共产品。在"美国优先"口号下，美国在地区事务中采取单边主义，对区域治理机制缺乏兴趣，投入有限；东盟长期主导的治理机制效率降低，无力应对新的变局。在此背景下，随着地区国家工业化步伐的推进，公共领域各种发展问题随之而来，这些公共需求与区域治理机制和区域公共产品供给之间存在明显的供需缺口。中国作为地区负责任的大国，有责任和能力在区域公共治理问题上提供"中国方案"。鉴于现有治理机制的碎片化，中国可结合地区特征，进一步激活现有治理平台的效率，并主动推动更加有效的治理机制的建立，提供更多力所能及的区域公共产品，由此建立地区威望和扩展影响力。在地区安全机制中，除了积极参与现有多边机制，中国可大力推进"北京香山论坛"，拓展该论坛的交流领域和地区影响力，为地区政治安全问题解决提供中国主导的交流和探讨平台。在打击极端主义、跨国犯罪等非传统安全问题中，上合组织将继续发挥积极作用。在经济领域，借助"一带一路"倡议、亚投行（AIIB）等一系列地区经济发展的合作机制，中国将会为地区经济问题的解决提出更多中国方案，持续为地区区域经济合作注入动力。

第四，中国可通过"一带一路"建设，推动地区合作模式的创新，将重点由大多边转向基于双边和次区域的灵活合作网络。当前亚太地区旧有的多边区域合作机制影响力日渐衰微，APEC峰会甚至一度取消，而新的多边机制，如RCEP、CPTPP等残缺不全，且距离正式运行还有时日，"一带一路"倡议正是在新旧机制交替中提出，在时间上弥补了地区区域合作的空隙。而且"一带一路"倡议运行模式有别于传统路径，它是基于国家双边关系和成熟次区域的合作模式，以点带面，从易到难，得到地区国家普遍接受。在"一带一路"框架下，中国与相关国家、次区域构建了多个涵盖不同地区的经济发展走廊，助推沿线国家经贸发展、基础设施改善。在逆全球化蔓延的亚太地区，"一带一路"的这一创新模式契合亚太地区多样性、差异化特征，各方以共商共享共建为原则，运用"早期收获"等灵活方式，在双边、次区域合作中绕开"集体行动"的困境，取得丰硕成果。未来"一带一路"倡议推进过程中，可有序推进双边、次区域合作中的机制化建设，巩固现有合作成果。中国可通过与"一带一路"周边国家签订不同层次双边贸易协定、投资协定、货币互换协议等方式夯实双边经贸关系，先将诸如澜湄、孟中缅这样的次区域或小多边合作机制打造为样本，再用良好的双边关系和成熟的次区域合作带动多边舞台。在打造双边关系的基础上以各个突破的渐进方式一步步缔结多边网络。这一思路或许是未来"一带一路"倡议机制化建设和重建亚太地区经济一体化模式的突破口。

最后需要强调，亚太地区形势发展对中国有利与否，首先取决于中国经营该地区的成效，而不在于中美两国关系的演变趋势。中美关系的走向与中国周边地区的形势走向并没有必然的因果关系。中国能否经营好周边地区，是否能够妥善处理与周边国家的关系，才是决定未来亚太地区环境优劣的关键所在。中国将经营周边的重点关切放在中美关系上，不但无助于稳定地区形势，而且可能成为中国经营该地区的掣肘。中国只有充分发挥主动塑造的能力，将周边地区经营成为中国长期发展的依托带，才能获得更多发展空间。

课题组组长：李向阳

课题组成员：高　程①

---

① 李向阳，中国社会科学院亚太与全球战略研究院院长、研究员；高程，中国社会科学院亚太与全球战略研究院研究员。

美国形势分析与展望

摘　要：　2019 年美国经济平稳增长，但经济扩张周期渐近尾声，增速呈回落态势。政治极化现象日益突出，民主、共和两党之间的对抗加剧。两党围绕政府关门、修建边境墙、穆勒报告、弹劾特朗普等议题激烈对抗，几乎引发宪政危机。司法系统被"裹挟"进政治斗争，扮演日益突出的政治角色。进入 2020 年，大选背景下的党派之争将更趋激烈，政治极化现象进一步凸显。国内种族矛盾、收入不平等、暴力犯罪、非法移民等社会问题错综复杂地叠加在一起，主流价值日益沦丧，身份政治更趋紧张，社会分裂不断加剧，甚至呈现美国挑起国际纷争转移国内矛盾的倾向。在对外关系方面，特朗普政府继续秉承"美国优先"理念，单边主义色彩浓厚；回归大国竞争的现实主义传统思维，持续加大国防开支，"以实力促和平"。特朗普政府对外政策缺乏系统性的规划和方略，不断冲击美国所构建的战后自由主义国际秩序。大选年国内政治对于美国外交的影响加大，美国与其盟友和伙伴之间的矛盾将进一步表面化，大国竞争日趋激烈，不确定性加大，国际秩序有待重塑。

关键词：　美国经济　党派政治　美国社会　美国外交　美国优先

一　2019年美国总体态势

（一）美国经济

1. 宏观经济状况

2019 年美国经济稳定增长，经济总量预计为 21.53 万亿美元。从季度情况看，第一季度经济增速为 3.1%，第二季度为 2%，第三季度为 2.1%。① 第一季度美国金融、保险业强劲增长，强力带动美国经济增长。金融、保险业在第二季度趋稳，零售业在第二季度也开始停滞，美国经济增速开始下滑。② 受个人消费增长乏力和政府支出开始下降以及投资减弱等因素影响，美国经济增速在减弱。③

推动经济增长的主要因素是居民消费增加和政府支出扩大。就居民消费情况而言，按照最新统计数据，2018 年美国人均消费支出超过 4.2 万美元。医疗卫生和住房是主要开支项目，较上年分别增长 4.9% 和 4.6%。④ 就政府支出而言，美国联邦政府和地方政府支出扩大对经济增长具有推动作用。2018 年以来，美国政府支出持续扩大，连续两年维持增长。其中，对军事部门增加拨款以及对农业部门提供补贴，是美国政府支出新增部分的重要项目。

拖慢经济增长的因素主要有投资减弱和净出口额下降。2018 年后两个季度和 2019 年第一季度，美国国内投资分别增长 2.27%、0.53% 和 1.09%。之后，投资开始减弱，2019 年第二、第三季度，投资额较前期分别下降了 1.16%、0.27%。就国际收支状况而言，国际贸易赤字扩大也是影响经济增长的重要因素。2018 年后两个季度，美国贸易赤字分别扩大 2.05%、0.35%。2019 年第一季度，美国贸易赤字收窄 0.73%，但是在第二、第三季度再次扩大，贸易赤字分别扩大 0.68%、0.08%。⑤

从物价指数反映的情况看，2018 年 10 月至 2019 年 10 月，美国国内物价总体稳定，消费者价格指数小幅上涨 1.8%，食品类商品物价上涨 2.3%，能源类商品物价下降 4.2%。扣除食品和能源后的核心消费者价格指数为

---

① 美国经济分析局，https：//www. bea. gov/system/files/2019 – 10/glance. xls；https：// www. bea. gov/data/gdp/gross – domestic – product。

② 美国经济分析局，https：//www. bea. gov/news/2019/gross – domestic – product – industry – second – quarter – 2019。

③ 美国经济分析局，https：//www. bea. gov/news/2019/gross – domestic – product – 3rd – quarter – 2019 – advance – estimate。

④ 美国经济分析局，https：//www. bea. gov/news/2019/personal – consumption – expenditures – state – 2018。

⑤ 美国经济分析局，https：//www. bea. gov/system/files/2019 – 10/gdp3q19_ adv_ 0. pdf。

2.2%。天然气价格和医疗保险服务价格变化幅度明显，天然气价格下降了7.3%，医疗保险服务价格上涨了5.1%。①

从就业情况来看，美国目前可以说实现了较为充分的就业。美国劳工统计局报告显示，截至2019年11月，美国失业人口总数为590万，总体失业率为3.6%。其中，白人失业率为3.2%，非洲裔失业率为5.4%，亚裔失业率为2.9%，拉美裔失业率为4.1%。长期失业人口即失业半年以上者，约为总失业人口的21.5%。②美国劳动力市场发生了一些变化，特别值得注意的是青年就业难题。在不同地区、不同族群、不同行业，16～19岁年龄段的劳动人口就业率都比较低，同时其失业率也比较高。

从国际收支状况来看，美国的国际贸易赤字自2017年第三季度以来在趋势性放大，但是在2019年前两个季度有小幅度收窄。从货物贸易情况来看，美国延续2009年以来贸易逆差不断放大的趋势。从服务贸易情况来看，美国一直保持着每季度约600亿美元的盈余。但是，2018年以来，美国的服务贸易盈余也在逐步递减，从2018年第一季度的676.1亿美元降至2019年第二季度的599.8亿美元（参见图1）。美国服务贸易顺差减少，直观反映了国际贸易环境的恶化。

2. 经济热点议题

（1）对外投资减少，吸引外来投资增加。2017年，美国政府推出减税计划并出台措施刺激国内就业。随后，美国对外直接投资开始下降，对外投资存量从2017年底的6.01万亿美元降至2018年底的5.95万亿美元。美国制造商的外国控股公司减少了对外直接投资。同期，在美外资的存量也从2017年底的4.03万亿美元增加到2018年底的4.34万亿美元。新增外资很大一部分来自欧洲，从行业分布看主要集中在制造业、零售业和房地产领域。③资本流向的变化显示出特朗普政府的"亲商业"政策产生了一定效果。

---

① 美国劳工统计局，https：//www.bls.gov/opub/ted/2019/consumer – prices – increase – 1 – point – 8 – percent – in – the – 12 – months – ending – october – 2019.htm。

② 美国劳工统计局，https：//www.bls.gov/news.release/pdf/empsit.pdf。

③ 美国经济分析局，https：//www.bea.gov/system/files/2019 – 07/fdici0719 – fax.pdf。

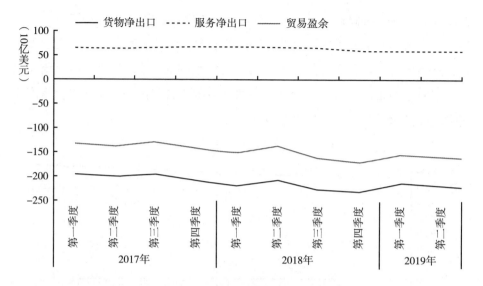

图1 2017～2019 年美国国际贸易状况

资料来源：https：//apps. bea. gov/iTable/iTable. cfm？ReqID =62&step =1。

（2）采掘业扩张带来局部繁荣。2019 年美国增长强劲的主要行业有采掘业、专业技术服务及房地产开发。美国制造业油气开采对经济增长做出重要贡献。2018 年底，美国已经成为石油产品净出口国。在此基础上，美国油气开采在 2019 年第一季度又增长了 23. 5%，第二季度再增长 26%。这也对国际能源供应产生了不可低估的影响。① 采掘业对美国制造业增长的贡献率接近 1/4，但是，其影响具有明显的地域特征。采掘业主要刺激了得克萨斯州、怀俄明州、阿拉斯加州、新墨西哥州的经济增长，使它们成为全美经济增长最快的地区。

（3）政府开支持续扩大，预算赤字不断走高。2019 年，美国联邦政府收入总计3. 5 万亿美元，支出总计4. 4 万亿美元，政府年度赤字为 9840 亿美元。这相当于需要 1. 28 亿个美国家庭平均承担 7700 美元。到 2019 年底，

① 美国经济分析局，https：//www. bea. gov/news/2019/gross – domestic – product – industry – second – quarter – 2019。

美国政府赤字总额将高达 22.7 万亿美元，政府赤字率将达到 107%。[①] 2017 年以来，美国政府收入除了在 2017 年第三季度有大幅度增长外，之后就一直在微幅上涨。与此同时，政府支出却在持续扩大（如图 2 所示）。鉴于政府赤字率已经很高，且围绕预算上限的政治博弈日趋激烈，继续扩大政府支出推动经济增长的可能性也会越来越小。

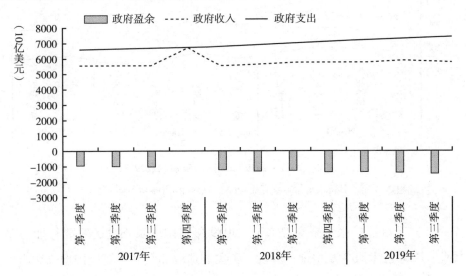

图 2　2017～2019 年美国政府收支状况

资料来源：https：//apps. bea. gov/iTable/iTable. cfm？reqid = 19&step = 3&isuri = 1&1921 = survey&1903 = 86。

（4）预算赤字走高背景下，预算政治日益加剧。在美国联邦政府支出中，防务支出的比例从 2018 年开始趋势性上升，并在 2019 年第一季度达到峰值。尽管在随后两个季度均有所回落，但防务支出比例整体上高于 2017 年（如图 3 所示）。目前，"华盛顿圈子"要求增加防务预算，而其他地区希望增加医疗卫生等公共事业开支。增加防务预算会面临越来越大的压力。2019 年美国防务支出比例冲高后回调，反映出美国政府赤字持续走高状况下，美国国内围绕预算调整的政治博弈日益激化。

---

① 美国政府支出网，https：//datalab. usaspending. gov/americas - finance - guide/debt/。

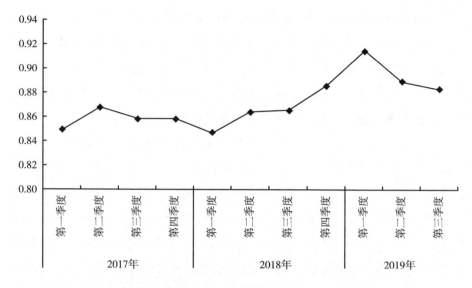

图3　2017～2019年美国政府防务支出与其他支出之比

资料来源：https：//apps. bea. gov/iTable/iTable. cfm? reqid = 19&step = 2#reqid = 19&step = 2&isuri = 1&1921 = survey。

（5）居民收入上升，社会消费开始萎缩。根据美国经济分析局报告，2018年美国居民收入总体上升，平均增幅5.6%。其中，3019个县市居民收入上涨，91个县市出现居民收入下降，另有3个市县居民收入与上一年度持平。[1] 2019年度，美国居民收入又有小幅上涨。[2] 伴随着居民收入的上升，美国居民储蓄率也在上升。[3] 这显示出消费者的消费意愿已经稳定甚至开始下降。统计数据表明，美国的社会零售额明显下降。截至2019年11月7日，美国零售总额下降了6.7%，社会消费的减弱成为拖累经济增长的主要因素。[4] 消费萎缩会进一步削弱经济增长的基础。

（6）特朗普政府与美联储的政策主张出现分歧。2019年，美国总统特

---

① 美国经济分析局，https：//www. bea. gov/news/2019/local – area – personal – income – 2018。

② 美国经济分析局，https：//www. bea. gov/system/files/2019 – 10/pi0919. pdf。

③ 美国经济分析局，https：//www. bea. gov/data/income – saving/personal – saving – rate。

④ 美国经济分析局，https：//www. bea. gov/news/2019/gross – domestic – product – state – second – quarter – 2019。

朗普一再呼吁在美国实行负利率政策，但美联储对采用负利率手段刺激经济深表怀疑，并不乐意通过这种方式来刺激经济。① 2019 年以来，特朗普已经多次抨击美联储，把美国经济放缓的根本原因归结为美联储不当的利率政策。美联储不为所动，拒绝了特朗普提出的大幅降息要求。特朗普政府通过利率、汇率等金融手段刺激经济的计划持续受阻。

（7）美国全球竞争力排名位次下降。按照世界经济论坛（World Economic Forum，WEF）"2019 年度全球竞争力指数"综合排名，美国全球竞争力排名退居全球第二，与 2018 年度相比下降了一个位次。美国排名下降的主要原因是政策不确定性影响了营商环境。特别是在产品市场、国内竞争及贸易开放度等方面，美国的得分情况出现明显下降趋势。在劳工市场方面，由于雇用外国劳工受到限制，商界领袖给出的评分较以往明显下降。② 不确定性情绪弥漫，贸易开放度下降，严重影响了美国的全球竞争力综合得分。③

（8）美国政策不确定性蕴藏重大经济风险。世界经济论坛用"失控"作为《2019 年度全球风险报告》的副标题，显示出全球商界领袖对经济不确定性的担心。报告特别指出，"2018 年以来，地缘经济紧张不断加剧，91% 的受访者将主要大国的经济对抗视为重大风险，88% 的受访者担心多边贸易规则和协议受到破坏"④。另据国际货币基金组织 2019 年 10 月发布的《世界经济展望》，2019 年全球经济增长 3.0%，为 2008 年以来的最低水平。该报告认为，要避免情况进一步恶化，必须缓和贸易紧张、推进多边合作、适时加以刺激。"包容性增长"对稳定经济预期依然至关重要，也依然应该成为各国共同追求的目标。⑤

（9）美国进出口价格指数双降，显示国际需求不足和贸易萎缩。2019 年的贸易紧张及全球经济增长乏力，让世界贸易组织经济学家调低了对 2019 年世界贸易的全年增长预期，他们将货物贸易增速从 4 月估计的 2.6%

---

① 中财网，http：//cfi. cn/p20191121000928. html。

② 世界经济论坛，http：//reports. weforum. org/pdf/gci4 – 2019/WEF_ GCI4_ 2019_ Profile_ USA. pdf。

③ 新民网，http：//xmwb. xinmin. cn/html/2019 – 10/10/content_ 11_ 2. htm。

④ 世界经济论坛，http：//reports. weforum. org/global – risks – 2019/chapter – one/。

⑤ 国际货币基金组织，https：//www. wto. org/english/news_ e/pres19_ e/pr840_ e. htm。

修正为 1.2%。① 观察美国进出口价格指数（图 4 所示）可以发现，2019 年这两种指数都在趋势性走低。价格疲软显示了需求不足和贸易萎缩的总体局面。如果主要贸易国家之间的贸易紧张得不到有效缓解，国际贸易环境很难出现根本性好转。

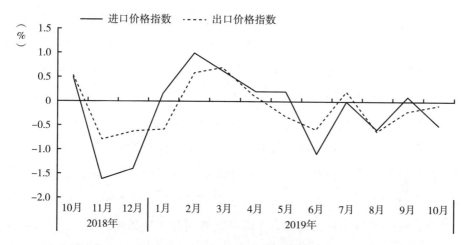

图 4　2018～2019 年美国进出口价格指数月度变化情况

资料来源：https：//www.bls.gov/news.release/ximpim.nr0.htm。

（10）美日签署新贸易协定。正如《日本外交蓝皮书 2019》所说，"在美国和欧洲，保护主义和关注国内已经成为显而易见的事实。导致这种局面的因素有：收入不平等、就业流失、进口过多、移民增加以及全球环境问题等"。在这种背景下，美国试图"修正不公平的贸易关系"。② 2018 年 9 月，日美首脑会晤时同意就货物贸易协定展开谈判。经过一年的谈判，两国于 2019 年 9 月 25 日签署初步贸易协议。特朗普表示，该协议是美日达成"公平互惠的贸易协定"的重要步骤。③ 但有分析指出，"日本无条件做出了大幅让步"。④

---

① 世界贸易组织，https：//www.wto.org/english/res_ e/booksp_ e/trade_ profiles19_ e.pdf。
② 日本外务省：《日本外交蓝皮书 2019》，https：//www.mofa.go.jp/files/000527162.pdf。
③ 人民网，http：//world.people.com.cn/n1/2019/0926/c1002 – 31375124.html。
④ 《日美正式签署新贸易协定》，中国社会科学网，http：//www.cssn.cn/hqxx/ywhg/201910/ t20191010_ 4981933.shtml。

（二）美国政治

2019 年的美国政治呈现出主次两条线索，主要线索是控制众议院多数席位的民主党与控制参议院多数和白宫的共和党展开了比前两年更为激烈的对抗；次要线索是两党也进行了一定程度的合作，如两党在国会合作抵制紧急状态令，顺利通过了预算案，避免了再次出现政府关门的现象。与此同时，美国社会的政治形态也发生了一些变化，党派政治展现出一些新特征，这些因素共同塑造着美国政治的运行方向。

1. 社会分裂状态依旧，同时各方改变现状的意识在增强

首先，在一系列重大国内议题上，美国选民按照党派站队的现象非常普遍，感情色彩的强度也在提升，突出表现在对特朗普个人的认知方面，两党选民几乎水火不容。其次，突发事件引起的激惹效应依然明显，以对抗来应对挑战的意识浓厚，在民主党宣布对特朗普展开弹劾调查的当天，他收到的捐款额就激增到平时的 608%，[1] 其反应之迅速令人吃惊。再次，全国民调显示，84% 的选民支持下一届总统能通过与对手的妥协来解决问题，[2] 这似乎表明多数人都厌倦了当前两党之间"逢你必反"的互动模式，但任何一方都不愿单方首先做出妥协，它们显然还未找到将理想与现实结合起来的方法。最后，民调显示，宣称自己是中间选民的比例在增加，目前达到了38%，超过自称是民主党或共和党选民的数量，[3] 选民对当前两党政治的不满促使更多人希望摆脱党派政治的束缚，也希望能扭转两党无底线争斗的现状。

---

① Sophia Tesfaye, "Trump Breaks Fundraising Records—After He Guts Elections Oversight Agency", October 3, 2019, https: //www. salon. com/2019/10/03/trump – breaks – fundraising – records – after – he – guts – elections – oversight – agency/.

② Robert Griffin, "Two Years in How Americans' Views Have—and Have Not—Changed During Trump's Presidency", May 2019, https: //www. voterstudygroup. org/publication/two – years – in.

③ David B. Magleby and Candice J. Nelson, "The Mythical Independent Voter Isn't Going to Save Us", November 15, 2019, https: //edition. cnn. com/2019/11/15/opinions/independent – voter – america – myth – magleby – nelson/index. html.

2. 两党党内形态出现方向相反的变化，共和党继续右倾，民主党在左倾的同时，温和派力量开始发挥矫正作用

在特朗普治理三年以后，共和党内部的反特力量基本都处于静默或蛰伏状态，不再公开批评他，特朗普助选的候选人多能获得党内提名，而希望挑战其总统候选人身份的一位党内竞争对手在参选一个月后就退出了，参众两院共和党议员对特朗普的忠诚度还在提升。而民主党在经过了 2018 年中期选举前后主打身份政治牌的阶段后，党内出现分化，一些自由派总统参选人继续倡导极左的政策议程，并得到了相当数量选民的支持；而党内温和派力量也同时开始发力，希望扭转本党过于强调身份政治、过于左倾的态势，使其回归到正常位置以吸引更多选民的支持。从民调来看，54% 的民主党人希望本党更为温和，41% 希望更自由；57% 的共和党人希望本党更为保守，37% 希望更温和。① 两党在路线选择方面显然差别明显。

3. 两党之间的对抗进一步加剧，甚至引发宪政危机

在民主党控制众议院后，一改原本共和党控制两院时"一党独大"的局面，频频对特朗普和共和党发起攻势；而共和党借助在参议院的多数席位和控制着行政部门的总体优势，步步反击，两党不仅在医保、移民、减税、枪支管制、堕胎等传统国内重大议题上持续对抗，还分别主动发起甚至制造一些争议议题，力图以此来打压对方，包括围绕着建墙问题持续不断的斗争，在人口统计时是否询问公民身份问题上的激烈对抗，在"通俄门"调查和穆勒报告问题上互不相让，在非法移民去留问题上不断交锋，在公布特朗普税务报表问题上的始终对立，尤其是在民主党发起对特朗普的弹劾后，两党之间的对抗成为考验议员忠诚度的一场竞赛。在应对分歧时，两党议员几乎都是严格依党派划界，极少有例外；而在处理一些涉及党派核心理念和总统个人政治前途的关键议题时，两党的对抗强度则突破传统默契，总统不

---

① Megan Brenan, "Democrats Favor More Moderate Party; GOP, More Conservative", December 12, 2018, https: //news. gallup. com/poll/245462/democrats - favor - moderate - party - gop - conservative. aspx? utm_ source = alert&utm_ medium = email&utm_ content = morelink&utm_ campaign = syndication.

时发出最后通牒，不惜以政府关门来迫使对手妥协；行政官员拒不听从国会的作证要求，国会则试图动用近年来少见的强制性手段向对方施压；民主党更是以弹劾这一相对极端的方式来打击共和党总统；双方的对抗烈度不断提升，打破了传统默契和斗争底线，几乎引发宪政危机。

4. 司法系统被"裹挟"进政治斗争，发挥着越来越大的政治作用

美国司法系统涉足行政部门与国会的多种争端，是近年来一种常态化现象，但特朗普就职以来，表现又有所不同：一是两党对抗触及更多原本不太起眼的个性化小议题，由于任何一方都不愿退让，只能交由司法系统来进行仲裁；二是州政府、非政府组织等对联邦政府的诉讼活动呈多发态势，且双方都会选择上诉，导致各级法院参与对政治议题判决的机会更多；三是特朗普就职后已任命了两名大法官和超过150名联邦法官，这显著增强了其对提交司法判决的自信，也更乐于把争端提交到最高法院以争取其支持；四是鉴于在党争中不占优势，民主党和一些民权组织也希望借助于对特朗普本人提起更多诉讼的方式，通过在司法系统的尝试来达成一些政治目标。进入2019年以来，仅最高法院就参与了多项相关判决，涉及跨性别者服役、人口普查中是否询问公民身份、是否允许特朗普政府动用国防拨款来修建美墨边境墙、特朗普是否必须公布其纳税申报记录等。

5. 特朗普继续坚持其执政风格，在引发更多争议的同时，也维持着稳定的支持

2019年特朗普继续坚持其传统作风，攻击少数族裔女议员让她们"从哪来回哪去"、攻击美国犹太选民对共和党不忠、暗示在狱中自杀的富豪爱泼斯坦与克林顿有染，虽然他偶然也会表现出包容的一面，如呼吁所有国家公平对待同性恋者，不完全认同亚拉巴马州全面禁止堕胎的立法，但这只是出于选举拉票的需要，因而也不为相关人士所接受。特朗普继续坚持推特治国，轻视官僚体系的作用；与此同时其个人言行所引发的不安和不满也在扩散，有着"福音派旗舰杂志"之称的《今日基督教》杂志在12月19日的社论中呼吁罢免特朗普，称他不仅违宪，还"极度不道德"。由于美国经济走势良好、兑现承诺积极、坚持白人至上主义，共和党的核心选民仍坚定支

持特朗普，甚至在众议院确定对特朗普发起弹劾后，其工作认可度还逆势上扬了 3 个百分点。[①]

（三）美国社会

2019 年，美国种族矛盾、收入不平等、暴力犯罪、移民问题等固有社会问题依然系统存在。皮尤研究中心（Pew Research Center）的调查研究表明，随着美国社会种族构成的多样化趋势日益明显，美国国内对种族多元性产生了"复杂甚至是矛盾的看法"。尽管多数人对多元社会表示满意，但同时表明"这也带来了一些社会问题"。例如，只有 42% 的受访者同意"送孩子到多元混合学校上学"[②]。皮尤研究中心的另一项调查显示，多数美国人认为"在美国宪法第 13 修正案通过 150 年后，奴隶制对黑人社会地位的影响依然随处可见"[③]。

收入不平等是美国社会的一个典型特征，也是众多社会矛盾的主要根源。根据世界经济论坛《包容性发展报告 2017》相关数据，美国的包容性发展指数（Inclusive Development Index，IDI）明显低于其人均收入排名，而且在整个发达国家群组中情况最差。该报告将美国归入经济包容度较低的行列。[④] 联合国开发计划署的 2019 年度"人类发展报告"也聚焦"发展不平等"这个主题，定量测算社会不公对不同群体产生的影响。[⑤] 该报告预计将会在 2020 年 3 月底发布。结合上述两份报告，读者可以对美国社会不平等状况有更直观的了解。

暴力犯罪大幅上升成为 2019 年美国社会一个突出的特点。根据美联社及《今日美国》联合美国东北大学的最新统计，2019 年美国共发生 41 起大

---

① Ellie Bufkin, "Trump Approval Edges up as Democrats Hit Wall on Impeachment", December 15, 2019, https：//www. washingtonexaminer. com/news/trump – approval – edges – up – as – democrats – hit – wall – on – impeachment.

② 皮尤研究中心，https：//www. pewsocialtrends. org/2019/05/08/americans – see – advantages – and – challenges – in – countrys – growing – racial – and – ethnic – diversity/。

③ 皮尤研究中心，https：//www. pewsocialtrends. org/2019/04/09/race – in – america – 2019/。

④ World Economic Forum, *The Inclusive Growth and Development Report 2017*, p. 9, http：//www3. weforum. org/docs/WEF_ Forum_ IncGrwth_ 2017. pdf.

⑤ 联合国开发计划署，http：//hdr. undp. org/en/towards – hdr – 2019。

规模杀伤案件，造成 211 人死亡，创下了有记录以来的历史新高。在这其中，33 起为大规模枪击事件。① 另据"美国枪支暴力档案"（Gun Violence Archive）的统计，截至 2019 年 12 月 29 日，美国一共发生了 415 起大规模枪击事件。而此前 2014 年是 269 起，2015 年是 335 起，2016 年是 382 起，2017 年是 346 起，2018 年是 337 起。2019 年，美国共有 39052 人死于与枪支相关的暴力事件。②

在移民问题上，2017 年特朗普政府宣布废除"达卡"（DACA）移民法案。该法案于 2012 年通过，是奥巴马政府移民政策的重要标志。根据该法案，那些自 2007 年起常住美国被称为"逐梦者"的无身份人士，可以免于被驱逐，并得以在美国工作。该法案被废除引发了一系列引人瞩目的诉讼案。2019 年 11 月 12 日，在美国最高法院庭审辩论中，美国制造商协会与 143 家制造商一道，提供书面意见敦促最高法院支持"达卡"法案。这份意见称，"废除'达卡'议案对美国公司、全体工人和美国经济造成严重伤害。在未来 10 年，我国会因此损失 4604 亿美元的国内生产总值，政府也会因此损失 900 亿美元以上的税收。制造商协会全力支持对多达 80 万符合条件的人员给予工作许可"③。

总之，美国国内各种社会问题错综复杂地叠加在一起，使主流价值日益沦丧，也让身份政治更趋紧张。"反全球化""反移民""反经济依存"等社会情绪持续发酵，导致经济政策目标和社会政策目标出现内在冲突。废除"达卡"法案引发的社会争论还在继续发酵。美国一方面吸引制造业回归，另一方面又驱赶"非法"就业者。这显示了美国在国际上追求本国利益优先，在国内追求"真正美国人"优先的公共政策倾向。然而，这种重眼前而轻长远的做法是扬汤止沸，并不能从根本上解决问题。美国公共舆论对现有政策提出普遍质疑。

---

① 张晨静：《最新数据：今年美国大规模杀伤案数量创新高　共 41 起 211 人死亡》，2019 年 12 月 29 日，https：//www. guancha. cn/internation/2019_ 12_ 29_ 529864. shtml。

② 《一年 415 起！美国 2019 枪击案数量创历史新高》，2019 年 12 月 30 日，http：// news. haiwainet. cn/n/2019/1230/c3541093 – 31691349. html。

③ 美国制造业协会，https：//www. nam. org/manufacturers – urge – support – for – daca – ahead – of – scotus – decision – 6247/？ stream = policy – legal。

皮尤研究中心 2019 年 1 月关于经济社会政策的另一项满意度调查显示，政治倾向对公共政策满意度有显著影响。① 在政治上支持共和党的受访者倾向于认为，"当前"经济状况不错、一年后经济状况更好；反之，政治上支持民主党的受访者则倾向于相反的认识（如表 1 所示）。半年后的同类调查②与该调查结果相似，再次表明了美国社会的极化倾向。皮尤研究中心 2019 年 3 月关于社会发展趋势的问卷调查显示，70% 的美国人对"当前状况"表示担忧。关于未来，大多数民众预期美国会出现"经济进入衰退、收入差距拉大、医疗成本更高、生存环境恶化、政治体制碎裂"的危险局面。③

表 1　美国民众对经济社会状况的满意度调查（2019 年 1 月）

单位：%

序号	调查问题	共和党	民主党	全体
1	"当前"经济状况不错	75	32	51
2	一年后的经济状况更好	46	12	28
3	目前有充分的就业机会	71	53	60
4	收入上涨超过物价上涨	16	7	11
5	收入上涨与物价上涨持平	52	28	43
6	收入上涨不及物价上涨	31	54	44
7	华尔街对美国经济利大于弊	55	41	46
8	华尔街对美国经济弊大于利	31	46	39
9	满意当前美国状况	47	7	26
10	不满意当前美国状况	35	90	70

资料来源：https：//www. people - press. org/2019/01/18/2 - views - of - nations - economy - personal - finances - job - availability/。

---

① 皮尤研究中心，https：//www. people - press. org/2019/01/18/2 - views - of - nations - economy - personal - finances - job - availability/。
② 皮尤研究中心，https：//www. people - press. org/2019/07/25/publics - views - of - nations - economy - remain - positive - and - deeply - partisan/。
③ 皮尤研究中心，https：//www. pewsocialtrends. org/2019/03/21/public - sees - an - america - in - decline - on - many - fronts/。

皮尤研究中心2019年7月的另一项调查显示，家庭收入超过7.5万美元的受访者中，63%的人认为个人财务状况有所改善或者明显提高。但是，家庭收入不足3万美元的受访者中，只有36%的人认为个人财务状况有所改善或者明显提高。① 如果上述调查真实可信，那么从中不难得出，当前美国的社会经济政策让富有阶层受益更多，而没有让更多的中下层民众同等受益，更谈不上促进了包容性的社会发展。

最后，皮尤研究中心关于青少年认识的调查也值得关注。青少年这个群体之所以重要，一方面是因为他们自身的世界观正在形成中，另一方面是因为他们的父母正处在事业上升期。美国青少年群体对社会的整体认识，可以部分揭示美国社会的当前状态和发展方向。皮尤研究中心调查显示，"大多数美国少年认为焦虑和沮丧是同学们的一个主要问题"②。另一项调查显示，"更高比例的美国大学生来自贫寒家庭"③。《乡下人的悲歌》告诉我们，这不是因为贫寒家庭接受高等教育的机会增加了，而是因为贫寒家庭的比例在扩大。④ 显然，美国经济社会发展并没有像"被少数成年人霸占的'推特'平台"宣称的那么好。⑤

当然，青少年群体也是带来希望的新生力量。调查显示，"Z一代"（即2018年时13～21岁的群体）对公共政策问题的看法明显不同于其他年长群体。他们在种族、环境、政府作用等方面的认识都更为"自由开放"。⑥ 另一项调查显示，"新生代"（即1996年后出生者）已经成为美国选举的第

---

① 皮尤研究中心，https：//www. people－press. org/wp－content/uploads/sites/4/2019/07/PP_ 2019. 07. 25_ Trump－Economy_ FINAL－2. pdf。
② 皮尤研究中心，https：//www. pewsocialtrends. org/2019/02/20/most－u－s－teens－see－ anxiety－and－depression－as－a－major－problem－among－their－peers/。
③ 皮尤研究中心，https：//www. pewsocialtrends. org/2019/05/22/a－rising－share－of－ undergraduates－are－from－poor－families－especially－at－less－selective－colleges/。
④ J. D. 万斯：《乡下人的悲歌》，刘晓同、庄逸抒译，江苏凤凰文艺出版社，2017。
⑤ 皮尤研究中心，https：//www. people－press. org/2019/10/23/national－politics－on－twitter－ small－share－of－u－s－adults－produce－majority－of－tweets/。
⑥ 皮尤研究中心，https：//www. pewsocialtrends. org/2019/01/17/generation－z－looks－a－lot－ like－millennials－on－key－social－and－political－issues/。

二大票仓，他们倾向于支持更为宽容的政策。[①] 他们或许会成为一股清流，为美国社会注入新的活力。

（四）美国外交

如基辛格所言，特朗普或许无意间结束了一个时代。[②] 在对外政策领域，特朗普治下的美国横冲直撞，动辄施压威胁。2019年是特朗普上台执政第三年，美国外交典型地表现出如下特点。

1. 继续奉行"美国优先"的外交理念，[③]消极对待多边合作，不愿承担更多国际义务，单边主义色彩浓厚

特朗普政府公开将退出《巴黎协定》、伊核协议、联合国教科文组织、万国邮政联盟等美化为成就。2019年，美国正式退出联合国教科文组织（1月）、《中导条约》（8月）。特朗普还致信参议院，决定退出《武器贸易条约》。白宫认为，《武器贸易条约》未能真正解决"不负责任的"武器贸易问题，反而成为其他国家限制美国向盟友和伙伴出售武器的工具。[④] 在万国邮政联盟特别会议通过国际邮件费率改革的新方案后，美国才放弃退出该组织。特朗普政府不顾各方反对正式通知联合国，美国将于2020年11月4日起退出《巴黎协定》。[⑤] 正是由于美国的阻挠，世界贸易组织上诉仲裁机构

---

① 皮尤研究中心，https：//www. pewsocialtrends. org/essay/millennial – life – how – young – adulthood – today – compares – with – prior – generations/。

② 《基辛格：当今世界很糟糕 特朗普或无意中终结一个时代》，2018年7月22日，https：// www. guancha. cn/internation/2018_ 07_ 22_ 465119. shtml。

③ 关于特朗普政府"美国优先"理念的论述，可参见袁征《"美国优先"论及其国际影响》，载吴白乙、倪峰主编《美国研究报告（2019）》，社会科学文献出版社，2019。

④ Bill Chappell, "Trump Moves to withdraw U. S. from U. N. Arms Trade Treaty", NPR, April 26, 2019, https：//www. npr. org/2019/04/26/717547741/trump – moves – to – withdraw – u – s – from – u – n – arms – trade – treaty. See also David Brown, "Trump Says U. S. 'Will Never Ratify' Arms Trade Treaty", *Politico*, April 26, 2019, https：//www. politico. com/story/2019/ 04/26/trump – arms – trade – treaty – 1385303.

⑤ 根据《巴黎协定》的规定，美国政府11月4日正式通知联合国，要求退出应对全球气候变化的《巴黎协定》。根据《巴黎协定》规定，该协定生效3年后（即2019年11月4日），缔约方才能正式要求退出，退出过程需要一年时间。

不得不陷入停摆的状态。

特朗普政府还故意拖欠联合国会费，以此来施压联合国改革。相较于 2019 财年，特朗普在 2020 财年预算中建议减少 27% 的联合国维和资金，减少 25% 的支付给联合国和相关特定机构的经费，甚至取消美国给联合国一些项目的资金。① 美国持续压缩对外援助总额，并将其作为外交手段施压受援国。

2. 固守零和思维，回归大国竞争的现实主义理念，将中俄作为美国的战略竞争对手来施压

2019 年初美国情报总监办公室发布四年一度的《国家情报战略报告》，认为俄罗斯扩张影响力和中国军事现代化的努力是美国面临的"前所未有的多样性威胁"。② 美俄在北约东扩、军控不扩散、乌克兰、叙利亚、委内瑞拉等诸多问题上不断较量，美国不断加大对俄罗斯经济制裁的力度。

3. 秉承"以实力促和平"的原则，持续加大国防开支，与此同时削减国务院经费，国家安全委员会班底再次发生重大调整

特朗普政府认为国际社会是无政府状态，适用的是弱肉强食的"丛林法则"。自执政以来，特朗普政府的防务投入是自里根政府以来最多的，旨在重建强大的军事力量。继批准 2018 财年 7000 亿美元和 2019 年 7160 亿美元的国防预算，2019 年 12 月 20 日特朗普签署的《2020 财年国防授权法》所拨付的美军军事开支达到了历史性的 7380 亿美元，比 2019 年增加了 220 亿美元。与此同时，拨款组建太空军，这是自 1947 年以来美国军队第一次增加新的兵种。③ 实际上，在此之前的 8 月底，特朗普已在白宫举行仪式，宣布建立美军太空司令部，空军上将杰伊·雷蒙德（John "Jay" Raymond）

---

① Luisa Blanchfield, "United Nations Issues: U. S. Funding to the U. N. System", *In Focus*, Updated September 11, 2019.

② *National Intelligence Strategy of the United States*, 2019, p. 4, Office of the Director of National Intelligence, the United States of America, https://assets. documentcloud. org/documents/5691925/National – Intelligence – Strategy –2019. pdf.

③ President Donald J. Trump Is Fulfilling His Promise to Rebuild Our Nation's Military and Support Our Troops, December 20, 2019, https://www. whitehouse. gov/briefings – statements/president – donald – j – trump – fulfilling – promise – rebuild – nations – military – support – troops/.

任太空司令部首任司令。

　　与之相对应，外交团队在决策中的作用没有得到足够重视，甚至有被边缘化的态势。最为典型的做法是削减国务院预算，压缩外交人员数量。澳大利亚智库洛伊国际政策研究所（Lowy Institute）的研究表明，自特朗普担任美国总统以来，美国政府大幅削减了外交预算，并使得国务院趋向"空心化"。根据该报告，当前美国国务院只有73%的关键职位有人在职，在特朗普的任期进入第三年的尾声之际，美国务院的许多重要职位上仍存在大量空缺。根据美国对外服务协会的说法，目前美国在超过50个国家的大使职位仍空缺。① 就在前不久的特朗普弹劾调查听证会上，美国前驻乌克兰大使玛丽·约瓦诺维奇（Marie Yovanovitch）表示，美国国务院的地位被降低，没有获得像五角大楼那样的重视，"陷于空缺"的美国外交部门正处于"危机"之中，称"政策进程显然正在瓦解"。②

　　2019年，国家安全委员会人员也发生了重大变化。9月10日，由于在朝鲜半岛、委内瑞拉等问题上和特朗普相左，美国国家安全顾问约翰·博尔顿（John R. Bolton）在特朗普的要求下辞职。之后特朗普宣布任命国务院分管人质事务的总统特使罗伯特·奥布莱恩（Robert C. O'Brien）担任总统国家安全事务助理，而白宫亚洲政策资深主管马特·波廷格（Matt Pottinger）出任副国家安全事务助理。

　　4. "美国优先"侵蚀美国同盟体系，北约"脑死亡"说法引发热议

　　特朗普坚持与盟友"公平分担"防务费用。他要求北约盟国加大国防开支，到2024年至少要占到GDP的2%以上。③ 美国对于德国不提升国防

---

① Bonnie Bley, "World Diplomacy Stocktake: A Shifting of the Ranks", http://news. sicnu. edu. cn/details/34_ 25267.

② Opening Statement of Marie L. Yovanovitch to the House of Representatives Parmeanent Select Committee on Intelligence, November 15, 2019, https://apps. npr. org/documents/ document. html？ id = 6550377 - Yovanovitch - Opening - Statement.

③ Remarks by President Trump and Vice President Pence Announcing the Missile Defense Review, The Pentagon, Arlington, Virginia, January 17, 2019, https://www. whitehouse. gov/briefings - statements/remarks - president - trump - vice - president - pence - announcing - missile - defense - review/.

开支占 GDP 的比例感到恼火，要求德国"必须做得更多"。① 特朗普政府采取措施，大幅减少对北约的直接预算投入，由现在的占比 22% 减少到 16%，而减少的部分将由北约其他成员国承担。特朗普政府一方面减少在北约的军事投入，要求其他盟国担负更多的防务费用。另一方面，他又倡导将北约所承担的义务拓展到印太和中东地区，发挥更重要的作用。而在东亚地区，美国也向日、韩提出防务费用分担，要求大幅提升两国所分担的军费开支。特朗普政府不分盟友和伙伴，动辄使用惩罚性关税来施压，也使得美国和盟国之间的关系紧张。法国总统马克龙在接受英国《经济学人》杂志采访时抨击美国的单边主义做法，称北约正在经历"脑死亡"，欧洲不能指望美国尽到安全义务，美国和盟国缺乏沟通协调，欧洲该"醒醒了"。②

5. 特朗普政府大力推行贸易保护主义，中美贸易摩擦拖累世界经济的影响逐渐凸显，全球经济增长放缓的压力增大

进入 2019 年，中美贸易摩擦一波三折，特朗普政府对华极限施压，导致两国贸易摩擦升级。在经历了 13 轮谈判后，特朗普政府最终与中方达成第一阶段协议。特朗普政府还向欧盟、日本、印度等国挥舞关税大棒。除了双边，美国还把矛头对准世界贸易组织，污蔑中国等国家利用了世界贸易组织的规则。特朗普批评中国的贸易实践，妄称中国"滥用权力"一直被忽视或受到鼓励。③ 主要经济体之间贸易摩擦带来的经贸不确定性直接导致国际贸易跌至 2012 年以来的最低水平，各国间直接投资大幅下滑，全球制造业普遍放缓。

---

① Remarks by Vice President Pence at NATO Engages：The Alliance at 70，The Anthem，Washington，D. C.，April 3，2019，https：//www. whitehouse. gov/briefings – statements/remarks – vice – president – pence – nato – engages – alliance – 70/.

② "The Future of the EU，Emmanuel Macron Warns Europe：NATO Is Becoming Brain-dead"，*The Economist*，November 7 2019，https：//www. economist. com/europe/2019/11/07/emmanuel – macron – warns – europe – nato – is – becoming – brain – dead.

③ Remarks by President Trump to the 74th Session of the United Nations General Assembly，United Nations Headquarters，New York，September 24，2019，https：//www. whitehouse. gov/briefings – statements/remarks – president – trump – 74th – session – united – nations – general – assembly/.

6. 特朗普政府对外政策缺乏系统性的规划和方略，暴露出内在逻辑的自相矛盾

特朗普政府单边主义的所作所为，正在不断侵蚀自第二次世界大战后美国一手建立起来的自由主义国际秩序。这届政府的对外行为明显具有相互矛盾的特性：一方面秉承"美国优先"的理念，利字当头，另一方面要求盟友承担更多的防卫义务，并继续追随美国。特朗普政府有意战略收缩，就必须从中东地区适当抽身，但其在中东地区一边倒支持以色列和全力遏制伊朗的政策又使得地区形势紧张，无助于其抽身。特朗普政府蔑视国际合作，却难以单靠美国解决全球化时代的跨国问题。特朗普政府对中俄同时极限施压，却又不希望中俄两国走得太近。在对华关系上表示不寻求与中国对抗，只是一种战略竞争关系，但特朗普政府的所作所为正在将中美关系推向对抗的边缘。中美关系已经处在冷战结束以来的最低点。

二 2019年美国内政外交重大事件

2019年美国内政外交联动性进一步凸显，乱象纷呈，带来的不确定性加大。这一年中，发生了多起影响深远的重要事件，有些事件甚至是史无前例的，还有一些尚未终结，将会被带入2020年并持续发挥影响。

（一）国内层面

在国内层面，以两党对抗为主要线索，社会极化现象突出，党派政治加剧，一时间难以弥合。美国国内发生的重大事件如下。

1. 政府关门与特朗普宣布国家进入紧急状态

由于民主共和两党无法在是否给特朗普修建美墨边境墙提供资金的问题上达成妥协，从2018年12月22日至2019年1月25日，美国经历了长达35天的史上最久的政府关门。随后两院通过了一项临时拨款法案，但由于特朗普对新法案中仅包括13.75亿美元的建墙预算不满，于是以应对美国南部边境上的"国家安全和人道主义危机"为由，宣布从2月15日开始进入

国家紧急状态，以便调用一些已拨发的联邦经费去修建边境墙。在特朗普宣布紧急状态当日，众议院即对其做法展开调查，称这一举动带来了宪法和法律问题；同时有多名共和党参议员也对特朗普的举动表示担心，认为此举可能违反宪法。2月27日，众议院投票否决了特朗普颁布的紧急状态行政令；3月14日，参议院也通过了类似决议，有12位共和党参议员投了赞成票，这超过了外界预期；3月15日，特朗普自担任总统以来首次行使否决权，否决了两院阻止他抽调国防资金建墙的议案。由于随后众议院无法凑到推翻特朗普否决的2/3多数票，只能作罢。但《全国紧急状态法》允许国会每六个月就总统的行政令进行一次审议，因此国会两院在9月分别再次通过了叫停紧急状态的投票，但特朗普于10月15日第二次否决了两院的反对，两院随后均未能推翻特朗普的否决。

2. 修建边境墙

在修建边境墙的问题上，特朗普的态度始终坚定不移。在他通过颁布紧急状态行政令来挪用国防部资金修墙后，美国16个州联合起诉联邦政府，称总统行政令违宪，代表美国公民自由联盟的两个团体也提起类似诉讼。6月28日，加州一个联邦法院裁决禁止特朗普政府挪用军费建墙。7月4日，联邦巡回法院驳回了特朗普政府的上诉，认为行政部门在没有获得国会拨款的情况下动用军事资金的行为，不符合宪法的规定。特朗普政府随后再度提出上诉，7月26日美国最高法院以5∶4的投票结果裁决，特朗普可以挪用25亿美元的军费用来修墙。

3. 发布穆勒报告

2019年3月22日，特别检察官罗伯特·穆勒（Robert Mueller）向美国司法部长威廉·巴尔（William Barr）提交了对俄罗斯干预2016年美国总统大选的调查报告。报告认为，没有发现足够证据证明特朗普团队与俄罗斯政府"协调或合谋干涉了选举活动"；在阻碍司法调查工作问题上，没有得出"总统有罪"的结论；然而，"这也不能为他开脱"。报告描述了特朗普在担任总统期间可能妨碍司法公正的10件事，以及他当选前可能妨碍司法的1件事。报告建议，国会可以决定特朗普是否妨碍司法公正并采取相应行动。

4 月 18 日，司法部公布了这份 448 页报告的缩略版本，其中删节了多达 953 处，有不少是整页删除。民主党对这种做法完全不能接受，众议院司法委员会主席杰里·纳德勒（Jerry Nadler）次日即向司法部发出传票，要求其公布报告全文。巴尔并未按时提交报告，他于 5 月 2 日参加了参议院的听证会，但以"不能接受工作人员（而非议员）质询"为由拒绝出席众议院司法委员会的听证会。5 月 8 日，众议院司法委员会表决认定巴尔藐视国会，宣称将在全院表决通过后将其抓捕关押。6 月 10 日，纳德勒宣布已与司法部达成协议，获得了穆勒报告中的关键基础证据，将暂时搁置巴尔藐视国会的刑事程序。但事情到此并未结束，7 月 21 日纳德勒表示，穆勒报告提供了"非常充分的证据"，证明特朗普"犯有重罪且行为不端"，众议院随后向特区联邦法院提起诉讼，要求司法部向国会公布此次调查报告中的大陪审团材料。特区法院于 10 月 25 日宣布，美国国会有权获得这一材料，众议院对特朗普的弹劾调查是合法的。随后，民主党的重点转向"通乌门"事件的调查。

4. 特朗普弹劾案

8 月 12 日，一位匿名的情报官员向美国国家情报总监提交了一份诉状，宣称特朗普 2019 年 7 月在和乌克兰总统通电话时，曾暗示以扣押国会已经通过的对乌援助为筹码，要挟对方调查其在 2020 年大选中的主要政治对手、前副总统小约瑟夫·拜登（Joseph Robinette Biden，Jr）及其家人，这一投诉引发了人们对特朗普滥用职权的担忧。9 月 12 日，众议院司法委员会通过决议，要以"对美国民主制度构成威胁"为由对特朗普进行弹劾；9 月 24 日，白宫公布了特朗普与乌克兰总统谈话的电话录音文本，其中显示特朗普确实要求对方调查拜登，随后众议院议长南希·佩洛西（Nancy Pelosi）宣布对特朗普进行弹劾调查。特朗普宣称对他的一切指控都是"猎巫"行为，众议院没有通过全院表决就决定对他发起弹劾调查是不符合宪法相关程序要求的，因此他命令所有行政官员不得配合国会的听证要求。10 月 31 日，众议院以 232 票对 196 票通过决议，正式发起对特朗普的弹劾调查，随后不断有相关官员被要求到国会作证。12 月 18 日，众议院全院投票通过了

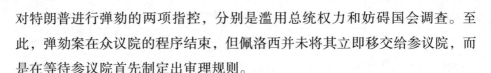

对特朗普进行弹劾的两项指控，分别是滥用总统权力和妨碍国会调查。至此，弹劾案在众议院的程序结束，但佩洛西并未将其立即移交给参议院，而是在等待参议院首先制定出审理规则。

5. 大选在2019年以创纪录的形式展开

2020年美国大选在2019年初就已拉开帷幕，民主党抱定将特朗普赶下台的信念，早早投入进来，从2019年初开始，就有人声明参选，随后报名人数不断增加，目前共有28人宣布参选，创下了参选人数的历史纪录。当前民调领先的前五位依次是拜登、伯尼·桑德斯（Bernie Sanders）、伊丽莎白·沃伦（Elizabeth Warren）、布蒂吉格（Pete Buttigieg）、迈克尔·布隆伯格（Michael Bloomberg），他们的政治理念分歧明显，拜登与布蒂吉格属于温和派，布隆伯格中间偏右，沃伦和桑德斯属于自由派，这种不协调可能导致民主党的分裂。奥巴马对此也忧心忡忡，他公开呼吁同僚选择较为温和的道路，但遭到桑德斯等人的反击。目前民主党内的辩论已进行了6场，各参选人围绕着全民医保计划、移民问题、经济发展、气候变化等议题展开了激烈辩论，拜登虽然在民调中一直处于领先地位，但其优势也在下降，桑德斯维持稳定，沃伦则起伏明显，原本被认为没有任何希望的安德鲁·杨（Andrew Yang）上升到第六位，其第四季度筹款甚至升至第四位。在共和党内部，虽然特朗普愈发强势，但仍有三人公开挑战其候选人资格。不过共和党全国委员会早就表态称，不会支持任何试图挑战现任总统的参选人，也没有安排党内辩论和预选计划，力图全力保证特朗普能够代表共和党参选。

6. 人口普查中的公民身份调查问题

根据美国宪法的规定，随着人口的流动，每10年要进行一次人口普查，以决定各州众议员的席位数、选举人的数量以及应该获得联邦补贴分配的数额。2020年美国将进行第24次人口普查，而从1950年起就未在人口普查中询问公民身份问题，因为这会减少人口普查的参与率。2018年3月，美国商务部长罗斯宣布将恢复人口普查问卷中的公民身份问题。众议院议长佩洛西称这一行为违宪，随后18个州和一些移民团体也发起了对美国人口普查局和商务部的诉讼。根据移民团体提供的证据，已故共和党战略家托马斯·霍菲勒（Thomas Hofeller）在 2015 年进行的一项研究中宣称，在人口普查中增加公民身份问题，对民主党"非常不利"，对共和党和非西班牙裔白人都是有利的，[①] 因此起诉方认为，特朗普政府此举纯粹是为了推进共和党的利益。2019 年 1 月 15 日，纽约联邦法院裁定，商务部无权在人口普查中增设公民身份问题。特朗普政府随即以印刷调查问卷时间紧迫为由，避开了在联邦巡回法院提起上诉的程序，于 1 月 22 日直接将此案上诉至最高法院。6 月 27 日，美国最高法院裁定，政府要求统计公民身份的理据不足，将案件退回下级法院。7 月 11 日，特朗普发布了一项行政令，宣称放弃在 2020 年的人口普查中加入公民身份询问的环节，但要求商务部从其他联邦机构获取公民身份数据。

（二）国际层面

在国际层面，国内政治因素对外交决策的影响明显上升，"美国优先"理念所指导的美国外交强硬有余而斡旋不够。

1. 追求绝对安全，美国退出《中导条约》，国际军控体系遭受重创

美国退出《中导条约》，可谓"一石四鸟"。其一，特朗普政府秉承"美国优先"和"以实力促和平"的理念，为美国追求绝对安全，发展之前受限的中程导弹打开大门，巩固和扩大其战略优势，加大对中、俄等国的战略威慑。其二，通过挣脱《中导条约》的牵制，放手在欧洲和西太地区前沿部署中短程导弹，增加威慑力量，绑定两大区域内的盟友。其三，特朗普政府认为美苏签署的双向军控协议已经过时，希望与俄罗斯等国签订新的削减核武器条约。其四，共和党政府向来和美国军工企业关系密切，摆脱相关限制，放手研发和部署中短期导弹，不仅有战略上的好处，还有经济上的收益，这对提振军工企业乃至推动美国经济的发展，都有不言而喻的意义。

---

① Hansilo Wang, "GOP Redistricting Strategist Played Role in Push for Census Citizenship Question", May 30, 2019, https：//www. npr. org/2019/05/30/728232221.

美国退出《中导条约》的动机明确，却以俄罗斯没有遵守条约为由退出《中导条约》。2019年2月1日，美宣布暂停履行《中导条约》，要求俄在6个月内做到对该条约的完全遵守并可验证。由于美俄难以达成一致，2019年7月3日，俄总统普京签署了暂停履行《中导条约》的法令。8月2日，美国正式退出《中导条约》，美国军方开始全面研发陆基常规中程导弹。8月18日，美国首次公开试射《中导条约》所限制的导弹。12月12日，美国在加州范登堡空军基地测试中程弹道导弹。这是美国退出《中导条约》后首次试射中程弹道导弹，也是美国近40年来首次试射这种武器。

美国退出《中导条约》，美俄关系恶化，军控体系进一步垮塌，加剧世界大国在军事领域的博弈和竞争。这一做法无助于地区稳定，在欧洲和西太地区产生深远影响。

2. 以贸易摩擦为轴心，特朗普政府对华极限施压，中美关系陷入僵局，这给国际政治和经济带来更多不确定性

特朗普政府有意对所有中国对美出口产品征收高额关税，要求中国做出结构性变革，在贸易逆差、知识产权保护、市场准入、国企改革、政府补贴等多个领域做出政策调整。美国实施长臂管辖，屡屡制裁中方机构、公司和个人。特朗普政府不断丑化中国，极力渲染"中国威胁论"，为美国对华战略调整造势。美国在涉华诸多问题上对华施压，中美关系螺旋下坠。中美经贸摩擦加大，美国对华科技封锁强化，中美出现了局部脱钩的趋势。

3. 美朝峰会难破僵局，朝鲜半岛形势依旧波谲云诡

2019年，美朝关系的紧张度有所缓解，美朝峰会一度成为举世关注的重大事件。继2018年6月第一次在新加坡会面后，美国总统特朗普与朝鲜领导人金正恩又分别于2019年2月27~28日在越南河内和6月30日在板门店会面。然而，美朝双方分歧依旧，未能就朝核问题达成共识。朝美10月初在斯德哥尔摩重启的工作层磋商无果而终，无核化对话陷入僵局。

美方迟迟未能拿出令朝方满意的解决方案，美朝关系再回低谷，无法取得突破性进展。2019年4月，金正恩明确提出了截止到年底进行实质性对话、协商解决问题的时间大限。12月3日，朝鲜外务省负责对美事务的副

相李泰成发表谈话，提醒朝美对话的"12月底大限"正在到来，朝方会送上什么样的圣诞礼物，完全取决于美国的选择。① 之后朝鲜人民军和外务省先后表态，若美方蓄意挑衅，朝方将以牙还牙。美国继续对朝采取敌视政策，朝鲜则继续开发战略武器。朝鲜12月13日在西海卫星发射场接连进行了两次"重大试验"，而朝鲜驻联合国大使金星（Kim Song）则表示，无核化不再是朝美谈判的议题。② 显然，朝方加大对美施压、促美改变态度的意图明显。12月8日，美国总统特朗普在推特上发文称，朝鲜最高领导人金正恩如果以敌对方式行动，可能会失去很多甚至全部。

美朝谈判再次陷入死结：美方主张朝鲜采取"利比亚模式"弃核，要求朝鲜根据"完全、可核查、不可逆"的原则彻底解除核武器，否则美方不考虑解除对朝鲜的制裁。而朝鲜方面则坚决拒绝"利比亚模式"，要求分阶段弃核，要求美方部分解除制裁。2019年3月，美国国务院朝鲜政策特别代表斯蒂芬·比根（Stephen Biegun）在卡内基国际和平基金会表示，"我们需要整体化的解决方案和完备的解决方案"，"我们不会进行渐进式的去核……美国政府对这个问题的立场是完全一致的"。美国不会接受朝鲜分阶段弃核，华盛顿的目标仍然是在总统特朗普第一个任期于2021年1月结束之前，实现朝鲜完全与可验证的无核化。比根强调："在朝鲜完成无核化进程之前，我们不会解除制裁。"他说："（谈判的）大门依然敞开……总统百分之百支持我们继续外交接触，以实现（无核化）目标，只是目前我们的差距依然太大而无法实现。"③

4. 美国加大遏制伊朗的力度，美伊关系一度剑拔弩张，几乎到了战争的边缘

自1979年以来的40年，美伊关系就一直处于敌对状态。自2019年5月以来，美伊关系严重恶化，海湾局势持续紧张。特朗普政府对伊政策主要

---

① 《朝副外相对美喊话提醒年末对话时限将至》，韩联社首尔12月3日电，https：//cn. yna. co. kr/view/ACK20191203002700881？section = nk/index。
② 《朝驻联代表：无核化不再是朝美谈判议题》，韩联社纽约12月7日电。
③ 郑效植：《美对朝特别代表比根：不允许朝鲜渐进式无核化》，朝鲜中央日报中文网，2019年3月13日，https：//chinese. joins. com/gb/article. aspx？art_ id =188065。

目标包括：坚决阻止伊朗的核活动，防止伊朗成为有核国家；遏制伊朗在中东地区拓展影响力的行动。

在美方看来，伊朗发展核武器和导弹，支持恐怖主义活动，在中东地区如也门、叙利亚、伊拉克和黎巴嫩进行"扩张行为"，威胁了地区稳定和美国的安全利益，因此美国必须严厉制裁伊朗。美国通过政治、经济、军事等多种手段持续极限施压伊朗。如同国务卿蓬佩奥所言，"美国对伊朗政权的经济制裁是历史上最严厉的，而且会越来越严厉，直到伊朗开始表现得像一个正常的国家"①。美国不仅自己退出伊核协议，还呼吁和游说欧洲盟友退出协议，共同遏制伊朗。美国还将伊朗伊斯兰革命卫队列为恐怖组织，而伊朗则将美国中央司令部及其下辖的驻西亚地区军队认定为恐怖组织。美国对伊朗实行严厉的经济制裁，自 2019 年 5 月 2 日开始要求所有伊朗石油买家都执行禁运令，目的就是切断伊朗的主要收入来源。美国还屡屡对伊朗政府机构、公司和官员进行制裁，包括最高领袖哈梅内伊，限制其本人及其家庭成员的签证。美国自 2019 年夏开始，严格限制伊朗外交官和部长级官员在美国参加联合国会议时的活动范围。特朗普政府还利用盟友以色列和沙特等国来制衡伊朗，防止伊朗在中东地区占据上风。为确保波斯湾航线安全，美国发起波斯湾"护航联盟"，英、澳、以、韩四国参加。在伊朗方面表示要以"战斗的姿态"回应美国的攻势后，美国向中东地区派遣"亚伯拉罕·林肯"号航母战斗群及轰炸机特遣队。一时间，海湾地区形势骤紧。及至美国指控伊朗袭击了阿曼湾国际水域航行的两艘商业油轮后，伊朗击落一架入侵的美国无人侦察机，美伊战争风险大幅上升，特朗普在最后一刻叫停美军准备对伊朗三处目标实施报复性打击。

在 9 月沙特石油设施遭到袭击后，美国财政部宣布对伊朗中央银行、伊朗国家发展基金和一家伊朗企业实施制裁，暂停伊朗高级官员及其直系亲属以移民或非移民身份入境美国。11 月 4 日，美国财政部宣布，制裁伊朗武

---

① Michael Pompeo, "A Force for Good: America Reinvigorated in the Middle East," The American University in Cairo, January 10, 2019, https://www.state.gov/a-force-for-good-america-reinvigorated-in-the-middle-east/.

装部队总参谋部和 9 名与伊朗最高领袖哈梅内伊相关的个人，受制裁的对象在美国境内的资产将被冻结，美国公民不得与其进行交易。

12 月 29 日，美军对于伊拉克和叙利亚境内的五个"真主党旅"设施进行了打击，旨在削弱"真主党旅"对伊拉克和叙利亚境内的联军部队未来发动攻击的能力。数千名伊拉克人冲击美国驻巴格达大使馆，抗议美军在伊拉克的空袭行动。美方认定是伊朗在背后指使谋划，而 2012 年利比亚班加西美国领事馆的遇袭事件像噩梦一般笼罩在美国人心头，导致特朗普下决心击杀伊朗将军苏莱曼尼，一度使得美伊处在正面军事对抗的边缘。

5. 加大"印太战略"的推进力度，维护美国地区主导地位

特朗普政府匆匆提出的"印太战略"设想，最初并没有详细规划，也不被看好。随着时间推移，特朗普"印太战略"的框架逐渐搭建了起来，有了更为清晰的轮廓。

2019 年初，美国国防部对外发布报告妄称，中国试图在印太地区取代美国、扩张其国家驱动的经济模式的影响范围，重塑地区秩序使之有利于自己的超群的实力。① 6 月 1 日，美国国防部发布《印度—太平洋战略报告》，提出"印太战略"的愿景，将通过"做好准备、伙伴关系和区域网络的推广来确认美国对于地区稳定和繁荣的义务"②。该报告强调经济发展、社会治理和安全保障三者不可或缺，将中国视为"修正主义大国"，称中国谋求通过军事现代化、施加有影响力的行动等来胁迫其他国家，以改变地区秩序，使之有利于中国。③

美国印太战略的核心目标有两点：其一，整合亚太盟友的力量，牵制中国崛起，遏制中国影响力的不断提升。其二，塑造印太地区"自由和开放"的新秩序，强化美国的力量存在，维护美国在这一地区的主导地位。

---

① *Assessment on US Defense Implications of China's Expanding Global Access*, Executive Summary, Department of Defense, December 2018.

② The Department of Defense, *Indo - Pacific Strategy Report*, *Preparedness*, *Partnerships*, *and Promoting a Networked Region*, June 1, 2019.

③ The Department of Defense, *Indo - Pacific Strategy Report*, *Preparedness*, *Partnerships*, *and Promoting a Networked Region*, June 1, 2019.

美国"印太战略"的主要举措如下：政治上，发展与印太地区盟国及主要伙伴的关系。这包括四个层面：构建和提升美日澳印四国安全对话机制；强化美日澳、美日印、美日韩等三边对话机制；发展与地区内支点国家的双边关系，如美日、美韩、美澳、美印、美泰、美印（尼）等；利用东盟、亚太经合组织等地区多边机制来推进美国的理念和诉求。经济上，推动美国与印太地区的经贸往来，重视和鼓励私营企业或资本扩大对该地区的投资，重点是参与基础设施建设和加强能源合作等。军事上，伴随着印太司令部的成立，大力提升美军在印太地区的军事存在，加强与盟友伙伴之间的军事合作。公共外交层面，推动和印太国家之间的人员和文化交流，传播美国的价值理念，提升美国的话语权。①

美国印太战略的思路逐渐清晰，较之前有了一些章法，但还存在诸多不确定性。特朗普很有个性，热衷推特治国，受到国内政治的诸多牵制；奉行"美国优先"，美国利益至上，和同盟伙伴关系并不和睦；特朗普政府能在多大程度上投入资源来推进"印太战略"，还需要观察。而印太国家尤其是东南亚国家，不会轻易在中美之间选边站。

6. 美国大举施压委内瑞拉，试图推翻马杜罗政权

自查韦斯时代开始，美国和委内瑞拉的关系就陷入僵局。"门罗主义"的思维定式还是固化在不少美国精英的脑海中。而近些年委内瑞拉和俄罗斯等国来往过密，美国自然心神不宁。自2019年初以来，委内瑞拉出现政治危机。委内瑞拉反对派领袖胡安·瓜伊多（Juan Guaido）宣布自己出任"临时总统"，美国动员了58个国家支持瓜伊多。对于美国来说，这是千载难逢的好机会。为了赶马杜罗下台，特朗普政府可谓绞尽脑汁。一方面，扶植反对派领袖瓜伊多，支持委内瑞拉全代会是委内瑞拉国家唯一合法民主机构；另一方面，通过经济制裁、外交孤立和军事威胁等多种手段极限施压马杜罗政府。8月5日，特朗普签署行政命令，冻结在美国境内所有的委内瑞

① 仇朝兵：《特朗普政府的"印太战略"及其对中国地区安全环境的影响》，《美国研究》2019年第5期。

拉国有资产。白宫宣称，"将使用所有适当工具终结马杜罗总统的独裁政权"。① 美国还制裁了委内瑞拉中央银行、委内瑞拉开发银行和委内瑞拉石油公司，目的就是切断马杜罗政府的资金来源。而委内瑞拉则抨击美国采取的措施是"经济恐怖主义"。美国在各种场合攻击委内瑞拉的人权状况，多次制裁委内瑞拉实体和马杜罗政府官员。不仅如此，美国还在美国驻哥伦比亚大使馆临时成立"委内瑞拉事务部"，只和美国支持的反对派领导人瓜伊多接洽。在出席联合国大会时，特朗普专门会见了委内瑞拉反对派代表，而联合国承认的是马杜罗政权。在美国的严厉制裁下，2019 年委内瑞拉石油出口量下跌了 30% 以上。

三 未来美国内政外交的发展趋向

（一）国内层面

1. 2019年美国经济实现温和增长，就全面走势来看，增速由高到低明显放缓

从其他经济指标来看，美国物价总体稳定，就业较为充分，国际收支状况有小幅改善。总体看，2019 年美国经济运行态势较好，处于高位盘整水平。但是，经济运行具有周期性，美国会不会进入或者加速进入衰退周期，已经成为人们关心的热门话题。以下从经济基本面、可供选择的政策工具以及国际经济环境等方面做一些初步展望。

（1）从基本面来看，推动经济增长的因素在逐步弱化。前已述及，美国居民消费支出增加以及政府支出扩大，是上半年推动经济增长的主要因素。但是，从趋势上看，美国的社会零售额在下降，政府支出也很难继续扩大。与此同时，国内投资减弱对美国经济增长构成负面影响。尽管 2019 年

---

① "Statement from the Press Secretary Regarding an Executive Order 'Blocking Property of the Government of Venezuela'", August 6, 2019, https：//www. whitehouse. gov/briefings - statements/statement - press - secretary - regarding - executive - order - blocking - property - government - venezuela/.

美国的国际收支状况有小幅改善，但这是贸易施压造成的短期结果，实际上并不会促进美国的内生性增长。基于上述判断，初步得出美国经济的扩张周期正接近尾声。但是否会提前进入衰退，还取决于政策工具的选择和国际经济环境的变化。

（2）从国内政策角度看，美国促进"制造业回归"的政策产生了一定影响，美国对外投资减少，吸收外来投资增加，带动制造业、房地产和零售业增长。美国油气开采持续扩张，促进了制造业成长、能源价格下降和地域性繁荣。另外，美国政府支出扩大，也是刺激经济的重要政策因素。而且，特朗普政府还在施压美联储，希望通过低利率政策刺激经济。可以说，当前美国经济具有政策性景气和地域性繁荣的特点。这种态势能否维持，很大程度上取决于政策的延续性。如果 2020 年美国大选发生政党更替，那么，特朗普政府的能源政策、环境政策、产业政策都有可能受到冲击。

（3）从国际经济环境看，全球经济增长在放缓。全球增长乏力的外部环境，对美国经济造成负面影响。近来，美国进出口价格指数双双下降，显示出市场疲软的总体态势。2019 年，美国与日本签署贸易协定。2020 年初，美国与中国签署第一阶段贸易协议。这两项贸易协定对稳定国际市场预期意义非凡。在未来，国际贸易能否快速恢复还有待观察。由于美国经贸政策依然具有不确定性，全球经济的警报还没有解除。如果美国继续追求贸易施压，必然会产生"吹别人的灯，烧自己的胡子"的经济后果。

2. 2019年美国社会分裂不断加剧，导致美国挑起国际纷争转移国内矛盾的倾向

在社会发展层面，国内社会问题和国际交往纷争相互叠加，促使美国身份政治更趋紧张，致使美国社会分裂不断加剧，也进一步导致美国挑起国际纷争转移国内矛盾的倾向。美国收入不平等、枪支泛滥、种族矛盾、移民问题等传统社会问题依然系统存在。"反全球化""反移民""反经济依存"等社会情绪持续发酵，导致经济政策目标和社会政策目标出现内在冲突。废除"达卡"法案引发的社会争论仍在发酵。

3. 随着美国大选年的到来，两党竞争乃至对抗加剧，美国政治生活难言平静，不排除会曝出新的政治丑闻

2020 年美国正式进入大选年。由于两党都希望在压制削弱对手的同时，避免引发选民对党争的过度反感，因而其对抗与斗争可能会以一种新形式展现出来。2019 年尚未了结的一些重大事件会延续，还可能出现一些新的政治与社会危机。可以预计，2020 年的美国不会平静。

（1）美国大选背景下的党派之争将更趋激烈。特朗普代表共和党参选已比较确定，民主党内谁能脱颖而出还难以预料。由于目前排名领先的几位参选人都存在比较明显的不足，且党内在核心价值理念方面尚未达成共识，预计民主党内的斗争会比较激烈，推出候选人的过程可能对民主党的团结造成一定伤害，特朗普可能因此而受益。从选民角度来看，民主党选民阻止特朗普连任的热情高涨，共和党选民则由于受到特朗普被弹劾的刺激反而更为坚定地支持他连任，所以普遍预计 2020 年大选的投票率会有明显提升；2020 年还是少数族裔选民占比首次超过 30% 的一年，虽然没有受过四年大学教育的白人仍是最大的单一选民群体，但其占比下降到 44% 左右；此外还有大约 700 万超过 18 岁的年轻人也首次获得了投票资格。选民群体的这种变化必然会对大选结果带来微妙影响。从大选决定因素来看，2016 年的摇摆州在 2020 年仍将发挥举足轻重的作用，在以威斯康星州、密歇根州、宾夕法尼亚州、佛罗里达州、亚利桑那州等州为代表的地区，两党仍处于势均力敌的状态，特朗普很难赢得全国的多数选民票，但他依然可以通过赢得摇摆州来得到过半数的选举人票；而民主党一定也会吸取上次大选的教训，把更多精力放在摇摆州的选民动员上。从两党关注议题来看，除了始终处于焦点的经济与就业外，民主党选民特别重视医保、气候变化、社会公平等，共和党选民特别在意边境安全、非法移民、反恐等议题。虽然在 2019 年进行的多次民调显示，民主党的多位候选人都有机会战胜特朗普，但大量选举模型则给出了特朗普将会成功连任的结论。目前距离大选投票尚有时日，大选结果仍存有变数。不过，由于美国经济依旧强劲，股市、就业等指标还颇为亮丽，况且手中握有行政资源，就目前而言，寻求连任的特朗普被普遍看好。

（2）美国极化现象可能进一步加剧。2019年的民调显示，在经历过长期的政治对抗和僵局后，党争带来的内耗和低效已经让越来越多的人难以容忍，两党多数选民均期待新一任总统能够善于通过相互妥协来求得具体问题的解决。但大选本身就是一柄双刃剑，一方面候选人为了尽可能多地争取到各方选民的支持，不得不对其极端立场进行调整；另一方面，核心选民的意识形态色彩浓厚，为了获得这些人的支持，候选人又不得不走极端。尤其是在两党产生候选人后，双方对立加剧几乎是不可避免的，每个大选年都会导致美国社会更大的分裂，这已经是一种常态；再加上特朗普无意也无力采取举措来缓解这一趋势，相反自身竞选政治的需要使其还会像过去一样采取走极端的方式，紧紧抓住核心选民来与对手博弈，这必然会导致美国国内的极化现象进一步加剧，并将延续到选举后。

（3）针对特朗普的总统弹劾案虽告结束，但其影响将会持续。众议院将弹劾案移交参议院后，参议院占据多数的共和党人首先阻止了民主党人安排更多证人作证的环节，随后又迅速通过投票宣布，众议院对特朗普裁定的两项罪名均不成立，特朗普被判无罪，前后持续五个月之久的弹劾案也就此拉下帷幕。客观来说，这一结果并未超出预料，民主党当初发起弹劾，也没有必胜的把握，主要目的是为了打击特朗普的选情，现在看来其实际效果还有待观察。一方面，在弹劾过程中，共和党核心选民更加坚定地支持特朗普，在福音派中出现的不同声音尚无法动摇这一选民群体对特朗普的传统支持；但另一方面，超过半数的选民认为，参议院阻止进一步的听证是错误的，这可能增大选民对特朗普的怀疑，而随着博尔顿新书的出版以及更多关于通乌门细节信息的流出，特朗普将会面临更为不利的舆论环境，甚至参议院的共和党人也可能因此而受累。虽然特朗普弹劾案在司法程序上已经结束，但其对美国政治的影响仍会通过不同方式展现出来。

（4）两党围绕着减税、移民等议题的对抗仍会继续。目前美国国内普遍预计进入2020年后美国经济可能会有所下滑，对于依靠经济指标维持很大一部分支持率的特朗普来说，经济增速与就业率对其连任至关重要。特朗普一直希望通过二次减税的方式来刺激经济，但控制着众议院多数的民主党认为，政府财政赤字已持续高攀，不能再减税而应该对富人增税。移民问题正在复杂化，自由派人士和多数少数族裔选民支持宽容的移民政策，但保守派人士要求严厉打击非法移民，部分少数族裔也对非法移民问题变得敏感，从而改变其投票倾向，这意味着两党在移民问题的博弈会变得更为微妙。

（5）围绕最高法院大法官的任命将可能再起波澜。立场倾向于自由派的最高法院大法官、86岁的露丝·金斯伯格（Ruth B. Ginsburg）近年来身体状况不佳，外界对其健康状况一直非常关注。一旦她选择在2020年辞职，特朗普将有机会任命第三名大法官，这样最高法院中保守派与自由派的比例将从目前的5∶4转变为6∶3，整个司法系统的保守趋势将更稳固，这对美国政治产生的影响要远远超过两党在一些具体争议议题上的输赢。

（二）国际层面

从国际层面看，结合特朗普本人、其班底及上台执政以来的所作所为，不难对未来的美国对外政策做出判断。

1. 秉承"美国优先"的特朗普政府不会改弦更张，单边主义行为模式依旧

美国继续凭借自身的强大实力自行其是，蔑视国际多边合作。美国利益至上和"零和博弈"的理念深深影响这届政府的思维定式，特朗普本人更是在国内外不同场合阐释甚至是夸耀"美国优先"的理念，没有任何一点反思的迹象。时至今日，特朗普政府治下的美国横冲直撞，对外行为尚未遭受明显的挫折，反而不断得逞。在这样的态势下，特朗普政府不可能调整其对外行为模式。

2. 与"美国优先"理念相对应，美国对外战略呈现收缩态势

出于大选政治的需要，特朗普更有动力采取行动，以兑现他之前的承诺。在"伊斯兰国"被击败后，特朗普总统不顾美国国内尤其是国防部的

反对声，宣布从叙利亚撤军。① 与此同时，2019 年特朗普政府一方面和塔利班展开和谈，为阿富汗撤军做准备；另一方面，特朗普已从阿富汗撤出数千名美军。特朗普明确表示不愿意"动用美国的军力在遥远的土地上构建民主国家，或者试图按照我们自己的形象重建其他国家"。② 特朗普政府更倾向于采取战略威慑、定点清除、特种部队、军事经济援助、借助盟友等手段来遏制或打击对手，并不愿意发动大规模国与国之间的战争。这从之前美伊在海湾地区对峙，近期美国通过无人机突袭伊朗高级将领苏莱曼尼引发的美伊关系高度紧张这一事件看得更为清楚。在持续动荡的中东地区，美国不会离开，也不会轻易大规模介入，更多借助以色列和沙特来牵制伊朗势力的拓展。

3. 进入美国大选年，国内政治对于美国外交的影响加大，外交服务于国内选举需要

2020 年是美国大选年，尽管存在很多不确定性，但可以确定的是，特朗普将穷尽内政外交的政策手段来确保他在大选中赢得连任。换句话说，在新的一年，国内政治的需要将成为主导美国对外政策的一个重要因素。

4. 美国与其盟友和伙伴之间的矛盾将进一步表面化

基于"美国优先"的理念，特朗普政府会坚持要求盟国通过义务分担来保护共同利益。一度认为"北约已经过时"的特朗普转换调门，要求和动员北约将其防务范围拓展至印太和中东地区。而美国在不同场合极力渲染"中国威胁论"，认为"中国崛起"是北约未来几十年面临的最大挑战之一。③

---

① 美国 2019 年 12 月已经完成从叙利亚东北部的撤军，但保留了 600 名美军士兵。Phil Stewart, "Exclusive: U. S. Military Completes Pullback from Northeast Syria, Esper Says", Reuters, December 5, 2019, https://www. reuters. com/article/us – mideast – crisis – usa – syria – exclusive/exclusive – us – military – completes – pullback – from – northeast – syria – esper – says – idUSKBN1Y90CU.

② "President Donald J. Trump's America First Vision for Keeping Our Nation Safe", Fact Sheets, February 5, 2019, https://www. whitehouse. gov/briefings – statements/president – donald – j – trumps – america – first – vision – for – keeping – our – nation – safe/.

③ Remarks by Vice President Pence at NATO Engages: The Alliance at 70, The Anthem, Washington, D. C., April 3, 2019, https://www. whitehouse. gov/briefings – statements/remarks – vice – president – pence – nato – engages – alliance – 70/.

正是在美国的推动下，12 月 5 日北约峰会发布的声明中首次称中国既是机遇也是挑战。美国的逻辑是否被北约其他盟国所接受还很难说，但将中国塑造成新的外部对手的重要意图之一无疑就是增强内部的凝聚力。①

5. 未来大国竞争与博弈日趋激烈，国际环境充满不确定性，国际力量格局正在发生深刻的变化，国际秩序有待重塑

特朗普政府回归传统的大国竞争手法，将中、俄视作战略竞争对手，继续极限施压。未来美国和中、俄之间的战略博弈将进一步加剧，短期内不会出现实质性缓和。中美俄三角互动关系则会直接或间接地影响到相关地区和国家间关系的走向，从而使得国际关系更趋错综复杂。

6. 特朗普政府中东政策使得该地区形势错综复杂，大有一触即发的势头

在这一地区，围绕巴勒斯坦问题，有着阿拉伯世界和以色列之间的冲突、以伊朗为首的什叶派和以沙特为首的逊尼派之间的生死较量，以及美国和伊朗、叙利亚之间的对峙。特朗普政府过于偏袒以色列的政策给中东地区的局势带来更多的不确定性。继之前承认耶路撒冷为以色列首都并将美国大使馆迁往耶路撒冷后，特朗普又单方面承认以色列对戈兰高地的主权，宣布在加沙西岸的以色列定居点没有违背国际法，引发国际社会一片哗然。这种做法只能加剧矛盾，无助于地区稳定。在美国石油完全自给、不再依赖中东石油的大背景下，美国能否从这一地区适度抽身、减少投入，还有待观察。

7. 中美结构性矛盾愈加突出，战略竞争与博弈继续加剧

特朗普政府对华全面施压，使得中美关系面临方向性选择。作为一个多元化社会，美国社会或有不同的声音。但面对不断崛起的中国，美国对华趋于强硬、遏阻中国发展的步伐成为美国精英阶层的共识，只是各方尚未就应对路径和策略达成一致。中美关系已回不到过去，未来美国施压和中国反制的战略博弈将成为常态。即便中美达成第一阶段协议，短期内或可缓和两国间紧张的关系，但两国间贸易摩擦也将持续下去。后续的经贸谈判将会更加

① James Griffiths, "A Challenge from China could be Just the Thing to Pull NATO Together", CNN, December 4, 2019, https://www.cnn.com/2019/12/03/asia/nato – china – russia – intl – hnk/ index. html.

艰难，美国将继续在经济、科技乃至金融领域对华极限施压，中美关系的发展道路注定不会平坦。

课题组组长：袁　征

课题组成员：刘卫东　王　玮①

① 袁征，中国社会科学院美国研究所美国外交研究室主任、研究员，主要研究领域为美国外交和中美关系；刘卫东，中国社会科学院美国研究所美国政治研究室副主任、研究员，主要研究领域为美国政治；王玮，中国社会科学院美国研究所副研究员，主要研究领域为国际关系理论和外交政策分析。本报告在写作过程中还得到中国社会科学院美国研究所倪峰所长的指导和支持，课题组对此表示感谢。

日本形势分析与展望

摘　要：　2019 年日本政局总体保持稳定，自民党继续强势主导政权，但隐忧渐显；经济总体上延续温和复苏态势，但下行压力增大；外交上开启战后"总决算"步伐，但具突破性的实质成果乏善可陈。从内政热点来看，天皇的更替牵动着日本政治、经济、社会、文化等各方面的神经，安倍超长期执政现象成为西方民主制度实践中的一个谜题，内阁改组凸显日本派阀权力斗争全景。从经济热点来看，消费税增税成为安倍内阁抛出新一轮经济刺激政策的导火索，日美贸易争端作为外压又为日本推动自身产业变革和结构调整提供了动力；从外交热点来看，2019 年是日本多边主场外交扎堆之年，日本意欲开创令和时代外交新气象。展望 2020 年，日本的政治主导渐露雏形，但渐失活力和健康；日本经济增长后继乏力，急需寻找新的经济增长点；日本能否在日美同盟的阴影下增强自身的外交独立性，增大更为包容性的国际协调主义外交的比重，依然面临重重挑战；新时代的中日关系将给国际秩序变革带来更积极的影响。

关键词：　日本政局　日本经济　日本外交　中日关系　国际秩序

2019 年对日本来说是一个承前启后的年份。随着新老天皇更替，日本从平成时代跨入令和时代，皇室文化的热络为大和民族注入"强心针"；安倍率领自民党再次获得参议院选举胜利后，也同时成为日本史上任期最长首相，日本政治体制似乎正在实现由"官僚主导"向"政治主导"的质变，但后安倍时代的政局依然扑朔迷离；当安倍经济学的"三支箭"成为强弩之末，新"三支箭"随后射出，日本依然保持着对全民型社会保障制度、增长战略、地方创生的信心和斗志，但经济下行风险正在日益明显；以"战后外交总决算"为基调，日本双多边多管齐下，试图促美引领国际经济规则的更新，不断渲染国际协调层面的安全色彩，希望在国际变局中强化对国际秩序的主导力和影响力，实现日本的"大战略"，但日本似乎才刚开始"长征"的第一步。本章将按照形势评估、热点评析、前景展望的分析框架，围绕上述问题，在全球变局及其应对这一更宏大视野下对 2019 年日本的年度形势做出整体和战略性评估。

一 2019年日本形势分析

2019 年是 21 世纪第二个 10 年向第三个 10 年过渡的时期，具有承前启后的时代特征，酝酿着时代转换的色彩。国际规则、国际秩序、国际体系的重组正在积聚能量，全球变局已成为不争的事实，对日本来说，天皇更替、年号变更使转换色彩更为浓厚，面对国内外变局，日本主动进行战略调整，在不断自我调适和评估中，寻求更符合自身利益的定位和角色。时代转换与战略调整构成了 2019 年日本国家发展变奏曲的主旋律，日本全年的政治、经济、外交和社会形势的演变构成了这一主旋律的音节。总的来看，2019 年日本政局总体保持稳定，自民党继续强势主导政权，但隐忧渐显；经济总体上延续温和复苏态势，但下行压力增大；外交上开启战后"总决算"步伐，但具突破性的实质成果乏善可陈。

（一）自民党继续维持长期执政局面，但压力增大，隐忧渐显

2019 年是安倍第二次执政以来的第七年，从 2012 年底再次上台以来，已经取得了国政选举（包括众议院和参议院选举）六连胜的成绩，总体维持了自民党公明党执政联盟长期执政的稳定局面，自民党一党独大的局面短

时间内依然无人撼动。同时，安倍的超长期执政也使自民党内部的权力交接和过渡面临前所未有的问题，这些问题时不时转化为党内丑闻不断给自民党执政带来压力和隐忧。

1. 从国会议席分布、高层权力架构、民意支持率等政局的常规观测指数看，自民党执政延续了稳定局面

目前，日本众议院465个总议席中自民党占据285个议席，公明党占据29个议席，自公执政联盟共314个议席，约占总议席数的67.5%，超过2/3占据绝对多数；[①] 日本参议院245个总议席中自民党占据113个议席，公明党占据28个议席，自公执政联盟共141个议席，约占总议席数的57.6%，超过一半，占据相对多数。[②] 除了修宪程序需要绝对多数的票仓以外，自公执政联盟推行一般的国策和相应法案几无障碍。安倍内阁和自民党高层人事的权力结构组成也保持了稳定，安倍首相、麻生副首相兼财务大臣、菅义伟官房长官的内阁"铁三角"恒定不变，党高层人事方面依然保留了二阶俊博（干事长）和岸田文雄（政调会长）这两个党内重要的派阀代表。从日本共同通信社2019年10月26日、27日进行的舆论调查来看，安倍内阁支持率为54.1%，继续保持较高水平，而从2012年12月安倍第二次执政以来支持率的变化来看，安倍内阁大多数时间将支持率维持在40%以上，这也说明安倍第二次政权的丰富执政经验和稳定程度。

2. 从国政选举等权力运转的动态过程来看，自民党依然具有对政局的基本控制和主导能力

2019年对日本来说是国政选举的大年，4月是日本第十九回统一地方选举，7月是国会第二十五届参议院通常选举。4月的统一地方选举涉及道府县知事和议会选、政令指定都市市长和议会选、一般市长及市议会选、东京都特别区区长及议会选、町村长及议会选，从选举结果看，11个道府县知

---

① 会派名及び会派别所属议员数，日本众议院网站，http://www.shugiin.go.jp/internet/itdb_annai.nsf/html/statics/shiryo/kaiha_m.htm，2019年12月19日。
② 会派别所属议员数一览，日本参议院网站，https://www.sangiin.go.jp/japanese/joho1/kousei/giin/200/giinsu.htm，2019年12月19日。

事选举中，只有大阪府知事未在自公两党的控制之下。41 个道府县议会共
2277 个议席中，自民党获 1158 个，公明党获 166 个，自公两党占总议席数
的 58.1%，占相对多数，其中 25 个道府县议会自民党过半数;① 17 个政令
市议会共 1012 个议席中，自民党获 327 个，公明党获 171 个，自公两党占
总议席数的 49.2%，占几乎一半议席，其中 11 个政令市的自公议席数占一
半或超过一半席位。② 7 月的参议院选举中，总共 124 个改选议席中，自民
党获 57 个议席，公明党获 14 个议席，大选后总议席中自民党为 113 个，比
选前减少 9 个，公明党为 28 个，比选前增加 3 个，自公两党共获 141 个议
席，实现了自公执政联盟选前设定的竞选目标，但总议席数比选前有所减
少，没有获得修宪所需的 2/3 议席。③

3. 从政官关系这一关涉国政落实效果的现状来看，自民党政策在实际操作
层面依然保持着比较顺畅的节奏

从当前日本政治家与官僚的关系现状来看，政治家对官僚集团的控制力
和主导力大大加强，这一方面有利于执政党在更少阻挠的情形下推出新的政
策，更可利用上述控制和主导能力提高政策出台后在官僚机构中运转和实施
的效率，日本的官僚集团甚至一度被外界认为唯首相官邸马首是瞻和无原则
地揣摩安倍首相意图。出现上述情况的首要原因在于日本 2014 年的人事制
度改革，2014 年 5 月 30 日，日本统一管理中央各部门事务次官及局长等约
600 名干部人事的"内阁人事局"正式成立，这意味着首相官邸自此掌握了
日本官僚集团中高层干部的人事权。④ 另外，安倍第二次执政以来吸取第一
次执政失败的教训，利用合适的人选恰当处理了与整个官僚集团的关系。安
倍第一次执政时与官僚集团打交道的是官房长官盐崎恭久和副长官场顺三，

---

① "41 道府县议选党派别当选者数"，每日新闻 2019 年 4 月 9 日付 11 面。
② "17 政令市议选党派别当选者数"，每日新闻 2019 年 4 月 9 日付 11 面。
③ 《日本执政联盟于参议院选举胜出 但席次未达三分之二》，路透社中文网，2019 年 7 月 22
日，https://cn.reuters.com/article/japan - upperhouse - 0721 - sun - idCNKCS1UH036，最后
访问日期：2020 年 1 月 1 日。
④ 内阁人事局，日本内阁官房网站，http://www.cas.go.jp/jp/gaiyou/jimu/jinjikyoku/，
[2020 - 01 - 01]。

盐崎将官僚机构放在过于敌对的位置，场顺三因为已经离开官僚机构 16 年之久而与官僚间的关系过于稀薄，这些因素成为安倍首次执政时经济和安全政策失败的重要原因。[1] 而到了第二次执政时期，安倍在官房长官（菅义伟）和副长官（杉田和博）位置上安排了善于与官僚集团打交道的人选，内阁人事局作为内阁官房的内部布局一直由安倍首相的亲信担任，从 2014 年起，局长相继由加藤胜信、萩生田光一和杉田和博等自民党重量级人物担任。[2]

4. 在野党的"多弱"与执政党的舆论应对政策是自民党政权长期延续的重要因素

从战后"55 年体制"确定以来的议席数数据看，在日本取得执政的希望至少要获得众议院 200 张选票以上。2012 年众议院选举以来，日本在野党一直持续弱势，总是在 150 个议席左右徘徊，[3] 这与在野党内部的分裂与争斗有密切关系，同时也与 2012 年民主党政权遭遇惨败给国民带来的巨大阴影久久无法散去有关。

安倍内阁对媒体和舆论的动向极为敏感，反应迅速，重视风险管控，采取多种手段抑制国民不满。上述趋势出现的原因在于自 1994 年以来日本众议院选举制度由中选举区制改为小选举区制加比例代表选举区制，各区候选人由多人变为一人，各地方的选举后援会等组织逐渐处于弱势地位，自民党实际上已经失去了牢固、稳定、持续的支持基本盘。[4] 这种情况下，满足国民的多样化、动态化的利益需求便成为执政党赢得选票、稳定政权的重要手段，也是安倍内阁极其重视经济和社会保障政策的根本原因。

5. 此起彼伏的丑闻成为安倍内阁的隐忧

继 2018 年爆出森友学园和加计学园问题后，2019 年 9 月安倍进行新的

---

[1]　信田智人、「官僚機構の統率　源泉」、読売新聞 2019 年 8 月 10 日。

[2]　"内阁人事局の発足について"首相官邸平成 26 年 5 月 27 日（火）午前；内阁人事局长に杉田氏　事务副长官で初．日本经济新闻［2017－08－03］。

[3]　野党内紛「一強」手助け、読売新聞 2019 年 11 月 27 日。

[4]　谷口尚子、「国民の不満　素早いく対応」、読売新聞 2019 年 8 月 26 日。

内阁改组后不久，两位内阁阁僚均因爆出丑闻纷纷递交辞呈，紧接着11月又被爆出"赏樱会"事件，此起彼伏的丑闻尽管没有从根本上撼动安倍政权的根基，却日益成为影响安倍未来执政稳定性的隐忧。"赏樱会"问题出现后，日本经济新闻与东京电视台2019年11月22~24日实施的舆论调查显示，安倍内阁的支持率为50%，较10月上次调查下跌了7个百分点。关于首相主办的"赏樱会"，对于安倍就邀请众多自身支持者等问题做出的说明，回答"不能接受"的受访者占69%。① 甚至有市民团体因"赏樱会"存在违法行为而状告安倍。② 因目前安倍政权的总体执政态势稳定，上述事件的波及效应并未凸显，但若未来出现影响安倍内阁执政根基的重大问题，这类事件很可能成为"压死骆驼的最后一根稻草"。

（二）日本经济维持低速增长，但面临下行风险

总体来看，2019年日本经济继续维持低速增长，但面临下行风险。如表1所示，2019年第一至第三季度，日本实际国内生产总值（GDP）增长率分别为0.6%、0.5%和0.4%，呈现出逐渐下降的趋势。由于2019年10月1日消费税增税（税率由8%提高至10%）对日本经济造成冲击，第四季度的经济增长率将会进一步降低，甚至有可能出现负增长。因此，2019年日本经济高开低走，下行压力增大。据日本政府和智库机构估计，2019年日本经济增长率为0.7%~1.0%，维持低速增长，与2017年2.2%的增长率相比差距较大，但较2018年接近零增长有所缓和。

从GDP组成部分来看，日本经济增长主要靠内需支撑，而外需增长停

① 《安倍内阁支持率跌至50%》，日经中文网，2019年11月25日，https：//cn. nikkei. com/politicsaeconomy/politicsasociety/38297 - 2019 - 11 - 25 - 10 - 07 - 15. html，最后访问日期：2020年1月1日。

② 由记者等组成的日本市民团体11月20日以涉嫌违反日本《公职选举法》和《政治资金规正法》为由，向东京地方检察厅提交了针对日本首相安倍晋三的告发信。告发信中指出，安倍首相2019年4月的"赏樱会"邀请后援会相关人士免费参加，并提供饮食和酒水，违反了公选法所禁止的收买选民行为。《日本市民团体就"赏樱会"状告安倍》，日经中文网，2019年11月20日，https：//cn. nikkei. com/politicsaeconomy/politicsasociety/38250 - 2019 - 11 - 20 - 15 - 21 - 45. html，最后访问日期：2020年1月1日。

滞，甚至出现负增长。如表1所示，2017年，日本实际GDP增长率为2.2%，其中，内需贡献1.6%，外需贡献0.6%。2018年，实际GDP增长率为0.3%，几乎全部为内需贡献。2019年第一季度，内需和外需对经济增长率的贡献度分别为0.3%和0.4%，这是出口和进口同时减少，而进口降幅超过出口所致。到2019年第二、第三季度，则进一步出现了不仅经济增长全部为内需支撑，且外需贡献度降为负数的情况。

内需增长中存在着消费税增税前的特殊因素。由于2019年10月日本消费税增税后，商品含税价格将会上升，而消费税作为流转税，税收负担将会转嫁到最终消费者身上。因此，日本民众倾向于在增税前购入价值较高的耐用消费品，或囤积一定量的日常消费品，这就导致了经济增长中的内需增长很大程度上源于消费税增税前的超前消费。同时，作为消费税增税的缓冲政策，日本政府提出了轻减税率政策，即对食品饮料和新闻报纸等仍然实行8%的税率，以及非现金结算方式时按购物额的一定比例返还点数政策，而这些政策的实施需要企业进行设备更新，因此，企业设备投资的增加也包含着部分特殊因素。消费税增税后，不仅超前消费和特定设备更新的动因不复存在，而且消费税对居民可支配收入的消减作用将会逐渐显现，这将对2019年第四季度及此后的内需增长产生较大压力。

表1 2017～2019年日本实际国内生产总值（GDP）增长率

单位:%

	2017年	2018年	2019年 1～3月	2019年 4～6月	2019年 7～9月
实际GDP	2.2 (2.2)	0.3 (0.3)	0.6 (2.6)	0.5 (2.0)	0.4 (1.8)
内需	1.6 [1.6]	0.3 [0.3]	0.3 [0.3]	0.8 [0.8]	0.6 [0.6]
民需	2.0 [1.5]	0.1 [0.1]	0.3 [0.2]	0.5 [0.4]	0.6 [0.4]
个人消费	1.3 [0.7]	0.0 [0.0]	0.2 [0.1]	0.6 [0.3]	0.5 [0.3]

续表

	2017 年	2018 年	2019 年 1~3 月	2019 年 4~6 月	2019 年 7~9 月
住宅投资	1.7 [0.1]	-6.7 [-0.2]	1.1 [0.0]	0.5 [0.0]	1.6 [0.0]
设备投资	4.0 [0.6]	2.1 [0.3]	-0.2 [0.0]	0.9 [0.1]	1.8 [0.3]
存货变动	[0.1]	[0.0]	[0.1]	[-0.1]	[-0.2]
公需	0.2 [0.1]	0.8 [0.2]	0.1 [0.0]	1.6 [0.4]	0.7 [0.2]
政府消费	0.2 [0.0]	0.9 [0.2]	-0.3 [-0.1]	1.6 [0.3]	0.7 [0.1]
公共投资	0.5 [0.0]	0.3 [0.0]	2.0 [0.1]	1.6 [0.1]	0.9 [0.0]
外需	[0.6]	[0.0]	[0.4]	[-0.3]	[-0.2]
出口	6.8 [1.1]	3.4 [0.6]	-2.1 [-0.4]	0.5 [0.1]	-0.6 [-0.1]
进口	3.4 [-0.5]	3.4 [-0.6]	-4.1 [0.8]	2.1 [-0.4]	0.3 [-0.1]

说明：（ ）中的数字是换算为 GDP 年增长率的数值，[ ] 中的数字是各部分在 GDP 增长率中的贡献度。

资料来源：日本内阁府「国民経済計算（GDP 統計）（2019 年 7~9 月期 2 次速報値)」、https：//www. esri. cao. go. jp/jp/sna/data/data_ list/sokuhou/files/2019/qe193_ 2/gdemenuja. html。

外需负增长主要表现在出口和进口同时减少，且出口降幅超过进口。如表 2 所示，2019 年 1~10 月，日本出口和进口与前年同期相比分别下降 4.5% 和 3.0%，总的贸易赤字达到 126.3 亿美元。这反映了全球经济增长乏力，美国贸易保护主义在世界范围内扩张的影响。日本深度参与全球价值链，与中美经济关系紧密，中美贸易摩擦及世界经济走势不确定性增强，对日本经济产生了较大的冲击。同时，外需的衰退会逐渐蔓延到内需。一方面，外需衰退造成进出口企业收益恶化，继而沿着产业链传导到日本国内生产和销售的各个环节；另一方面，外需衰退增加了日本国内对经济形势的不确定性预期，企业对扩大投资和雇佣都会更加谨慎，继而影响民间需求和居民所得。

如表 2 所示，亚洲仍然是日本对外贸易的主要区域，在总出口中所占份额超过 50%，在总进口中所占的份额也接近 50%。同时，2019 年 1 ~ 10 月，美国在日本总出口中所占的份额约为 1/5，且与前年同期相比日本对美出口有所增长，贸易收支继续保持顺差。日本对欧盟、东盟和中国均为贸易逆差，且对东盟和中国出口下降幅度较大。同时，日本与韩国双边贸易大幅下降，反映了日韩贸易摩擦对双边经贸关系的冲击。另外，值得注意的是，日本对越南进出口均有所增长，这在 2019 年日本主要贸易对象中非常少见。并且，2018 年越南在日本总出口和总进口中所占的份额分别为 2.2% 和 2.8%，从 2019 年 1 ~ 10 月的数据来看，越南在日本对外贸易中的比重也有所提高。目前，越南是日本在东南亚的第三大出口国和第二大进口国，占据了显著的贸易地位。在中美贸易摩擦背景下，日本对外贸易向越南外溢，也是日越贸易增长的因素之一。

表 2　2019 年 1 ~ 10 月日本对外贸易情况

	贸易额（亿美元）			增长率（%）		份额（%）	
	出口	进口	贸易收支	出口	进口	出口	进口
贸易总额	5866.5	5992.8	-126.3	-4.5	-3.0	100.0	100.0
亚洲	3121.6	2854.2	267.4	-7.5	-2.7	53.2	47.6
东盟	881.4	901.0	-19.6	-7.2	-3.5	15.0	15.0
欧盟（28）	688.9	740.2	-51.4	-0.9	1.4	11.7	12.4
美国	1174.7	658.4	516.3	2.1	-1.9	20.0	11.0
中国	1096.9	1405.2	-308.3	-8.0	-1.5	18.7	23.4
韩国	389.8	244.0	145.7	-11.6	-7.8	6.6	4.1
中国台湾	346.9	223.7	123.2	-1.9	-1.4	5.9	3.7
中国香港	277.3	17.3	260.0	-4.4	-0.2	4.7	0.3
泰国	251.4	212.9	38.6	-5.8	3.1	4.3	3.6
新加坡	165.9	64.6	101.3	-15.0	-21.8	2.8	1.1
越南	135.1	186.8	-51.7	0.5	7.2	2.3	3.1
印度尼西亚	118.8	151.3	-32.6	-9.9	-16.4	2.0	2.5
马来西亚	109.7	148.6	-38.9	-6.2	-5.0	1.9	2.5
菲律宾	88.8	88.3	0.5	-5.4	0.9	1.5	1.5
印度	92.8	44.5	48.3	0.1	-3.9	1.6	0.7

续表

	贸易额(亿美元)			增长率(%)		份额(%)	
	出口	进口	贸易收支	出口	进口	出口	进口
德国	169.3	209.6	−40.2	−3.0	−2.5	2.9	3.5
英国	117.3	67.8	49.4	−0.1	0.2	2.0	1.1
澳大利亚	123.1	383.4	−260.3	−15.7	1.2	2.1	6.4

资料来源：日本貿易振興機構（JETRO）「日本の月次貿易動向（2019 年 10 月）」、https：//www. jetro. go. jp/world/japan/stats/trade/。

（三）安倍开启"战后外交总决算"步伐，难以一蹴而就

2019 年 1 月 28 日，安倍首相在日本第 198 届国会上做施政方针演说，提出了"总结战后日本外交"的宏伟目标，这些目标包括四个方面即"制定公正的经济规则、重建安全保障政策、完成俯瞰地球仪外交和世界舞台上的日本外交"。① 具体来说，所谓"制定公正的经济规则"主要包括一系列经贸双多边协议的制定或改革，即 CPTPP、日欧 EPA、《区域全面经济伙伴关系协定》（RCEP）、日美贸易谈判以及世界贸易组织（WTO）的改革；所谓"重建安全保障政策"主要包括强化日美同盟和自主防卫，推动基地搬迁，构建天、网、电高新领域的防卫力量等目标；所谓"完成俯瞰地球仪外交"是指强化积极和平主义外交，将中日关系提升到新阶段，解决日俄领土问题、签署和平条约，争取实现日朝首脑会晤、实现邦交正常化，开展新时代的近邻外交，开创"自由开放的印太地区"；所谓"世界舞台上的日本外交"是指积极开展中东外交，继续通过日本东京非洲发展国际会议（TICAD）强力支持非洲，与各国共同努力推进温室气体排放和海洋塑料垃圾处理，主办二十国集团（G20）峰会强化多边主义，加强日本在世界中的责任。实际上，日本的外交战略目标归结为一点就是在全球变局下引领国际

---

① 第百九十八回国会における安倍内閣総理大臣施政方針演説，平成 31 年 1 月 28 日，日本首相官邸网站，https：//www. kantei. go. jp/jp/98_ abe/statement2/20190128siseihousin. html，［2020－01－01］。

规则和国际秩序的更新和重组，早在 2019 年 1 月 23 日，安倍首相在世界经济论坛年会上的演讲中刻意重点强调了这一理念，他说："日本最注重的是什么？就是坚决维护并努力增强自由、开放、有规则的国际秩序。"① 当我们回顾一年来安倍的外交步伐时，我们发现"理想是丰满的，现实是骨感的"，"战后外交总决算"很难一蹴而就，但日本支持多边主义、秉持与世界各国加强合作的外交理念是符合国际秩序的发展方向的。

1. 经贸双多边协议喜忧参半，折扣连连

已经生效或谈妥的双多边贸易协议大打折扣，正在谈判中的贸易协定面临重大考验，这是日本当前喜忧参半的经贸双多边协议现状的真实写照。

（1）CPTPP。日本主导的 CPTPP 已于 2018 年 12 月 30 日生效，这被视为日本在多边贸易合作上取得的巨大成果，但客观来看，美国退出 TPP 后，目前由剩余 11 国组成的 CPTPP 的影响范围大幅缩小。从贸易规模、GDP 占比、人口占比以及条文②来看，CPTPP 可以看作是 TPP 的大幅缩水版（见表 3），因此，日本以及其他 10 国始终没有放弃力劝美国重返 TPP 的愿望，但从目前进展看，这个愿望恐怕比签订日美贸易协议的难度要大得多，比起 CPTPP 给日本带来的经济效益，其更明显的收益是之后日本在日美贸易谈判中获得了更多主动权。

表 3　TPP 与 CPTPP 对比

项目	TPP	CPTPP
成员	12 国：美国、澳大利亚、文莱、加拿大、智利、日本、马来西亚、墨西哥、新西兰、秘鲁、新加坡、越南	美国以外的 11 国

---

① 世界経済フォーラム年次総会　安倍総理スピーチ，平成 31 年 1 月 23 日，日本首相官邸网站，https://www.kantei.go.jp/jp/98_abe/statement/2019/0123wef.html，［2020 - 01 - 01］。

② 白洁、苏庆义：《CPTPP 的中国对策①｜CPTPP 与 TPP 的区别》，澎湃新闻，2019 年 6 月 4 日，https://www.thepaper.cn/newsDetail_forward_3601632，最后访问日期：2019 年 12 月 21 日；黄佩君：《美退出 TPP CPTPP 开放不变　进展更快》，《自由时报》2018 年 3 月 19 日，https://ec.ltn.com.tw/article/paper/1184933，最后访问日期：2020 年 1 月 1 日。

续表

项目	TPP	CPTPP
占全球贸易规模（%）	26	15
GDP 全球占比（%）	37.5	12.9
会员国人口占比（%）	11.3	6.9
条文		冻结 22 项条款

资料来源：作者根据以下资料整理：白洁、苏庆义：《CPTPP 的中国对策①｜CPTPP 与 TPP 的区别》，澎湃新闻 2019 年 6 月 4 日，https：//www.thepaper.cn/newsDetail_forward_3601632，2020 年 1 月 1 日；黄佩君：《美退出 TPP　CPTPP 开放不变　进展更快》，《自由时报》2018 年 3 月 19 日，https：//ec.ltn.com.tw/article/paper/1184933，2020 年 1 月 1 日。

（2）日欧 EPA。日欧经济伙伴关系协定（EPA）于 2019 年 2 月 1 日正式生效，从积极层面看，"一个覆盖全球 6 亿人口，占到 2017 年世界国内生产总值（GDP）的 27.8%，世界贸易总量的 36.9% 的全球最大自贸区诞生"①。但日欧 EPA 具有与 CPTPP 相似的打折扣问题，"在关键领域和行业，关税废止的缓冲期过长，使日欧经济圈魅力下降"，"为应对特朗普的关税威胁，日欧放弃原来追求的高标准、高质量，转而争时间抢速度，以期在与美双边谈判前构建对美谈判阵地"，"成了低水平低质量的框架协议"。② CPTPP 与日欧 EPA 生效后是否真如日本政府估算的那样能够推高日本 GDP13 万亿日元呢？这个问题值得继续观察，至少我们看到了两个打折扣的多边经贸协定的未来前景还有很多变数。

（3）RCEP。也正是因为 CPTPP 和日欧 EPA 的打折扣，日本才更加需要《区域全面经济伙伴关系协定》（RCEP）这一更为巨大的经济圈和在谈判的最后阶段发挥"引领"作用。但尴尬的是，2019 年 11 月就在 RCEP 临门一脚的关键时刻，印度却暗示退出 RCEP 的谈判，这给 RCEP 的前景蒙上了阴影，更让日本的"引领"作用显得异常灰暗。追根溯源，包括印度在

---

① 《日欧 EPA 生效，世界最大规模自贸区诞生》，2019 年 2 月 1 日，观察者网官方百家号，https：//baijiahao.baidu.com/s？id=1624253347181771078&wfr=spider&for=pc。

② 刘军红：《降低标准、委曲求全……日欧 EPA 折扣有多大？》，2019 年 2 月 3 日，人民日报海外网，https：//baijiahao.baidu.com/s？id=1624414940341726339&wfr=spider&for=pc。

内的"10＋6"（东盟＋中日韩＋澳新印）方案①是由日本提出的，印度选择在此时打退堂鼓，无异于是在"打脸"日本。日本当前的态度是力劝印度回到 RCEP 的谈判中来，日本政府内部甚至还有意见认为"如果是排除了印度的 RCEP，不签也罢"②，能否协调印度签订 RCEP 成为对日本区域多边贸易合作引领能力的最大考验。

（4）日美贸易协定。2019 年 10 月 7 日，日美正式签署贸易协定和数字贸易协定，12 月 4 日，这两个协定在日本参议院全体会议上以执政党等多数赞成获得通过，由于美方不经国会批准也能通过总统权限完成国内批准程序，③ 这意味着日美两国政府的国内批准程序均已完成，两个协定于 2020 年 1 月 1 日生效。日本政府甚至在 10 月 18 日公布了关于日美贸易协定经济效果的推算结果，预计协定生效将把日本的实际国内生产总值推高约 0.8%。④ 但这一结果是以美国对日本产汽车和汽车零部件征收 2.5% 的关税被撤销为前提的，而目前生效的日美贸易协定很明显并不包括美国关于取消来自日本的汽车关税的承诺，相反，日本却因为对美国在农产品市场上的让步而使其国内农林水产品的生产额将减少 600 亿～1100 亿日元。⑤ 连美国学者都认为，"今天宣布的协议在减少双边贸易摩擦方面是净积极

---

① RCEP 源自 1997 年亚洲金融危机时被提出的广域自由贸易协定（FTA）构想。中国提议建立"东盟＋3（中日韩）"框架，而希望削弱中国影响力的日本则提出包括澳大利亚、新西兰和印度的"东盟＋6"框架。高桥彻：《美国主导的亚洲秩序 开始走向终结了吗？》，日经中文网，2019 年 11 月 7 日，https：//money. udn. com/money/story/120769/4151536，最后访问日期：2020 年 1 月 1 日。

② 辻隆史、馬場燃：《RCEP 围绕是否排除印度展开拉锯战》，日经中文网，2019 年 11 月 7 日，https：//zh. cn. nikkei. com/politicsaeconomy/investtrade/38041－2019－11－06－09－09－17. html？start＝1，最后访问日期：2020 年 1 月 1 日。

③ 《日本国会批准日美贸易协定》，日经中文网，2019 年 12 月 4 日，https：//cn. nikkei. com/politicsaeconomy/investtrade/38450－2019－12－04－15－22－54. html，2020 年 1 月 1 日。

④ 《日本推算：日美贸易协定将把 GDP 推高 0.8%》，日经中文网，2019 年 10 月 18 日，https：//cn. nikkei. com/politicsaeconomy/epolitics/37780－2019－10－18－14－01－56. html，最后访问日期：2020 年 1 月 1 日。

⑤ 《日本推算：日美贸易协定将把 GDP 推高 0.8%》，日经中文网，2019 年 10 月 18 日，https：//cn. nikkei. com/politicsaeconomy/epolitics/37780－2019－10－18－14－01－56. html，最后访问日期：2020 年 1 月 1 日。

的，但是并不能完全减轻关于加强美日经济联系和在更广泛的国际贸易中共同领导的前景的不确定性"。① 很明显，日美贸易协定又是一个大打折扣的"半成品"。

2. 新时代的近邻外交千头万绪，艰难前行

安倍首相希望 2019 年在日中、日俄、日朝、日韩等近邻关系上开创新时代，但目前来看，恐怕只有日中关系成为一枝独秀，其他近邻关系不是停滞不前就是出现新的倒退，新时代的近邻外交在艰难中踱步。

（1）日俄关系：领土谈判依然前景不明。2019 年 1 月、6 月和 9 月，安倍首相与普京总统进行了三次会晤，依然没有找到能够解决北方四岛（俄罗斯称南千岛群岛）的具体办法。2018 年 11 月，安倍与普京在新加坡会晤时一致同意以《日苏共同宣言》② 为基础加快谈判步伐，但其中的问题在于日俄对共同宣言的内容认识差异较大，日方认为上述两岛的移交意味着主权的转移，而俄方认为共同宣言并未规定移交之后的主权归属，国后和择捉两岛也并未在共同宣言中提及。2019 年 1 月的日俄首脑会晤还能看到双方就共同宣言规定的争论，但到了 6 月的会晤，普京甚至没有再提及共同宣言及两岛的归还问题。目前日俄关系较为乐观的进展主要表现在 6 月 29 日双方首脑会晤中签订了一系列关于经济技术、北极能源、高新科技和人文旅游等双边合作的协议，10 月日俄政府还试行了国后和择捉岛的联合观光计划，③ 日方希望借争议领土经济合作推动领土谈判进程，但俄方估计很难接受以经济换领土的交易，日俄的领土谈判依然前景不明。

---

① Matthew P. Goodman, Nicholas Szechenyi, "The U. S. – Japan Trade Deal", September 25, 2019, https：//www. csis. org/analysis/us – japan – trade – deal，最后访问日期：2020 年 1 月 1 日。

② 《日苏共同宣言》规定：苏联同意将齿舞群岛和色丹岛移交给日本。但是，这些岛屿将在日本和苏联之间签订和平条约之后再实际移交。羽田野主：《日俄之间的两条"深沟"》，日经中文网，2019 年 1 月 23 日，https：//cn. nikkei. com/politicsaeconomy/politicsasociety/34038 – 2019 – 01 – 23 – 09 – 01 – 52. html，最后访问日期：2020 年 1 月 1 日。

③ 刘畅：《安倍在东方经济论坛上称，日本对俄远东投资已累计达 150 亿美元》，文汇网，2019 年 9 月 5 日，https：//wenhui. whb. cn/third/yidian/201909/05/287788. html，最后访问日期：2020 年 1 月 1 日。

（2）日朝关系：日朝首脑会晤是否具有实质性意义？目前日本在朝鲜半岛无核化问题上的影响力和作用日渐式微，2018 年 6 月和 2019 年 6 月的两次美朝首脑会晤证明美国已经成为朝鲜外交上正面交涉的主体。"朝鲜绑架日本人问题"已经基本成为死结，可以作为未来日朝会谈的话题，却不能将这一问题的解决作为双方展开对话的前提，因此在 2018 年 6 月美朝第一次首脑会晤后，日方转换了对朝外交口吻，开始摸索日朝首脑会晤的可能性。安倍在 2018 年 9 月的联合国大会演讲、2019 年 1 月的国会施政演讲中向金正恩传递了希望实现首脑会谈的信号，2019 年 5 月在接受采访时，安倍甚至提出不设任何条件的首脑会晤。① 截至目前，我们仍未看到日朝实现首脑会谈的迹象，同时一个更深层的问题在于即便日朝实现了首脑会晤，在已经缺少实质性抓手的背景下，这样的会晤又具有怎样的外交意义呢？

（3）日韩关系：冤冤相报。日朝关系毫无进展的一个重要因素还在于2019 年明显恶化的日韩关系。日本对韩国的出口管制和韩国威胁退出《日韩军事情报保护协定》的报复性回应，加上此前劳工和历史问题的积聚，使得本已趋冷的日韩关系几乎跌入冰点。2019 年 7 月，日本政府启动半导体和显示屏原材料对韩国的出口管制措施，8 月韩国政府威胁不再续签《日韩军事情报保护协定》，9 月韩国还决定就日方的管制措施向 WTO 提出申诉，在美方的干预和日韩双方的协调下，11 月 22 日，韩国政府中止了原定23 日协定失效的决定，同时暂停向 WTO 申诉。② 12 月，韩日两国就出口管制议题恢复对话并在中日韩三国领导人会议上实现双边会晤，但冰冻三尺非一日之寒，日韩关系短时间内恐无法回到热络状态。如同日本前防卫厅事务次官秋山昌广所言，日韩问题不仅仅是劳工问题那么简单，还夹杂着历史问

---

① 西野純也、「北朝鮮非核化の展望—北朝鮮の立場を中心に—」、Security Studies 安全保障研究第 1 卷第 3 号、朝鮮半島問題特集、鹿島平和研究所/安全保障外交政策研究会、2019年 9 月。

② 恩地洋介：《日韩军事协定峰会路转 韩国为何最后改口？》，日经中文网，2019 年 11 月 25日，https：//cn.nikkei.com/politicsaeconomy/politicsasociety/38296 - 2019 - 11 - 25 - 09 - 51 -21.html？start = 1，最后访问日期：2019 年 12 月 21 日。

题、半岛问题、领土问题，日本需要将日韩问题与半岛问题、日美同盟、六方会谈等议题联系起来统筹解决。①

（4）中日关系：即将走进新时代。"世界大变局、亚洲新机遇、中日新时代"②，2019 年以来，习近平主席与安倍晋三首相实现了两次首脑会晤，中日关系正处于稳步改善和发展的轨道上。2019 年 6 月，习主席同安倍就构建契合新时代要求的中日关系达成重要共识。两国就修补双边关系中的短板做出创新性的努力，2019 年 11 月中国国家主席习近平和日本首相安倍晋三分别致信祝贺中日高级别人文交流磋商机制首次会议在东京召开，此次会议达成 8 项重要共识，确定 2020 年为"中日文化体育交流促进年"；双方在去年就建设性安全关系达成原则共识以来，正在加快落实海空联络机制、强化双边防务交流，大力开展积极的安全互动。

二　2019 年日本重大热点问题

从内政来看，2019 年日本最大的热点莫过于从平成时代到令和时代的过渡，天皇的更替牵动着日本政治、经济、社会、文化等各方面的神经，甚至成为日本政府出台和实施政策的契机；同时，安倍超长期执政现象不仅成为学界研究的热点，更成为西方民主制度实践中的一个谜题，2019 年的内阁改组可以让我们一窥日本派阀权力斗争的究竟。从经济来看，消费税增税成为安倍内阁抛出新一轮经济刺激政策的导火索，日美贸易争端作为外压又为日本推动自身产业变革和结构调整提供了动力。从外交来看，2019 年是日本多边主场外交的扎堆之年，日本通过大阪二十国集团（G20）峰会、日

---

① 秋山昌廣、朝鮮半島問題を考える—悪化した日韓関係と展望できない北朝鮮非核化問題—、安全保障外交政策研究会、http：//ssdpaki. la. coocan. jp/proposals/35. html、［2019 - 12 - 21］。

② 《中日第七次高级别政治对话在北京举行》，外交部网站，2019 年 12 月 6 日，https：// www. fmprc. gov. cn/web/gjhdq _ 676201/gj _ 676203/yz _ 676205/1206 _ 676836/xgxw _ 676842/t1722310. shtml，最后访问日期：2020 年 1 月 1 日。

本东京非洲发展国际会议（TICAD）、天皇登基仪式等活动强化在国际舞台上的存在感，试图开创令和新时代的外交新气象。

（一）内政热点评析

1. 日本改元：从平成到令和时代

2019 年 5 月 1 日，随着新天皇即位，日本启用新年号"令和"，平成时代宣告结束；同年 10 月 22 日，日本举行新天皇德仁登基仪式，典礼共邀请了 194 个国家及国际组织的政要和外交人士，当日参加典礼的总人数约 2000 人。① 日本从平成到令和时代的过渡，不但给日本国内各阶层、各领域，更给国际社会带来了广泛的影响，甚至在一定程度上左右了日本的政局以及政治和外交政策的变化。

（1）和平主义政治文化的延续。有人称平成时代的三十年是大和民族多灾多难的三十年，但从涉及人类命运的战争与和平这一更宏大的视野看，明仁天皇一直在实践着和平主义的理念和政治文化，就是在退位的最后时刻，他依然不忘为令和时代送去和平的祝福，他在 2019 年 4 月 30 日的退位仪式上这样说："和皇后一起衷心祝愿明日开始的新的'令和'时代保持和平，且硕果累累。"② 2019 年 10 月 22 日，新天皇德仁在即位礼正殿之仪上的讲话中宣告将继承明仁天皇的希望，"始终祈愿国民幸福与世界和平，立誓在贴近国民的同时，遵循宪法，作为日本国民与日本国民统合象征履行职责"③。这预示着日本皇室在践行战后和平主义理念和文化上的延续，而日本皇室的一言一行对日本国民精神有着潜移默化的影响，日本天皇的更替起

---

① 《日本德仁天皇举行即位礼 望为世界和平贡献力量》，人民网，2019 年 10 月 22 日，http://world.people.com.cn/n1/2019/1022/c1002 - 31414543.html，最后访问日期：2020 年 1 月 1 日。

② 《日本明仁天皇最后的讲话（全文）》，日经中文网，2019 年 4 月 30 日，https://cn.nikkei.com/politicsaeconomy/politicsasociety/35402 - 2019 - 04 - 30 - 08 - 42 - 39.html，最后访问日期：2020 年 1 月 1 日。

③ 《日本新天皇在"即位礼正殿之仪"的讲话全文》，日经中文网，2019 年 10 月 22 日，https://cn.nikkei.com/politicsaeconomy/politicsasociety/37818 - 2019 - 10 - 22 - 05 - 55 - 19.html，最后访问日期：2020 年 1 月 1 日。

着对日本战后和平主义政治文化再次强调和固化的重要作用，是牵制日本政治日益右倾化的关键平衡器。

（2）客观上延缓了安倍内阁的修宪政治日程，降低了未来修宪成功的概率。早在2016年8月明仁天皇就向全国发表电视讲话表达了提前退位的愿望，其时安倍正踌躇满志为实施修宪进行紧锣密鼓的筹备和安排。天皇提前退位事宜从出现迹象到尘埃落定耗时三年多的时间，安倍内阁耗费了巨大的精力，安排包括修改皇室法律和规范、筹备年号更替、天皇退位和新天皇即位等各项政治日程。这些日程客观上挤压了安倍实施修宪的既定安排，使得安倍2020年完成修宪的目标基本落空；更为深远的影响在于天皇的更替固化了日本的和平主义政治文化和国民对宪法的精神认同意识，这在很大程度上降低了日本未来在修宪最后一关即国民投票中成功的概率。从《读卖新闻》2019年7月22～23日的全国舆论调查数据看，选择修宪应作为安倍内阁优先政策的人仅占3%，认为7月参议院选举后自公执政联盟没有达到提出修宪草案的2/3议席是一种好现象的比例达到48%（认为不好的仅为35%），公明党内部反对安倍内阁修宪的人竟也达到63%。① 这些数据足见日本未来推进修宪之难度。

（3）提振了日本的民族凝聚力，为日本开展多边外交提供契机。日本各阶层都将此次改元看作走向全新日本的契机。早在战后初期，日本议会政治之父、政治家尾崎行雄曾经提出通过改元来改变对时代认识的看法，战败初期他主张"为了让不论男女老少还是贵贱贤愚的全体国民都认清战败的事实，我认为应该改年号。年号可以带有'新生日本第一年'的含义"②。年号的更替总是会促使人们总结过去、展望未来，推动人们给每一个时代做一个标记，充满对新时代的憧憬。比如提到明治会想到维新，说起大正会想到民主和浪漫，昭和则让人想到战争和经济增长，而平成似乎总带着抹不掉

---

① 本社紧急全国世論調査结果、読売新聞2019年7月24日。

② 《尾崎咢堂全集第10卷》，第195页。转引自芹川洋一《日本年号变迁与时代记忆》，日经中文网，2019年4月1日，https：//cn. nikkei. com/columnviewpoint/column/34890 - 2019 - 04 - 01 - 05 - 00 - 00. html？start＝2，最后访问日期：2020年1月1日。

的负面印象。① 因此，在平成时代结束、令和时代开启之时，无论国民还是政治家都在下意识地给自己打气，大和民族的凝聚力在这一时代过渡背景下得以集聚。《每日新闻》2019 年 10 月 26～27 日的舆论调查显示，对新天皇充满敬意、好感和亲切感的人多达 65%。安倍内阁也不忘利用改元良机在多个施政演讲中鼓舞国民士气，比如安倍提出"使今年成为继平成之后、'开创日本新时代'的元年"②，"面向平成之后的新时代，让我们一同携手开创日本的明天"③，"我们迎来了令和新时代，充满迈向新时代的活力。我们要抓住这一绝佳时机，切实放眼未来，开展有关国家形态的大改革、大挑战，强有力地推动新一轮的国家建设"④。利用新天皇登基仪式开展多边外交、提升日本国际形象，来贺的国家元首和政府首脑有 50 多个，日本首相安倍要以每人 15 分钟的间隔与这些元首和首脑进行会谈，⑤ 可以说是一次高效的国家公共外交良机。

2. 内阁改组与自民党内的权力博弈

派阀政治是日本政治的鲜明特色，也是日本政治运行的基本底色，执政党内的派阀力量达到均衡是执政党稳定的关键，也决定着日本政局的正常运转，安倍政权能够做到 7 年超长期执政与其对党内各派阀的控制和主导有直接的因果关系。目前自民党内部包括八大力量，即七大派阀（细田派、麻生派、竹下派、岸田派、二阶派、石破派和石原派）和无所属，其中前五

① 芹川洋一：《日本年号变迁与时代记忆》，日经中文网，2019 年 4 月 1 日，https：//cn. nikkei. com/columnviewpoint/column/34890 - 2019 - 04 - 01 - 05 - 00 - 00. html? start = 2，最后访问日期：2019 年 12 月 21 日。

② 安倍内閣総理大臣　平成 31 年　年頭所感、平成 31 年 1 月 1 日、首相官邸、https：//www. kantei. go. jp/jp/98_ abe/statement/2019/0101nentou. html，[2019 - 12 - 21]。

③ 第百九十八回国会における安倍内閣総理大臣施政方針演説、平成 31 年 1 月 28 日、首相官邸、https：//www. kantei. go. jp/jp/98_ abe/statement2/20190128siseihousin. html，[2020 - 01 - 01]。

④ 安倍内閣総理大臣記者会見、令和元年 12 月 9 日、首相官邸、https：//www. kantei. go. jp/jp/98_ abe/statement/2019/1209kaiken. html，[2020 - 01 - 01]。

⑤ 廉德瑰：《盟国和邻国：日本德仁天皇即位大典和"祝贺外交"的门道》，澎湃新闻网，2019 年 10 月 28 日，http：//news. ifeng. com/c/7r8xN6i08my，最后访问日期：2019 年 12 月 19 日。

个派阀和无所属这六股力量占据自民党内的主流，六股力量通过占据内阁阁僚和自民党内高层人事的位置掌控自民党主导权，而每次内阁改组都意味着六大力量的势力再分配，自民党的稳定就在于党内派阀力量随内阁历次改组的动态平衡。

2019年9月11日，安倍进行了新的内阁改组和党内高层人事调整，对六大力量进行了重组，此次改造从派系力量斗争来看波澜不惊，从党内权力交接来看承前启后，表4对内阁改组前后的各派力量消长情况做了总结。

表4 2019年9月内阁改组前后自民党派阀力量消长对比

派阀	改组前		改组后	
	阁僚	党四役	阁僚	党四役
细田派(4→7)	三人：柴山文部科学相、世耕经产相、山本国家公安委员长		五人：西村经济再生相、萩生田文部科学相、高市总务相、桥本奥运会相、森雅子法务相	下村选举对策委员长
麻生派(6→4)	五人：麻生副首相兼财务相、铃木奥运会相、河野外相、岩屋防卫相、原田环境相	甘利明选举对策委员长	三人：麻生副首相兼财务相、河野防卫相、田中复兴相	铃木总务会长
竹下派(3→2)	两人：茂木经济再生相、渡边复兴相	加藤总务会长	两人：茂木经济再生相、加藤厚生劳动相	
岸田派(4→3)	三人：根本厚生劳动相、宫腰冲绳·北方相、平井科技相	岸田政调会长	两人：竹本科技相、北村地方创生·规制改革相	岸田政调会长
二阶派(不变)	两人：吉川农相、片山地方创生相	二阶干事长	两人：武田国家公安委员长、卫藤一亿总活跃相	二阶干事长
石破派	山下法相			
石原派				
无派阀(2→4)	两人：菅官房长官、石田总务相		四人：菅官房长官、梶山经产相、小泉环境相、江藤农林水产相	

资料来源：吉川慧、安倍改造内閣について知っておくべき10の事実、Buzz Feed Japan、2019年9月11日、https：//headlines.yahoo.co.jp/hl？a＝20190911－00010006－bfj－pol；派閥領袖　ポスト争奪戦、読売新聞、2019年9月10日。

此次改组表现出以下特点及趋势。

第一，内阁和自民党高层权力中枢继续保持稳定。尽管是一次大规模改组，但 19 个阁僚中保留了菅义伟官房长官和麻生副首相兼财务相两个核心位置，自民党内高层保留了二阶干事长和岸田政调会长。

第二，菅义伟与岸田文雄竞争下任首相的态势日趋明显。菅义伟的势头一度因为日本进入令和时代和访问美国等事件猛涨，此次改组后的三个无派阀阁僚都是菅义伟的盟友，加之其与二阶间的密切关系，[①] 足见菅派在自民党内日益增强的存在感。鉴于此，安倍通过各种手段对菅派和二阶派进行了牵制，用盟友麻生派的铃木俊一担任自民党总务会长，岸田派尽管依然只有两人入阁，但岸田本人占据政调会长要职，这对推动安倍的修宪日程至关重要，岸田继任首相的希望依然很大。

第三，安倍正在为下一个时代的日本政治权力结构谋篇布局，通过调整各年龄段的亲信或精英入阁锻炼，搭建未来日本政局的人才梯队。本次内阁改组有 13 人初次入阁，全阁僚平均年龄 61.42 岁，环境相小泉进次郎仅 36 岁，安倍亲信萩生田光一和西村康稔入阁，[②] 河野太郎从外相转任防卫相，在日美贸易谈判中立下功劳的茂木敏充转任外相，此前担任自民党总务会长的加藤胜信转任厚生劳动相。上述阁僚将成为未来日本的权力中枢。

（二）经济热点评析

2019 年影响日本经济的热点问题，从日本国内来看，主要包括消费税增税和全世代型社会保障制度的实施，以及新一轮经济刺激政策等；从对外关系来看，主要包括日韩贸易摩擦的激化，以及日美贸易协定的签署等。

---

① 鈴木哲夫、『進次郎氏初入閣、ポスト安倍の権力闘争激化』、「週刊金曜日」、2019 年 10 月 10 日。

② 吉川慧、安倍改造内閣について知っておくべき10の事実、Buzz Feed Japan、2019 年 9 月 11 日、https：//headlines.yahoo.co.jp/hl？a=20190911-00010006-bfj-pol，［2020-01-01］。

1. 消费税增税和全世代型社会保障制度的实施

2019 年 10 月 1 日，日本消费税税率由 8% 提高至 10%。这是消费税自 1989 年设立以来的第三次增税，也是现任日本首相安倍晋三任期内的第二次增税。消费税增税的一个重要背景，是日本少子老龄化的迅速发展。如图 1 所示，日本每年新出生人口数量从 1975 年的 190.1 万人，到 2016 年跌破 100 万人。2019 年，日本新出生人口 86.4 万人，较上年减少 5.92%，自 1899 年开始统计以来首次低于 90 万人，创下历史最低纪录。另一方面，人口老龄化率（即 65 岁以上老龄人口占总人口的比例）节节攀升，自 1975 年的 7.9% 上升至 2019 年的 28.6%。在少子化和老龄化的双重影响下，日本人口总量不断减少。据估计，到 2065 年，日本人口总量将下降到 8800 万人左右，其中，接近 40% 为老龄人口。日本首相安倍晋三在数次发言中提出，"少子老龄化"问题是日本的第一"国难"。

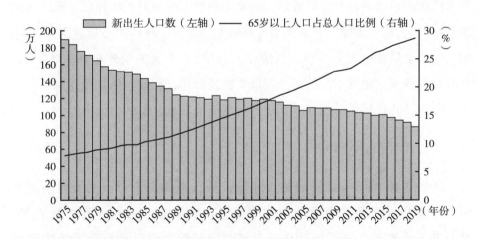

图 1 1975～2019 年日本每年新出生人口数量和人口老龄化率

资料来源：1975～2017 年新出生人口数来自日本总务省统计局"人口动态调查数据"（日本総務省統計局「人口動態調査データ」）。2018～2019 年新出生人口数来自日本相关新闻报道。1975～2019 年人口老龄化率数据来自日本国立社会保障和人口问题研究所"日本将来人口推算"（日本国立社会保障・人口問題研究所「日本の将来推計人口（平成 29 年推計）」）。2016～2018 年人口老龄化率数据根据日本内阁府各年《老龄社会白皮书》（日本内閣府『高齢社会白書（各年版)』）进行了修正。

随着老龄化不断发展，政府在年金、医疗和护理等社会保障方面的支出不断扩大，给日本财政带来巨大压力。在2014年消费税税率由5%提高至8%时，按照日本《社会保障与税制一体化改革大纲》，消费税作为社会保障目的税，税收收入全额补充社会保障财源，以缩减为筹集社会保障经费而发行的国债，改善社会保障制度，缓解财政压力。在2019年的这次增税中，日本政府又提出了"全世代型社会保障"的概念。即，消费税由8%上升到10%，预计税收收入增加5.6万亿日元，其中，新设置1.7万亿日元用于少子化对策，作为对养育子女家庭的支援，主要包括幼儿教育和大学教育无偿化、幼儿保育员和保育机构扩容等，剩余增税收入用于补充老龄人口的社会保障经费，以及缩减国债发行额等，从而构建既考虑到育儿家庭又照顾到老龄人口的社会保障体系。

鉴于2014年消费税增税时日本经济遭受巨大打击，此次增税时，日本政府推出了一系列缓冲政策。例如，将汽车购置环节一次性征收的"汽车购置税"改为以油耗为基准的"环境性能比例税"，油耗越低，税负越轻。且在消费税增税后的一年内，税率较基准水平下调1个百分点。同时，对住宅贷款也有减税优惠。另外，面向低收入家庭发放附加优惠商品券，设置非现金结算返还点数政策等。这些举措的目的是预防增税后民间消费的迅速冷却，维持宏观经济的稳定。据日本智库估计，由于缓冲政策，此次增税对经济的影响较2014年增税时将会有所减少。但是，2014年时，日本政府也实施过一揽子经济对策，但是民间消费依然触底，此次在外部经济环境恶化的背景下，消费税增税对日本经济的打击依然不可小视。同时，为配合消费税增税所实施的缓冲政策将会扩大财政支出，并且由于实施"全世代型社会保障"，消费税增税收入中原本用于缩减国债发行额的部分被用于少子化对策，消费税填补财政赤字的机能被削弱，日本的财政问题将会更加突出。

2. 日韩贸易摩擦

2019年7月1日，日本经济产业省宣布自7月4日起，对出口韩国的三项半导体材料加强审查与管控，包括用于生产智能手机和电视机显示屏的"氟聚酰亚胺"、半导体制造过程中所必需的材料"光刻胶"和"高纯度氟化氢"。随后2019年8月，日本政府又宣布，将韩国从简化出口审批手续的贸易对象"白色清单"中剔除。根据日本经济产业省的公告，贸易管制后，日本企业向韩国出口相关商品时必须单独申请许可并接受出口审查，这不仅延长了出口的流程和时间，而且如果日本政府不予审批，则将会形成事实上的禁运。

日韩贸易摩擦激烈化的背景在于，自2018年10月开始，韩国最高法院相继裁决日本企业对二战时期强制征用的韩国劳工进行赔偿，并以此扣押日本企业在韩部分资产，引起日本强烈不满，日韩围绕强征劳工赔偿问题纠纷逐渐升级。除强征劳工赔偿问题外，2018年11月，韩国政府宣布将解散"和解与治愈基金会"，意味着2015年12月双方签署的《韩日慰安妇协议》就此作废。2018年12月，日韩又围绕"火控雷达照射"事件互相指责。双方在历史问题和政治问题上矛盾不断激化。2019年6月28～29日，G20峰会在日本大阪召开，大阪峰会对于日本意义重大，在此之前日韩关系不宜破裂，而韩国在峰会上并没有对强征劳工赔偿问题做出软化立场的表态，因此在峰会结束后日本开始对韩发难。

日韩贸易摩擦对双边经贸关系产生了显著影响。韩国国内爆发了对日本商品的抵制运动，在此背景下，2019年8月以后，包括贸易管制对象外的商品在内，日本对韩国出口大幅下降。同时，访日韩国游客数量明显降低。据日本旅游局统计，2019年8月访日韩国游客同比减少48%，9月同比减少58%，照此推算，2019年访日韩国游客数量将较上年减少400万人，韩国游客在日本的消费额将减少2500亿日元，日本国内零售业、住宿业、饮食业、交通运输业等行业都将受到不同程度的影响，并且将对其他行业产生波及效应，最终将导致日本GDP减少3700亿日元。[①] 另外，贸易摩擦导致半导体产业的波动将可能会伤及包括日本企业在内的全球产业链，特别是上游提供半导体原材料和生产设备的日本企业，以及下游智能手机、电脑和电视机制造企业等。因此，虽然韩国在半导体原材料供给方面对日本依赖度非

---

① 日本大和総研「日本経済見通し：2019年11月」、https：//www.dir.co.jp/report/research/economics/outlook/20191120_021134.html，［2020－01－01］。

常高，日本对韩国加强出口管制，可以起到打压韩国经济的作用，但是日本经济也不可避免地受到负面影响。

3. 新一轮经济刺激政策

2019 年 12 月 5 日，日本内阁会议通过新一轮经济刺激政策，即 "创造安全成长未来的综合经济政策"。此轮经济刺激政策日本政府财政总支出预计将达到 13.2 万亿日元。其中，以税收和国债等作为收入来源，由中央政府支出的金额预计为 7.6 万亿日元，这一部分将列入 2019 年度①补充预算和 2020 年度及以后的财政预算中，另外由地方政府支付的金额预计为 1.8 万亿。因此，中央和地方政府合计支出 9.4 万亿日元，其余 3.8 万亿日元为财政投融资。所谓财政投融资（简称为 "财投"），是指政府依靠发行特别国债 "财投债" 募集资金，向大规模、超长期工程等仅靠民间部门实施起来有难度的项目提供长期、固定、低息贷款，作为财政政策的一种，以达到刺激经济景气的效果。②

在财政总支出 13.2 万亿日元的基础上，预计调动民间的资金支出和金融系统向企业的融资约 12.8 万亿日元，因此，日本政府估计此轮经济刺激政策总资金规模将达到 26 万亿日元。自 2012 年底安倍执政以来，已出台过四次经济刺激政策，分别是：2013 年 1 月，总资金规模 20.2 万亿日元；2013 年 12 月，总资金规模 18.6 万亿日元；2014 年 12 月，总资金规模 3.5 万亿日元；以及 2016 年 8 月，总资金规模 28.1 万亿日元。因此，这一次是继 2016 年以后时隔三年日本政府再次出台大规模经济刺激政策，其资金规模与 2016 年的 28.1 万亿日元总资金规模几乎相当，并超过其余三次经济刺激政策的规模。日本政府认为，此次经济刺激政策将使日本实际 GDP 增长 1.4%。

此轮经济刺激政策包括三个主要方面，一是灾后重建与灾害预防，二是经济下行风险的防控和应对，三是东京奥运会和残奥会后经济活力的保持和提高。如表 5 所示，灾后重建与灾害预防的相关财政支出预计为 5.8 万亿日

---

① 日本的财政年度为当年 4 月 1 日至次年 3 月 31 日。

② 日本财务省「财政投融资とは」、https：//www.mof.go.jp/filp/summary/what_is_filp/index.htm。

元。它主要用于台风和暴雨受灾地区的房屋重建和废弃物处理，铁路维修和道路修复，以及帮助受灾地区居民恢复正常生活，帮助中小企业和农业生产者恢复正常营业等。此外，通过基础设施建设等，降低未来灾害可能产生的损失，如河堤加固，河底挖掘，防止水位上升，对地下水设施进行整修，防止市区街道浸水，加强用电安全和水电保障等。

经济下行风险防控和应对的相关财政支出预计为 3.1 万亿日元。主要用于向中小企业提供支援，鼓励中小企业进行设备更新，导入 IT 和数字技术，增强人力资源培训，提高生产率，构建与大企业公平竞争的营商环境。增设就业援助窗口，扩大公务员招收人数，促进社会就业。同时，利用 CPTPP、日欧 EPA 和美日贸易协定，扩大出口，提高贸易增加值，增强日本产品的国际竞争力。

东京奥运会和残奥会后经济活力保持和提高的相关财政支出预计为 4.3 万亿日元。为预防东京奥运会和残奥会后景气度迅速下滑，2020 年 9 月至 2021 年 3 月，日本实施新的非现金结算返还点数政策，每人最高可返还相当于 5000 日元的点数，并为高龄者配置汽车自动刹车装置提供补助金等。同时，为应对数字化时代的到来，为中小学学生每人配置台式机或平板电脑，并设置 5G 和"后 5G 时代"技术开发基金等。

表5　2019 年日本新一轮经济刺激政策的主要内容

主要内容	财政支出	预计总规模
灾后重建与灾害预防	5.8 万亿日元	7.0 万亿日元
经济下行风险的防控和应对	3.1 万亿日元	7.3 万亿日元
东京奥运会和残奥会后经济活力的保持和提高	4.3 万亿日元	11.7 万亿日元
合计	13.2 万亿日元	26.0 万亿日元

资料来源：日本内阁府「安心と成長の未来を拓く総合経済対策」、https：//www5.cao.go.jp/keizai1/keizaitaisaku/keizaitaisaku.html。

（三）外交热点评析：日本的多边外交——新规则与新秩序

近两年来，美国的单边主义、保护主义回流，全球治理面临严重挑战，多边主义理念、规则、制度正处于调整、重组和变革的关键时期。面对这一全球变局，日本全面发力多边外交，试图引领全球新一轮多边主义重构，以首次主办 G20 峰会为标志，2019 年日本的多边主场外交达到高潮，日本正在为自己的国际身份、国际责任、国际影响提质升级。

1. 大阪 G20 峰会——启动"大阪轨道"，筹谋未来秩序

2019 年 6 月的大阪峰会是 G20 峰会创办 11 年来首次由日本主办。为将这次多边主场外交活动的效果发挥到极致，安倍政府在舆论外宣、议题和日程设置、参加主体①等各个层面煞费苦心、精心筹划。

早在 2019 年初，安倍就在其他世界多边会议场合持续宣传 G20 的会议议题，比如在 2019 年 1 月 23 日世界经济论坛年会的演讲中他提到，"希望今年的 G20 峰会成为全球数据治理的起点，为大家长久记忆。聚焦数据治理的峰会，我们不妨先将其命名为大阪轨道，世界贸易组织（WTO）将在此开始进行讨论"②。日本不但将全球数据治理问题与 G20 挂钩，还延伸到世界贸易组织改革的讨论中。2019 年 5 月 30 日，安倍在第 25 届国际交流会议"亚洲的未来"晚餐会上的演讲中更是大篇幅为 G20 造势，除了将峰会的三大议题和盘托出以外，再次着重强调了议题之一即数字经济与"大阪轨道"，提倡构建 DFFT（Data Free Flow with Trust，基于数据自由流通）的体制，制定关于网络数据的新规则。③ 最终，安倍如愿以偿，与美国总统特朗普、中国国家主席习近平、欧盟委员会主席容克等多位领导人共同宣布，根据数据自由流通可信规则 DFFT 制定新规则，启动"大阪轨道"④。日本

---

① 此次峰会除了 20 国，还有 8 个受邀请国和 9 个国际机构的代表参加，因此共有 37 个国家和机构代表。

② 世界経済フォーラム年次総会 安倍総理スピーチ，平成 31 年 1 月 23 日，日本首相官邸网站，https：//www. kantei. go. jp/jp/98_ abe/statement/2019/0123wef. html，［2020 – 01 – 01］。

③ 第 25 回国際交流会議「アジアの未来」晩さん会 安倍総理スピーチ、令和元年 5 月 30 日、首相官邸、https：//www. kantei. go. jp/jp/98_ abe/statement/2019/20190530speech. html，［2020 – 01 – 01］。

④ G20 大阪サミット議長国記者会見、令和元年 6 月 29 日、首相官邸、https：//www. kantei. go. jp/jp/98_ abe/statement/2019/0629g20kishakaiken. html，［2019 – 12 – 19］。

学者细谷雄一认为，"推动创立网络空间的规则和秩序一定程度上将左右世界秩序的未来"①，这很好地解释了日本大力推动数据治理规则谈判的良苦用心。

日本还利用主办 G20 之机充当了"斡旋人"，为缓解中美两大国的贸易冲突营造对话平台，通过强化多边主义的框架结构避免中美贸易争端的破局。如同安倍自己所言，"我向他们（习近平主席和特朗普总统）表示，世界第一和第二经济大国通过建设性协商，构建稳定的经济关系极其重要。就像这样，利用 G20 良机，首脑直接会面，就贸易摩擦、地区局势敞开胸襟、坦承对话，彼此走近。日本希望能为此继续发挥应有的作用"②。日本一直期望的另外一层作用是突破七国集团峰会中的局限性，引领世界上一些中等国家共同推进多边主义制度和规则的深入发展。日本学者田所昌幸认为，没有加入 G7 但依然有很大实力的中等国家如加拿大、澳大利亚等非常希望利用 G20 的机会发挥本国的影响力，在这一方面日本与这些国家有共同的立场，因此 G20 将为日本发挥这种角色提供契机，通过联合中等国家使美国回到多边主义谈判的框架中。③

2. 日本东京非洲发展国际会议（TICAD）——日本对外开发援助的深化与升级

2019 年 8 月，第七届日本东京非洲发展国际会议（TICAD7）在日本横滨召开，日本通过这次会议传递的开发理念、侧重点、模式、制度和机制都发生了较大程度的变化，预示着日本的对外开发援助正在加快深化和升级，而深化和升级的动因与当前的全球变局，以及以网络、科技、人工智能等为标志的第四次工业革命息息相关。

日本将本次会议的主题定为"人才、技术、创新——实现非洲飞跃！"，

---

① 細谷雄一、「新しいルールと秩序を模索する日本外交」、「中央公論」August 2019、頁18。
② TICAD7 開会式・全体会合 安倍総理基調演説、令和元年 8 月 28 日、首相官邸、https：// www. kantei. go. jp/jp/98_ abe/statement/2019/0828kn. html，［2020 - 01 - 01］。
③ 田所昌幸、冨田浩司、「多国間主義は再生するか - G20 大阪サミットでの日本の役割」、「外交」Vol. 55 May/Jun. 2019、頁18。

并提出由双 E（企业家精神和事业）和双 I（投资和创新）组成新的会议理念，安倍在会议开幕式的基调演讲中提到了由卢旺达和东京大学共同制作的小型卫星、NEC 公司铺设的联结安哥拉和巴西的超大容量海底光缆，提出要用科技和创新来解决非洲所面临的问题，并启动 ABE 倡议（非洲青年产业人才培养项目）3.0，在 6 年内为非洲培养 3000 人，在非洲实现全民健康覆盖（UHC）范围新增 300 万人。①

更引人注目的是此次会议体现出的日本对非洲在安全、制度以及治理体系和能力等方面的输出，这代表了日本对外开放援助的领域在拓展、重心在转移。这主要表现在日本提出的"非洲和平稳定新途径"（New Approach for Peace and Stability in Africa，NAPSA），主要包括与非洲联盟（AU）、地区经济共同体开展合作，努力协助纠纷的预防、斡旋和调停；协助建立稳固的司法、行政和立法制度。安倍在演讲中用非常翔实的例子说明了治理体系和能力的输出，比如他提到，"日本政府至今接纳了来自非洲 39 个国家的 676 名警官、检察官、法官，向他们传授刑事司法和防止犯罪方面的知识，这是位于东京的联合国亚洲和远东预防犯罪和罪犯待遇研究所开展的工作。从 2013～2018 年，还有来自非洲各国的 140 多名警官在日本的警察厅接受了培训"②。

无论在世界哪个区域进行开发援助，日本都注重推广和坚持自身的鲜明特色，对非洲的开发援助也是如此。如同安倍首相所言："注重自主权、合作关系以及每一个人，这些日本东京非洲发展国际会议（TICAD）精神也丝毫不会动摇，并将继续引领非洲与日本向前发展。"③ 在此次非洲开发会议召开之前，日本国际协力机构理事长、东京大学著名教授北冈伸一在文章中强调了非洲开发的自主权问题，他认为，"在开发合作中最重要的是合作伙

---

① TICAD7 開会式・全体会合 安倍総理基調演説、令和元年 8 月 28 日、首相官邸、https：//www. kantei. go. jp/jp/98_ abe/statement/2019/0828kn. html，［2020 – 01 – 01］。
② TICAD7 開会式・全体会合 安倍総理基調演説、令和元年 8 月 28 日、首相官邸、https：//www. kantei. go. jp/jp/98_ abe/statement/2019/0828kn. html，［2020 – 01 – 01］。
③ TICAD7 開会式・全体会合 安倍総理基調演説、令和元年 8 月 28 日、首相官邸、https：//www. kantei. go. jp/jp/98_ abe/statement/2019/0828kn. html，［2020 – 01 – 01］。

伴国的自主权。我想在内罗毕召开的第6届会议的最大意义在于促进了非洲各国的自主性。发展的主角是当事人，我们能做的只是帮助。也就是非洲国家面对国际社会，不是说'你们会为我们做什么'，而是说'我想做这个，请帮助我'，这是应有的方式。从这个意义上来说，自主权的萌芽是令人高兴的变化，希望横滨会议（即 TICAD7）能够进一步推进这一点"①。

三　未来日本发展趋势

在全球变局这一时代背景下分析日本未来的发展趋势，需要以地区乃至全球的战略视野审视作为整体的日本，从大战略的视角评估日本未来的走向。从安倍第二次上台执政以来的日本发展脉络看，日本不仅是一个有战略的国家，更逐步成为大战略日益明晰的国家。日本国家安保局次长兼原信克早就提出过以推动实现日本及国际社会的安全、繁荣和自由民主的价值观为核心的日本的"大战略论"②，以 2013 年 12 月日本政府发布的首个《国家安全保障战略》为标志，日本进入到一个酝酿、制定、实施大战略的发展阶段。加拿大西蒙·弗雷泽大学的日裔学者川崎刚认为，大战略是指在大国间围绕国际秩序进行权力博弈的背景下，国家为实现战略目的通过各种手段制定的体系性的、宏观的、长期的政治计划。他在其新著《大战略》一书中总结了日本在"国际秩序战"背景下的战略目的和攻守策略，战略目的是维护自由主义国际秩序及其框架下的安全、繁荣及价值观，攻策包括软硬实力的增强和行使、国际制度的战略运用、地缘战略的具体运作，守策包括维持目的手段间的政治合理性、维持和强化能够进行高质量决策的权力机构、获得和维持国民对基本政策的支持等。③ 基于此，面对秩序变局和时代

---

① 北冈伸一：《尊重"自主权"的开发合作》（《外交》，Vol. 56，2019 年7/8 月刊），日本外交政策论坛，https://cn. japanpolicyforum. jp/diplomacy/pt20190930173229. html，［2020 - 01 - 01］。

② 兼原信克、「戦略外交原論」、日本経済新聞出版社、頁349。

③ 川崎剛、「大戦略 - 国際秩序をめぐる戦いと日本」、到草書房 2019 年版、頁2、270。

转换，我们不禁对日本的未来发出战略三问：日本的大战略准备是否充分？实施能否到位？战略调整能否成功？战略准备涉及日本是否具有充足的国内外政治和外交资源，战略实施与日本的政治和经济稳定性息息相关，战略调整又与日本的政治经济体制转型密不可分，或许我们能够从以下对日本的政局走向、经济前景和外交趋势的分析中得出部分答案。

（一）日本的政治稳定性存在变数

安倍和自民党的强势一方面支撑了日本近些年的政治稳定性，同时也掩盖了日本政治体制改革过程中的一些问题，安倍的党首任期将于 2021 年 9 月结束，后安倍时代自民党是否还能维持强势，日本的政治稳定局面是否还能持续？目前来看，存在两大变数。

1. 日本的政治主导渐露雏形，但渐失活力和健康

早在 20 世纪 90 年代后半段桥本龙太郎执政时期，日本就开启了从官僚主导到政治主导转型的改革之路，从桥本到小泉纯一郎再到安倍第二次执政，历经 20 多年的持续改革，日本的体制转型依然在路上。安倍 2012 年底再次上台以来的确在政治主导的改革上做出了诸多实质性举措，并推动日本的政治主导渐露雏形，但依然并不完善，其中最明显的问题表现在，官僚和政治家间的关系有失衡倾向，日本官僚系统出现了揣摩上意（即以安倍为中心的首相官邸）的明显趋势，美国学者卡尔森和里德将安倍时代的这一模式总结为：官僚机构给予优惠待遇不是因为直接的政治干预，而是因为他们期待总理办公室的积极反应。① 所谓的官僚主导到政治主导是以合理平衡的政官关系为前提的，官僚主导并不代表政治家没有任何角色和作用，同样，政治主导也不代表政治家就可为所欲为，更不代表官僚就要被压制主动性和创造性。政治主导也不代表自民党的一党优位就有利于日本的民主制度发展，目前，日本的两党制前景渺茫，研究日本政治的美国著名学者杰拉

① Matthew M. Carlson and Steven R. Reed, "Scandals during the Abe Administrations", in *Japan Decides 2017*, eds. Robert J. Pekkanen, Steven R. Reed, Ethan Scheiner, and Daniel M. Smith (New York, NY: Palgrave Macmillan, 2018).

德·柯蒂斯担心日本可能正在从一党主导地位转变为一党制，[1] 布鲁金斯学会的日本问题专家玛利亚·索利斯认为缺乏有意义的政治反对的民主是日本最紧迫的挑战，重建一支可行的反对派力量是支撑日本民主的重要任务。[2] 总之，客观来看，日本的民主制度正在失去应有的活力和健康，而长期持续下去将会使日本的权力机构失去国民支持的同时也不再具有高质量决策的能力，最终将使日本政治失去稳定性，这种后果对于日本的大战略来说将是致命的。

2. 安倍之后日本政局是否再次出现首相短命的无奈轮回

与上述日本政治体制变革中出现的潜在和长期隐患相比，日本自民党面临的问题似乎更为急迫，即安倍之后谁来领导自民党维持其长期执政局面。目前来看，菅义伟和岸田文雄不管谁上台都无法能像安倍那样维持党内派阀的平衡，更无法在领导和决策能力上与安倍相比，更严峻的是菅义伟和岸田之后的可能的首相候任中，如河野太郎、茂木敏充、加藤胜信等人也同样无法完成这一使命。回顾战后时期，我们可以发现每一届强势首相之后总会出现权力分散化的政治规律，比如佐藤荣作长期政权后出现了三木武夫、田中角荣、大平正芳、福田赳夫的散乱政局，中曾根康弘长期政权后又出现了安倍晋太郎、竹下登、宫泽喜一的权力分散局面，小泉纯一郎长期政权后依然是短命的麻生太郎、福田康夫和第一次安倍执政，[3] 安倍之后似乎也出现了陷入上述无奈轮回的迹象。为此，自民党内部陆续出现了两种有倾向性的解决办法：

第一是再次修改自民党党章，将党首任职期限再行延长，使安倍四连任党首成为可能，进而延续安倍内阁的超长期执政局面。但这一办法似乎已经被安倍彻底放弃，一方面，再次修改党章容易在党内引起极大反弹，使过去

---

① Gerald Curtis, "Weak Opposition Is a Cancer in Japan's Political System", East Asia Forum, September 18, 2016, http://www.eastasiaforum.org/2016/09/18/weak - opposition - is - a - cancer - in - japans - political - system/.

② Mireya Solís, *Japan's Consolidated Democracy in An Era of Populist Turbulence*, Policy Brief, Brookings.

③ 御厨貴、「長期政権　能動性と後継難」、読売新聞 2019 年 10 月 27 日。

本已积怨许久的权力过渡和交接更加雪上加霜，反而不利于自民党内的团结，另一方面，面对日本下行压力不断增加的经济形势，安倍也无意恋战。

第二是选择一位相对弱势的党内政治人物接替安倍作为过渡，由安倍位居幕后、操控实权，并选择合适时机再次出山，继续领导自民党和内阁，既从技术上解决了三连任任期限制的问题，又避免日本政局的巨大震荡。从安倍支持弱势人物岸田文雄的态势来看，上述办法是存在可能性的，但这种普京—梅德韦杰夫式的政治轮替策略是否符合日本的政治文化是值得推敲的。如果安倍完全退出党内高层权力位置，所谓的操控实权在日本派阀政治文化中就如同无本之木，因此，安倍再次上台执政的政治操控手法如何设计是一个最大的难题。

无论如何，安倍与后任首相的权力交接日益成为一种必然，在此背景下，选择何时实现权力轮替最有利于自民党的后续执政局面，便又成为一个棘手问题。正常来看，安倍的党首任期截止到 2021 年 9 月 30 日，而众议院议员任期的到期日为同年的 10 月 21 日，这一极其短暂的时间跨度和两次大的政局变动对自民党的执政来说无疑是偏消极和被动的。因此，日本政界开始出现提前解散众议院进行大选进而避免上述局面的声音，有日本媒体分析目前对自民党来说提前解散众议院进行选举的最佳时间是 2020 年秋即东京奥运会结束之后，如 10 月上旬解散 11 月 8 日大选或者 11 月中旬解散 12 月 13 日大选，原因在于日本彼时会出现短期的奥运景气，加之 2020 年 11 月 3 日美国总统选举尘埃落定，若特朗普连任，也将为安倍的大选增加成功概率。[①]

（二）日本经济形势展望

根据日本智库和相关机构测算数据，2020 年度[②]日本实际 GDP 增长率

---

① 泉宏、「解散・総選挙のタイミング、本命は 2020 年秋か」、東洋経済 online、2019 年 12 月 26 日、https：//toyokeizai. net/articles/ - /321913? page = 3、[2020 - 01 - 01]。

② 2020 年度，即 2020 年 4 月 1 日至 2021 年 3 月 31 日。

约为 0.5% ~0.7%，继续维持低速增长。[①] 但日本政府基于 2019 年 12 月发布的新一轮经济刺激政策，估计 2020 年度实际 GDP 增长率将达到 1.4%，其中，经济刺激政策拉动的效果为 1.1%。[②] 因此，民间机构和日本政府对经济增长的预测有所不同，一些民间机构认为，即使经济刺激政策能起到一定作用，无论从短期还是从中长期来看，日本经济依然面临较大下行风险，经济增长后继乏力。

从短期来看，消费税增税后，民间消费将由增税前超前消费的高位迅速回落，同时，民众易产生节约心理，由于商品含税价提高，更倾向于购入价格便宜的商品。虽然日本政府实施了一系列缓冲政策，但 2020 年这些政策将会陆续到期。例如，非现金结算返点、附加优惠商品券、汽车购置时的税收优惠等都在年内到期。东京奥运会曾被作为日本经济的一个亮点。为配合 2020 年 7 ~8 月召开的奥运会，东京都内实施了一系列大规模基建项目，加之奥运会期间将迎来大量外国游客，预计将带动日本国内消费和投资的增长。但是，2020 年下半年，奥运会的拉动作用接近尾声，日本相关机构和学者也提出预警，"奥运会特需"结束后，日本国内需求大幅减低，可能造成景气衰退的局面。

从中长期来看，一方面，经济刺激政策的实际效果并不确定。据日本政府预测，此次经济刺激政策，以财政支出带动民间需求，总资金规模达到 26 万亿日元。但实际上，民间对经济刺激政策的反应不可控，最后能调动

---

① 大和総研グループ「2020 年の日本経済見通し」、https：//www. dir. co. jp/report/research/economics/outlook/20191219_ 021209. html。みずほ総合研究所「2019・2020 年度 内外経済見通し~投資減速と消費の回復力の弱さから日本は低成長が続く」、https：//www. mizuho – ri. co. jp/publication/research/forecast/index. html。三井住友 DS アセットマネジメント「2020 年 の 日 本 経 済 見 通 し」、https：//www. smam – jp. com/documents/www/market/ichikawa/irepo191220. pdf。株式会社三菱総合研究所「2019、2020 年度の内外景気見通し – 世界経済は成長下振れ局面へ – 」、https：//www. mri. co. jp/knowledge/insight/ecooutlook/2019/20191115. html。日本経済新聞「経営者が占う 2020 年度の景気　底割れは回避」、https：//www. nikkei. com/article/DGXMZO53955060X21C19A2M13000/。

② 日 本 内 閣 府「令 和 2 年 度（2020 年 度）政 府 経 済 見 通 し の 概 要」、https：//www5. cao. go. jp/keizai1/mitoshi/2019/r011218mitoshi – gaiyo. pdf。

多大规模的资金也是未知。上一轮经济刺激政策（2016 年 8 月）预计总资金规模为 28.1 万亿日元，但最终实现了多少并没有办法进行统计。因此，日本部分舆论认为这一数字存在夸大成分。与经济刺激政策相配合，2019 年 12 月 19 日，日本央行召开金融政策会议，决定继续维持量化宽松的金融政策，短期政策利率设定为 -0.1%，长期利率目标设定为零；12 月 20 日，日本财务省公布了 2020 年度税制改革大纲，主要内容是通过减税促进设备投资和技术开发。因此，在继续维持量化宽松的金融政策下，实施大规模财政支出和减税政策成为日本政府刺激经济增长的主要手段。而这些政策的出台，本身就说明日本政府面临着较大的经济下行压力。

另一方面，内需和外需增长乏力。2019 年日本经济增长主要靠内需支撑，外需增长停滞。在全球经济整体减速的背景下，日本外需不振的局面可能会持续下去。而内需增长的动力也在减弱。除外需衰退向内需传导产生连锁反应之外，在日本国内，企业收益和居民收入得不到改善，将会在中长期产生抑制内需的效果。据日本财务省统计数据显示，日本企业销售额自 2019 年第一季度开始增长率一直为负数，营业利润则自 2018 年第三季度开始（除 2019 年第一季度外）持续负增长。[1] 2019 年各月就业人数增长率和雇佣报酬增长率较前两年也出现明显减缓。[2] 再加上消费税对居民可支配收入的消减作用，内需持续增长的动力被大大削弱。

近年来，日本在区域经济合作方面取得较大进展。2018 年 3 月，除美国以外的原 TPP 11 国签署《全面与进步跨太平洋伙伴关系协定》（CPTPP），并于 2018 年底开始生效。2018 年 7 月，日本与欧盟签订经济伙伴关系协定（日欧 EPA），并于 2019 年 2 月开始生效。这两个巨型自由贸易协定的签署和生效，增强了日本在双边和区域贸易谈判提高要价的筹码。在日美贸易谈判中，日本明确提出不会做出超过 CPTPP 规则的让步；在 RCEP 谈判中，

---

① 日本财务省「四半期別法人企業統計調査（令和元年 7～9 月期）」、https://www.mof.go.jp/pri/reference/ssc/results/2019.7-9.pdf，[2020-01-01]。

② 大和総研グループ「日本経済見通し：2019 年 11 月」、https://www.dir.co.jp/report/research/economics/outlook/20191120_021134.html，[2020-01-01]。

日本则强调不会考虑在没有印度的情况下签署 RCEP；在达成协定的顺序上，又提出 RCEP 的签署应在中日韩 FTA 之前。未来日本在区域经济合作方面的战略走向，将继续以 CPTPP 为基石，在各个协定之间进行利益筹划，提高其在区域经济合作中的话语权和主导权，打造其"规则制定者"的战略定位。

（三）日本能否守护住"自由主义的国际秩序"

面对全球变局，日本能实现"战后外交总决算"吗？在安倍首相看来，日本外交的成败在于其是否能够守护住"自由、开放、有规则的国际秩序"，然而问题的本质在于，日本所要守护的国际秩序到底是怎样的。各种迹象表明，过去美国霸权下的所谓自由主义的国际秩序正在面临分崩离析的局面，而日本过去也的确是美国主导下的国际秩序的主要受益者，如果日本执意要守护的依然是过去美国霸权主导下的国际秩序，那恐怕是南辕北辙、缘木求鱼。当前，世界政治多极化的趋势不可阻挡，日本需要转换国际秩序观，看到旧有的国际秩序正在面临积极的重组和变革，看到美国霸权正在悄然逝去，看到日本在未来的国际秩序中的应有角色和地位。为此，日本推出了印太战略（构想），以协调为中心改善了中日关系，在日美同盟基轴下开始大幅拓展国际协调的战略空间。与其说日本是在守护旧有的自由主义国际秩序，不如说正在投入极大的战略成本为形成新的稳定的国际秩序而努力。展望 2020 年，日本能否在日美同盟的阴影下增强自身的外交独立性，增大更为包容性的国际协调主义外交的比重，依然是我们观察日本外交大战略的最大看点。

1. 日本的同盟战略与国际协调：美日"印太战略"与东盟"印太展望"的对接

2016 年日本为对冲美国给国际秩序带来的战略亏空推出了"印太战略"，同时也宣告了日本版的国际秩序设想，随后的几年时间日本对"印太战略"不断进行操作层面上的运营调试。2018 年为增强"印太战略"的包容性和可操作性，日本将"印太战略"修改为"印太构想"，具体实施内容也开始从过去以安全合作为中心向安全、经济双轮驱动转变，开始倾向于认为只有加强与中国的协调，① 才能促成"印太构想"的真正成功，这也成为安倍改善对华关系的战略动力之一。2019 年 6 月东盟推出了"印太展望"，并决定于 2020 年举办印太高峰论坛。种种迹象表明，日本表现出对东盟版印太方案的极大兴趣，日本印太构想对接东盟"印太展望"将会成为 2020 年日本印太战略实施的重要议题。同时，我们也看到，日本在影响美国接受"印太战略"后，反过来也受日美同盟体制的牵制，2019 年 6 月和 11 月美国国防部和国务院相继推出印太战略报告，美国正在加速在亚太地区落实美国版的"印太战略"，而日美同盟无疑依然是美国落实上述战略的最大平台。亚洲战略倡议② 2019 年 9 月专门发布了关于"印太战略"的政策备忘录，其中大篇幅对东盟的"印太展望"做了系统评估，中心观点就是推动美日"印太战略"与东盟"印太展望"的对接。无疑，2020 年各国和相关组织印太战略的发展趋势是对日本在日美同盟与国际协调战略间平衡术水平的一次压力测试。

2. 新时代的中日关系将给国际秩序变革带来更积极的影响

中日作为世界第二、第三大经济体，两国关系的发展已经超越了双边层次，而具有对三边、多边乃至地区和全球层次的外溢效应，基于此，中日关系一定程度上决定着未来国际秩序的基本架构。至少从未来一段时间中日关系发展趋势看，日本正在迈出转换旧的秩序观的第一步。2020 年秋季，习主席将对日本进行正式国事访问，而这将是过去不到两年时间里的第五次中日首脑会晤，中日加强联系是两国的战略需求，更是时代的呼唤。两国正在致力于从竞争走向协调，构建契合新时代要求的中日关系，而国际秩序的变革成为当今时代的最主要特征，契合新时代要求就是探讨中日如何共同应对

---

① 神谷万丈、「競争戦略」のための「協力戦略」——日本の「自由で開かれたインド太平洋」戦略（構想）の複合的構造——、SSDP 安全保障・外交政策研究会 Society of Security and Diplomatic Policy Studies、http：//ssdpaki. la. coocan. jp/proposals/26. html、［2020 – 01 – 01］。

② 2017 年由美日多家著名智库组织包括美国企业研究所、国会研究服务局、兰德公司、战略与预算评估中心、耶鲁大学、卡内基基金会、日本防卫研究所、东京大学、庆应义塾大学、法政大学等合作成立，旨在强化美日同盟，做出战略评估，提出政策建议。

国际秩序的变革。中日之间应相互认识到，没有对方的协调与配合，国际秩序的变革将更加困难重重，全球治理的新时代也将延迟来到。如同习主席所说，"中日两国拥有越来越多共同利益和共同关切。中日应该加强在国际和地区事务中的沟通、协调、合作，共同应对全球性挑战，推动全球治理更加公正合理"①。安倍首相也在2019年12月9日的记者招待会上谈道，"日中两国，共同肩负着维护亚洲和世界和平、稳定与繁荣的重任。与习近平主席共享肩负这一重任的意识，明确表达履行这一职责的意愿，既是当今亚洲局势的需要，也是国际社会的需要。正是出于这些考虑，决定邀请习近平主席作为国宾访问日本"②。

当然，中日关系的改善一定不是一帆风顺的，目前两国在人文交流、安全关系上依然存在短板，日本国内一部分秉持冷战思维的人对安倍选择改善对华关系持较大异议，但我们看到中日正在为补齐短板做着多方面努力，中日人文交流高级别磋商机制已经启动，中日海空联络机制也正在落实之中，两国之间的战略互信指数正在呈现正面和积极的上升趋势。

课题组组长：杨伯江

课题组成员：张晓磊　李清如③

---

① 《习近平会见日本首相安倍晋三》，中国外交部网站，https：//www.fmprc.gov.cn/web/gjhdq_676201/gj_676203/yz_676205/1206_676836/xgxw_676842/default_12.shtml，最后访问日期：2020年1月1日。

② 安倍内閣総理大臣記者会見、令和元年12月9日、首相官邸、https：//www.kantei.go.jp/jp/98_abe/statement/2019/1209kaiken.html，最后访问日期：2020年1月1日。

③ 杨伯江，中国社会科学院日本研究所所长、研究员；张晓磊，中国社会科学院日本研究所日本政治研究室副研究员；李清如，中国社会科学院日本研究所日本经济研究室副研究员。

图书在版编目（CIP）数据

中国社会科学院国际形势报告 . 2020 / 谢伏瞻主编
. -- 北京：社会科学文献出版社，2020.4
ISBN 978 - 7 - 5201 - 6255 - 5

Ⅰ.①中… Ⅱ.①谢… Ⅲ.①国际形势 - 研究报告 -
2020 Ⅳ.①D5

中国版本图书馆 CIP 数据核字（2020）第 029063 号

中国社会科学院国际形势报告（2020）

主　　编／谢伏瞻

出 版 人／谢寿光
组稿编辑／张晓莉　高明秀
责任编辑／高明秀　邓　翙

出　　版／社会科学文献出版社·国别区域分社（010）59367078
　　　　　地址：北京市北三环中路甲 29 号院华龙大厦　邮编：100029
　　　　　网址：www. ssap. com. cn
发　　行／市场营销中心（010）59367081　59367083
印　　装／三河市东方印刷有限公司

规　　格／开　本：787mm×1092mm　1/16
　　　　　印　张：18.75　字　数：282 千字
版　　次／2020 年 4 月第 1 版　2020 年 4 月第 1 次印刷
书　　号／ISBN 978 - 7 - 5201 - 6255 - 5
定　　价／128.00 元